# AS DOUTRINAS ECONÔMICAS

## Tomo I

a economia política clássica: a construção da economia como ciência (1776–1870)

Fabrício Augusto de Oliveira

# AS DOUTRINAS ECONÔMICAS

Tomo I

a economia política clássica: a construção da economia como ciência (1776–1870)

SÃO PAULO
2023

Copyright © EDITORA CONTRACORRENTE
Alameda Itu, 852 | 1º andar |
CEP 01421 002
www.loja-editoracontracorrente.com.br
contato@editoracontracorrente.com.br

**EDITORES**
Camila Almeida Janela Valim
Gustavo Marinho de Carvalho
Rafael Valim
Walfrido Warde
Silvio Almeida

**EQUIPE EDITORIAL**
COORDENAÇÃO DE PROJETO: Juliana Daglio
PREPARAÇÃO DE TEXTO E REVISÃO: Amanda Dorth
REVISÃO TÉCNICA: Douglas Magalhães
DIAGRAMAÇÃO: Pablo Madeira
CAPA: Maikon Nery

**EQUIPE DE APOIO**
Fabiana Celli
Carla Vasconcellos
Fernando Pereira
Valéria Pucci
Regina Gomes
Nathalia Oliveira

**Dados Internacionais de Catalogação na Publicação (CIP)**
**(Câmara Brasileira do Livro, SP, Brasil)**

Oliveira, Fabrício Augusto de
    As doutrinas econômicas: a economia política clássica : a construção
da economia como ciência (1776-1870) / Fabrício
Augusto de Oliveira. -- 1. ed. -- São Paulo :
Editora Contracorrente, 2023.

    Bibliografia.
    ISBN 978-65-5396-081-7

    1. Economia 2. Economia política 3. Economia -
Teoria 4. Smith, Adam, 1723-1790 I. Título.

22-137997                                                    CDD-330

**Índices para catálogo sistemático:**
1. Economia política   330
Aline Graziele Benitez – Bibliotecária – CRB-1/3129

@ @editoracontracorrente
f Editora Contracorrente
🐦 @ContraEditora

*Para o professor Luiz Gonzaga Belluzzo, mestre, amigo e irmão de toda a vida, que me introduziu nos mistérios da economia.*

# SUMÁRIO

NOTA DO AUTOR .......................................................... 11

INTRODUÇÃO .............................................................. 15

CAPÍTULO I – SMITH, MERCANTILISMO E
FISIOCRACIA: ABRINDO CAMINHOS PARA A
LIBERTAÇÃO DO CAPITAL ......................................... 43

1.1 Introdução ........................................................... 43

1.2 Smith: vida e formação ....................................... 46

1.3 *A Riqueza das Nações*: a crítica ao mercantilismo e
à fisiocracia ............................................................. 57

1.3.1 O Mercantilismo: Estado, políticas e concepção
de riqueza ................................................................ 58

1.3.1.1 A crítica de Smith ao Mercantilismo e
ao Estado: abrindo os caminhos para a
libertação do capital ............................................... 68

1.3.1.2 A crítica à visão do sistema fisiocrata sobre a
riqueza das nações .................................................. 86

CAPÍTULO II – ADAM SMITH: A ECONOMIA COMO
CIÊNCIA E A RIQUEZA DE UMA NAÇÃO ................. 95

2.1 Introdução ........................................................... 95

2.2 As forças propulsoras do crescimento e da riqueza: a divisão do trabalho e a acumulação de capital ... 98

2.3 O dinheiro: apenas um instrumento de troca ... 104

2.4 A medida do valor (da riqueza) e a teoria dos preços ... 106

2.4.1 O trabalho como medida invariável de valor ... 107

2.4.2 O valor e os preços de produção numa economia com propriedade privada dos meios de produção e da terra ... 113

2.4.3 Preço natural e preço de mercado ... 126

2.5 A determinação dos salários, dos lucros e da renda da terra ... 129

2.6 O interesse próprio e o equilíbrio natural do sistema ... 138

2.7 Smith e o autointeresse dos indivíduos na TSM e na RN ... 144

2.8 Prosperidade geral, equilíbrio natural e harmonia social? ... 153

2.9 Formas do capital, teoria monetária, poupança e juros ... 158

2.10 O progresso da riqueza e a teoria do desenvolvimento econômico "natural" ... 166

2.11 Uma breve conclusão sobre *A Riqueza das Nações* ... 168

## CAPÍTULO III – DAVID RICARDO: DESFAZENDO A "HARMONIA DE INTERESSES" DE SMITH ... 175

3.1 Introdução ... 175

3.2 O ensaio de 1810: o alto preço do ouro e a inflação ... 179

3.3 O ensaio de 1815: o alto preço do cereal e a acumulação de capital ... 182

3.4 Os *Princípios de Economia Política e da Tributação*, de 1817 ... 193

3.4.1 A estrutura dos *Princípios* ... 194

3.4.1.1 O valor nos *Princípios* ... 196

3.4.1.2 Os determinantes do valor: a renda da terra, os salários e os lucros do capital ... 218

3.4.1.3 Observações sobre os *Princípios* ... 242

3.4.2 Estado e impostos ... 253

## CAPÍTULO IV – JOHN STUART MILL E OS PRINCÍPIOS DE ECONOMIA POLÍTICA: O AMOR DE HARRIET E O ENSAIO DE CONSTRUÇÃO DO *HOMO ECONOMICUS* ... 263

4.1 Introdução: vida e obra ... 263

4.2 O método de análise dos *Princípios de Economia Política*: a ciência abstrata, o *homo economicus* e a história ... 269

4.3 Os *Princípios de Economia Política* ... 279

4.3.1 As leis universais da produção (Livro I) ... 282

4.3.2 As leis humanas da distribuição (Livro II) ... 297

4.3.3 O valor, os preços e a moeda (Livro III) ... 307

4.3.4 Dinâmica, crescimento econômico e estado estacionário (Livro IV) ... 321

4.3.5 Governo, tributação, dívida pública e economia (Livro V) ... 331

4.3.6 Algumas considerações sobre os *Princípios* de Stuart Mill ... 338

## CONSIDERAÇÕES FINAIS ... 343

## REFERÊNCIAS BIBLIOGRÁFICAS ... 345

# NOTA DO AUTOR

Este é o primeiro de cinco livros que escrevi entre 2010 e 2018 sobre a evolução do pensamento econômico. Os demais são: Livro II) *Karl Marx: a luta pela emancipação humana e a crítica da Economia Política (1818-1883)*; Livro III) *A revolução marginalista: o agente racional na história do pensamento econômico (1870-1930)*; Livro IV) *Keynes, Kalecki e o princípio da demanda efetiva: o duelo com a teoria neoclássica no século XX (1930-1970)*; e Livro V) *O pensamento neoliberal: fantasias teóricas com poder de destruição do sistema econômico (1970-...)*.

Meu objetivo foi o de organizar melhor as ideias e as questões em debate desde que Adam Smith publicou *A Riqueza das Nações*, em 1776, procurando situá-las em seus devidos contextos históricos, à luz do *método* utilizado pelas várias escolas do pensamento que surgiram para explicar os fenômenos econômicos com resultados distintos, o que só confirma o fato de não ser a ciência econômica uma ciência exata, como pretende o pensamento ortodoxo.

Na medida do possível, procurei, em todos estes trabalhos, retratar a vida pessoal dos principais autores neste campo do conhecimento, apoiado na concepção do filósofo *José Ortega y Gasset* de que "o homem é o homem e a sua circunstância", sendo necessário, para melhor entender sua obra, percorrer a estrada que trilhou para captar suas idiossincrasias, anseios, angústias e motivações. Geralmente, esses economistas têm suas obras analisadas como se desconectados da vida social, entrincheirados em muros acadêmicos que os protegem de seus efeitos, quando é exatamente essa que ajuda a explicar e entender seus pensamentos e visão de mundo. No caso da economia, por se tratar de uma ciência social, tal procedimento justifica-se ainda mais.

De igual modo, pouco lancei mão da linguagem matemática na explicação das questões em debate, a não ser em alguns poucos casos em que se tornou imprescindível, para facilitar a leitura dos que estão iniciando o estudo nessa área ou dos que, apesar de nela não atuarem, se interessam pelos problemas econômicos. A linguagem excessiva da matemática utilizada pelos economistas, apesar de tornar mais claros os argumentos desenvolvidos para os que detêm o conhecimento dessa área e de ser necessária tanto na demonstração de algumas teses como na construção de modelos econômicos, termina dificultando a compreensão das questões em debate dos que não são iniciados neste campo do conhecimento.

Mais do que, portanto, pretender fazer a reinterpretação de suas obras, meu objetivo é bem mais modesto: apenas apresentar didaticamente o pensamento das várias escolas de economia, procurando entender a razão de seu distanciamento na explicação dos fenômenos econômicos e nos distintos remédios por elas recomendados, à luz dos diferentes métodos que utilizam na sua compreensão e na dos papeis desempenhados pelos agentes econômicos, entre os quais se inclui o Estado, para a superação das dificuldades que impedem a construção de uma sociedade mais justa e equilibrada do ponto de vista social.

Além disso, apesar da advertência feita por Duayer[1] de que a tradução do alemão para o português da categoria *Mehrwert* como

---

1 DUAYER, Mário. "Apresentação". *In*: MARX, Karl. *Grundrisse – manuscritos econômicos de 1857-1858*: esboços da crítica da economia política.

## NOTA DO AUTOR

"*mais-valia*" não se justifica nem em termos literais nem teóricos, sendo mais apropriada a de "mais-valor" em ambos os casos, fiz a opção, sempre que emprego essa categoria na análise realizada, por manter a tradução brasileira de "mais-valia" consagrada na literatura e nos estudos marxistas no país.

São Paulo: Boitempo; Rio de Janeiro: Ed. UFRJ, 2011, p. 23.

# INTRODUÇÃO

No livro *Tempos difíceis*, de 1854, de Charles Dickens,[2] o personagem central, professor Gradgrind, não se cansava de repetir aos seus alunos que o *interesse próprio* smithiano só poderia ser satisfeito se eles estivessem imbuídos de uma vida racional e dedicados a uma interpretação exclusivamente apoiada nos fatos e nos números. A principal lição que procurava transmitir-lhes poderia ser resumida da seguinte forma:

> atentem-se aos fatos e não se deixem levar pelas fraquezas do ser humano, como a bondade, a compaixão, a solidariedade e a amizade, porque distorcem a realidade e influenciam a tomada de decisões contrárias à sua própria felicidade.

Para o professor Gradgrind, nada mais deveria interessar ao homem além dos fatos e dos números, permitindo a este "com uma régua e uma balança, e a tabuada sempre no bolso, [estar] pronto para pesar e medir qualquer parcela da natureza humana, e dizer o resultado exato".[3] Estava convicto de que só por meio do uso da

---

2  DICKENS, Charles. *Tempos difíceis*. 1ª ed. São Paulo: Boitempo, [1854] 2014.

3  DICKENS, Charles. *Tempos difíceis*. 1ª ed. São Paulo: Boitempo, [1854] 2014, p. 15.

razão, e o homem dispunha de plenas condições para exercê-la, sem se deixar trair por sentimentos demasiadamente humanos, seria possível alcançar e garantir a sua própria felicidade.

Dickens (1812-1870) viveu num período em que o capitalismo ingressava, se assim podemos dizer, na fase de sua adolescência, logo após a Revolução Industrial ocorrida no século anterior, com o Capital submetendo os trabalhadores ao seu completo domínio e controle e degradando as condições de trabalho e de vida da população, inclusive de crianças, mulheres e velhos, para atender suas necessidades e sua ganância pelo lucro. Tal situação teria sido, no entanto, justificada pelos economistas, na sua necessidade de compreender e explicar os fenômenos econômicos – e essa crítica é estendida mais destacadamente à filosofia utilitarista e a Adam Smith e Malthus – como dotada de uma *racionalidade*, em que o indivíduo, egoísta por natureza e movido pelo *interesse próprio* para garantir sua felicidade, agiria sem se preocupar com as consequências de seus atos para com seus semelhantes, especialmente nos assuntos econômicos.

Em seu tratado de ética, de 1759, *Teoria dos Sentimentos Morais*, escrito num período em que predominavam preocupações de ordem moral e ética entre os filósofos e cientistas sociais para conhecer e dar sentido ao indivíduo que, desgarrado do mundo feudal, se inseria na sociedade capitalista moderna, Smith introduziu a teoria do *autointeresse* em sua análise. Simplificadamente, para essa teoria, cada pessoa é capaz de saber o que é melhor para si e que suas ações são justificáveis por que são necessárias para garantir suas necessidades e sua felicidade. Smith teve o cuidado, contudo, nessa obra, de não considerar o autointeresse de forma absoluta, destituído de fundamentos morais, pois se cada um pretendesse impor sua vontade, sem avaliar as consequências de suas ações para os demais, seria impossível a constituição da sociedade e da harmonia social.

Ao contrário de Hobbes, que via o indivíduo guiado pelo egoísmo extremado em seu objetivo de autoconservação e que, por

INTRODUÇÃO

isso, deveria ter sua natureza tolhida e controlada pelo Estado (o Leviatã), Smith, na mesma linha de Hume e de Locke, enxergava o homem dotado de sentimentos humanos, capaz de abdicar de determinadas ações que lhe seriam vantajosas, caso percebesse que seriam prejudiciais para outras pessoas. Isso porque, diferentemente do caso do autointeresse extremado, essencialmente egoísta, que é eticamente condenável, o indivíduo racional de Smith, neste tratado, tem a clareza de que, vivendo em sociedade, não basta ser feliz sozinho, tendo-se de contar com a simpatia de seus semelhantes e de ser necessário, para se produzir a harmonia social, levar em conta, também, a felicidade dos demais membros dessa sociedade.

Para explicar como este indivíduo racional, mas sensível, avalia e seleciona suas ações, Smith introduz a figura do "observador imparcial" – um agente que, afastado do contexto em que ocorrem as ações, coloca-se em condições de avaliar o comportamento que espera que os outros tenham em relação a ele. Deste posto privilegiado de observação, em posição de *neutralidade*, ele se torna capaz de avaliar se uma ação é ou não adequada (se simpatizamos ou não com ela) e de retirar os elementos de seu julgamento, com medidas de aprovação/desaprovação, o que constituiria o *fundamento da vida moral*. A consciência moral seria, assim, um produto das relações sociais, conciliando o *autointeresse do indivíduo* com o *bem-estar coletivo*.

A crítica de Dickens a Smith só procede, dessa maneira, porque na construção de sua obra de economia, *A Riqueza das Nações*, ele introduziu na sua análise, a mesma noção de autointeresse, mas sem o mesmo cuidado que teve na *Teoria dos Sentimentos Morais* de fazer uma melhor qualificação de seu entendimento sobre essa questão, além de nela ter incluído algumas passagens que parecem revelar um completo divórcio entre o Smith filósofo e o Smith economista: no primeiro, a simpatia e a empatia (altruísmo) figuravam como motivação de relações humanas harmônicas; no segundo, o autointeresse aparentemente movido pelo egoísmo, frio e calculista, é que nortearia as ações dos indivíduos.

De fato, pode-se chegar a essa conclusão quando se lê passagens célebres da obra de economia de Smith, como, por exemplo, a do Livro I:[4] "não é da benevolência do açougueiro, do cervejeiro e do padeiro que esperamos nosso jantar, mas da consideração que eles têm pelo próprio interesse". Ou a do Livro IV:[5]

> Geralmente, na realidade [o indivíduo] não tenciona promover o bem público nem sabe até que ponto o está promovendo. (...) ele tem em vista apenas sua própria segurança; e, orientando sua atividade de tal maneira que sua produção possa ser de maior valor, visa apenas seu próprio ganho e, neste caso, como em muitos outros casos, é levado como que por uma mão invisível, a promover um objetivo que não fazia parte de suas intenções.

Mesmo considerando ser inegável, em Smith com a sua teoria do autointeresse, a percepção da *racionalidade da natureza humana*, que constitui o fundamento do *homo economicus*, o qual se transformará no pilar central da teoria neoclássica, é necessário dissipar as dúvidas que existem nessas suas duas obras a respeito deste "ser especial", até mesmo para que não seja confundido com o que, posteriormente, seria incorporado no arcabouço teórico daquela escola de pensamento.

Ao elaborar *A Riqueza das Nações*, Smith tinha como objetivo, demonstrar que a liberdade do indivíduo de escolher sua própria profissão e seus negócios era vantajosa tanto para ele como para a sociedade, à medida que resultava na obtenção de melhores resultados da atividade econômica e da produção de riqueza e que

---

4 SMITH, Adam. *A Riqueza das Nações*: investigação sobre sua natureza e suas causas. São Paulo: Abril Cultural, [1776] 1983, cap. II, p. 50 (Os Economistas).

5 SMITH, Adam. *A Riqueza das Nações*: investigação sobre sua natureza e suas causas. São Paulo: Abril Cultural, [1776] 1983, pp. 379/380 (Os Economistas).

INTRODUÇÃO

a interferência do Estado nessas decisões acarretava prejuízos/ perdas para ambos. O argumento que utilizou era simples: sendo o indivíduo racional (seja o trabalhador, o capitalista) capaz de escolher o que é melhor para si, de acordo com suas habilidades e condições, disso resultariam maiores ganhos também para a sociedade, considerando que a produção de bens – que constitui, em seu pensamento, a riqueza de uma nação – será maior, gerando-se mais emprego, renda e maior quantidade de produtos para serem consumidos. As restrições que são colocadas pelo Estado a essa liberdade, por meio de diversas regulamentações sobre emprego, preços, mercados, produção etc., resultaria, assim, em redução da eficiência do sistema econômico, por não ser crível que este entenda ou conheça mais do que os diretamente interessados, neste processo, sobre o que é melhor para eles e em que atividade podem ser mais produtivos.

Smith dá com essa interpretação o salto que lhe permite conciliar o indivíduo altruísta e benevolente da *Teoria dos Sentimentos Morais* com o indivíduo movido exclusivamente pelo autointeresse de *A Riqueza das Nações*, supostamente egoísta, que apenas procura aumentar sua riqueza: é de sua ação nessa busca que se desencadeiam consequências não intencionais benéficas – a propensão à troca, a divisão do trabalho, a inovação tecnológica, propiciando aumento de produtividade e da riqueza das nações –, e que, por meio de uma *mão invisível*, se conciliam interesses particulares e coletivos. Por isso, sua frase final na já citada passagem no Livro IV: "(...) Ao perseguir seus próprios interesses, o indivíduo muitas vezes promove o interesse da sociedade muito mais eficazmente do que quando tenciona fazê-lo".[6]

Não se pode esquecer o fato de que para Smith e para os autores clássicos, a produção de mercadorias constitui o fundamento último

---

6  SMITH, Adam. *A Riqueza das Nações*: investigação sobre sua natureza e suas causas. São Paulo: Abril Cultural, [1776] 1983, pp. 379/380 (Os Economistas).

da riqueza das nações e que o crescimento econômico é visto, nessa perspectiva, como benéfico para todas as classes que estão nela envolvidas, especialmente para David Ricardo que via a condição de um "estado estacionário" como altamente prejudicial para a sociedade: os trabalhadores, os donos do capital, da terra. Por isso, a defesa apaixonada que faz da liberdade individual e do livre comércio para aumentar a produção, bem como a condenação da interferência do Estado neste processo, por travá-la e, com a sua ação, reduzir a eficiência dos elementos que participam de sua materialização.

Ora, se a produção representa a riqueza das nações, a questão da definição do valor dessa riqueza e da forma como ele se distribui entre os que produzem adquire papel central em sua obra, assim como na dos demais autores clássicos. E aí, as diferenças se evidenciam, porque se trata, neste caso, de definir o que, quem e como se produz este valor e também como ele será distribuído entre os participantes do processo de produção.

Smith não cai na armadilha de buscar no indivíduo a determinação deste valor ao analisar a sociedade capitalista emergente. Seguindo a tradição fisiocrata, considera ser a produção um fenômeno essencialmente social, realizada pela interação entre o capital, o trabalho e a terra – de resto, uma combinação material que ocorre em qualquer modo de produção e, por isso, universal – e que os indivíduos, apesar de responsáveis pela sua realização, estabelecendo relações sociais, nela se posicionam, numa economia de mercado, como classes, enquanto proprietários do capital e da terra e enquanto trabalhadores por aqueles contratados em troca de um salário. Ou seja, na sociedade capitalista, considera, assim, claramente o divórcio que ocorre entre os meios de produção – instrumentos, máquinas, equipamentos, capital circulante – e os que os manejam e trabalham para que o valor seja produzido. E é dessa ruptura, ou deste descasamento, entre o capital e o trabalho e da responsabilidade ou participação de ambos na geração e na distribuição deste valor que surge a grande questão que vai orientar toda a investigação da economia clássica.

INTRODUÇÃO

Smith e os demais economistas clássicos deixaram para trás – enterraram, na verdade – as concepções equivocadas dos mercantilistas e dos fisiocratas sobre o valor e a riqueza de um país – o ganho acrescido no comércio, a quantidade de metais preciosos (ouro e prata) como medida da riqueza, a agricultura como fonte única e exclusiva do valor – e, na investigação de sua determinação, introduziram a *quantidade de trabalho incorporada no produto* na medição do valor gerado no processo de produção. Cabe ressaltar que o trabalho, além de ser o elemento comum em toda produção, evidenciava, diante da escassez do capital, nos primórdios do sistema capitalista, mais claramente sua relevância no processo produtivo, o qual dependia preponderantemente da força e habilidade do trabalhador, sendo ele, por decorrência, a unidade de medida adequada tanto para balizar as trocas que se efetuavam entre os produtores, definindo seus preços, como para estabelecer a distribuição do valor entre os seus participantes.

Tendo definido o valor gerado na produção pela *quantidade de trabalho*, os economistas clássicos se atrapalharam, no entanto, ao explicar a origem do lucro – a remuneração do capital –, porque se é o trabalho a fonte de todo valor – e da riqueza –, como poderia o capital se apropriar de parte deste valor, como se também fosse seu criador? Smith aparentemente encontrou uma saída para essa enrascada, defendendo que numa sociedade em que há o divórcio entre o trabalho e os meios de produção, também o capital se torna criador de valor, ou fonte autônoma de sua criação, o que lhe dá o direito de apropriar-se de uma parcela da riqueza criada.

David Ricardo, que viria a criticar sua posição nessa questão, avançaria na explicação da ruptura que ocorre na teoria do valor-trabalho na sociedade capitalista, considerando o capital apenas trabalho acumulado, confirmando, assim, a *quantidade de trabalho* como sendo o *determinante exclusivo do valor*. Não foi, no entanto, bem sucedido na sua investigação por não ter feito satisfatoriamente, como posteriormente apontaria Marx, a correta identificação da origem ou de onde nasce o lucro e, com isso, ter sido surpreendido com movimentos da relação que estes mantêm com os salários, quando passou a considerar, em sua análise, a existência de períodos de produção distintos, de diferentes composições do capital (capital fixo e circulante) e a durabilidade do capital fixo. Ao identificar que, nessas condições, verificavam-se mudanças nos preços relativos e na relação lucros/salários, constatando que os preços se desviavam dos valores, em condições de concorrência perfeita e, sem ter resolvido satisfatoriamente a questão da origem do lucro, Ricardo terminou abandonando a hipótese inicial da quantidade de trabalho como *determinante exclusivo do valor*, passando a considerá-lo apenas como "*quase exclusivo*" nessa determinação.

Já Stuart Mill que, sem modéstia, considerou que nada mais caberia acrescentar a essa teoria, já que a considerava completa, regrediu à posição de Smith, atribuindo ao capital o papel de criador de valor, mesmo tendo colocado como objetivo de seus estudos o aprimoramento da obra de Ricardo. Tais confusões prejudicaram a análise dos economistas clássicos em várias questões-chave da economia, como as que dizem respeito aos determinantes e tendências do processo de acumulação, ao movimento dos salários e lucros neste processo, à determinação dos preços, aos efeitos da tecnologia, entre outras.

Muitas das limitações das análises empreendidas pelos economistas clássicos devem-se, como mais tarde apontará Marx, ao método por eles adotado, o de *naturalização do social*. Combinando o método naturalista com a doutrina mecanicista, que permite a apreensão do fenômeno entendido como um sistema conectado em seus distintos elementos, esses economistas entenderam a economia burguesa como um organismo governado por leis naturais, imutáveis, válidas para todos os tempos e lugares, vigorando, portanto, em todos os sistemas econômicos, as quais poderiam ser desviadas de seu rumo caso sofressem interferências externas, como, por exemplo, as do Estado. Isso teria limitado sua compreensão das especificidades do modo de produção capitalista,

INTRODUÇÃO

com a emergência do trabalho assalariado e, como decorrência, da própria dinâmica da criação do valor e da origem do lucro.

Essa é uma discussão bastante complexa que se procura fazer ao longo deste trabalho, examinando a evolução do pensamento dos principais autores da escola clássica sobre essas questões – Smith, Ricardo e Stuart Mill –, não cabendo antecipá-la nessa Introdução, mas apenas indicar algumas dificuldades mais importantes com que se defrontaram na análise que realizaram sobre a economia capitalista naquele período. E, também, as condições em que esta, ainda ensaiando os passos para sua definitiva constituição, operava com limitações do capital na busca desenfreada pelo lucro, tornado seu motor e fonte de felicidade para seu proprietário, em meio a uma multidão de desocupados que, expulsos ou migrando do campo e necessitando de uma ocupação para atender suas necessidades mais vitais, a ele se entregava, na condição de trabalhador, em troca de um salário que, pelas condições da época, mal dava para garantir o seu sustento e de seus familiares.

Um dos grandes méritos da economia clássica foi o de trazer para dentro do processo produtivo – e isso se deve mais a Ricardo do que a Smith, que procurou conciliar e harmonizar os interesses das distintas classes sociais – os conflitos de classes e as tensões permanentes que se manifestam no seio do próprio sistema em virtude da geração e da distribuição do valor e do excedente gerado, desvelando as conexões entre a produção e a distribuição.

O fato de Ricardo não ter conseguido justificar logicamente a existência do lucro em seu sistema, por razões que se discute neste trabalho, problema que Marx resolverá posteriormente ao fazer a crítica da Economia Política clássica, abriu espaços para a construção de teorias das discórdias nas relações entre o capital e o trabalho e ao surgimento de várias obras explicando como ocorria a exploração do segundo pelo primeiro, como as de Thomas Hodgskin, John Gray, William Thompson, John Francis Bray, entre outros socialistas ricardianos.

Stuart Mill, por sua vez, apesar de em sua principal obra de economia, de 1848, *Princípios de Economia Política*, que se transformou, na realidade, em uma espécie de *Manual* dessa escola, por se propor a corrigir as inconsistências e aprimorar a teoria do valor de Ricardo, representou um retrocesso em relação ao mesmo, juntando-se a Smith na explicação da origem do lucro. E, nessa obra, apesar de ter seguido o mesmo método de Smith e Ricardo na análise da economia, incorporando as classes sociais em seu exame, não conseguiu apagar o registro que havia feito, em ensaio de 1836, mesmo tendo posteriormente revisado o método que então adotara, de que os fenômenos sociais e econômicos deveriam ser explicados a partir das ações do indivíduo, mas aí num plano diferente do de Smith. Isso porque, de acordo com a sua posição defendida naquela época, o indivíduo era reduzido a um ser "abstrato", a-histórico, que tinha como única motivação a aquisição de riqueza, sendo capaz de fazer cálculos racionais e afastar de seu caminho qualquer sentimento que viesse a se opor a este objetivo. O verdadeiro *homo economicus* que, posteriormente, será incorporado ao corpo teórico da escola neoclássica.

\*\*\*

O trabalho se encontra organizado em quatro capítulos, além dessa introdução. O primeiro é dedicado a analisar a crítica que Smith realiza, nos Livros IV e V de sua obra, às políticas econômicas defendidas pelos representantes do sistema mercantilista e ao Estado absolutista, que considera os principais adversários a serem batidos para dar lugar à sua teoria sobre o funcionamento e a dinâmica do sistema econômico, e também à concepção da fisiocracia sobre a questão do valor.

Para ele, as ideias mercantilistas equivocadas sobre a riqueza determinavam a implementação de políticas prejudiciais pelo Estado para o desenvolvimento econômico e para a própria realização do homem enquanto criador de riqueza. Isso porque, ao se imiscuir em vários setores econômicos e sociais, por meio de uma série de

INTRODUÇÃO

leis e regulamentações, para garantir a expansão dessa "suposta" riqueza, o Estado, onipresente e onipotente, tolhia a liberdade do indivíduo de escolher o melhor para si, a indústria de produzir o que considerava mais rentável e o comércio de vender produtos mais demandados, prejudicando a criação da verdadeira riqueza: a produção de mercadorias.

Para isso, empreende uma vigorosa crítica ao conceito de riqueza dos mercantilistas, à intervenção excessiva do Estado na vida econômica e social, abrindo caminhos para a libertação do capital e do indivíduo do jugo mercantilista e do Estado absolutista, ao mesmo tempo em que fornece elementos teóricos para a vitória do *laissez-faire* e do pensamento liberal.

Da mesma forma, demole a visão da fisiocracia de restringir-se ao trabalho agrícola a capacidade de criação de valor e, portanto, de riqueza, e considera o trabalho geral, incluindo, assim, as atividades industriais e do comércio também como fontes de sua criação, fundamentando sua defesa da necessária liberdade para o capital, em geral, e o indivíduo poderem escolher o que consideram melhor para si, aumentando a produção e favorecendo o bem-estar social.

Nessa construção teórica, Smith recebeu a influência de vários autores do pensamento liberal, como a de seu professor Hutcheson, embora dele discorde em algumas questões, e também de Mandeville, com a sua *Fábula das Abelhas*, e de David Hume, filósofo empirista, seu grande amigo e interlocutor, e também crítico das ideias mercantilistas. Não estranha, assim que, em sua obra, não existam muitos espaços para o Estado, cujas ações considerava prejudiciais para a sociedade, restringindo suas atividades à oferta de serviços bem delimitados: defesa externa e da propriedade, segurança interna e provisão de algumas poucas obras e bens considerados essenciais para a economia e a sociedade, caso da construção de pontes, estradas, canais de navegação e, sob condições muito específicas, da educação.

25

No segundo capítulo, analisa-se como Smith, a partir de sua visão sobre o valor, a riqueza, o Estado e o indivíduo, constrói nos Livros I a III de sua obra, os fundamentos da ciência econômica.

Superada a visão mercantilista e dos fisiocratas sobre o valor e a riqueza e a tendo deslocado para a produção de bens e serviços, a preocupação de Smith será a de investigar as condições em que ocorre o crescimento econômico, bem como os fatores que o impulsionam, os que contra ele operam e como a riqueza produzida se distribui entre as classes que participam do processo produtivo, além de examinar as que lhe permitem reproduzir-se.

Nessa investigação, Smith, entendendo o valor como fruto do trabalho em geral, e não apenas restrito ao trabalho agrícola, empreende uma análise que passa pela discussão de sua formação, pela apropriação do excedente que é gerado e pelas formas de sua destinação, para avaliar como o sistema se reproduz e se expande, introduzindo, para isso, a noção do capital como um "adiantamento no tempo".

Para ele, o objetivo da ciência econômica é o de prover uma renda farta para a população e também para o Estado, o que torna a análise do crescimento econômico crucial nessa empreitada. Por isso, caberia primordialmente à ciência identificar as condições para que ele ocorra e também os fatores que o obstam, visando removê-los ou corrigi-los.

A *divisão do trabalho* aparece assim, em sua obra, como a principal força que impulsiona a criação de riqueza, dado o aumento da produtividade que propicia, pressupondo relações sociais entre os homens, a qual, para eles, se torna vantajosa, não sendo, portanto, incompatível com a sua visão utilitarista do autointeresse. De acordo com seus argumentos, reside principalmente nessa divisão do trabalho, que nasce da propensão natural do indivíduo para a troca, a principal força do desenvolvimento. Seu aprofundamento depende, por sua vez, da extensão do mercado, sendo prejudiciais as ações do Estado que o limitam por meio de regulamentações,

INTRODUÇÃO

e do capital novo que é empregado na produção, que permite sua intensificação. Por isso, considera que capital e trabalho andam de braços dados na construção da riqueza e da prosperidade.

Smith diferencia, no entanto, o trabalho produtivo, o qual efetivamente para ele é o criador de riqueza, restringindo-o à produção de bens materiais, corpóreos, do trabalho improdutivo, apenas consumidor dessa riqueza e, portanto, do excedente que poderia ser aplicado produtivamente. Considera, por isso, que o país terá melhores condições de se desenvolver na medida inversa do trabalho improdutivo em relação ao conjunto dos trabalhadores. No trabalho improdutivo inclui os serviços em geral e também os servidores do Estado, o que ajuda a entender também a condenação que faz de sua participação na vida econômica.

Resultado da produção, que envolve a cooperação e trabalho conjunto das classes sociais, o valor, em Smith, se transforma, assim, em fato social, com ele fazendo a devida diferença entre o valor de uso (utilidade do bem) e o valor de troca (que define o poder de compra da mercadoria), sendo o último que realmente interessa para medir a riqueza do país. Interessa-lhe, assim, identificar a fonte de criação deste valor por ser essencial contar com parâmetros para definir como ele se distribui entre os participantes do processo de produção e também para contar com um índice que possa medir o nível do crescimento econômico, bem como de suas variações no tempo.

Analisando uma sociedade de produtores independentes, Smith considera ser a *quantidade de trabalho incorporada no produto a medida real de valor*, a única que é *invariável no tempo e no espaço*, e quem permite a quem produz *comandar*, ou seja, comprar/dispor de outras mercadorias pelo mesmo valor. Diferencia, assim, o *preço real da mercadoria* (que é o valor dado por essa quantidade de trabalho) do *preço de mercado*, sujeito às oscilações da oferta e da demanda, considerando que o valor só coincide com o preço de mercado em condições de um equilíbrio natural do sistema.

O problema de Smith é que, ao passar a analisar a economia capitalista, onde os meios de produção não mais estão nas mãos dos trabalhadores, ele cria outra teoria do valor e passa a considerar também o *capital como fonte autônoma de valor* para explicar a formação do preço, que é dado pela soma do salário, do lucro e da renda da terra. O que o trabalho *comanda*, neste caso, passa a ser apenas uma parte do valor que é produzido, sendo o restante destinado para a remuneração do capital e dos proprietários da terra. Dessa contradição e inconsistência, das quais surgem duas teorias distintas do valor, nascerá a crítica que lhe será feita por David Ricardo, e, posteriormente, por Marx.

Ao conduzir sua análise dessa maneira e sem conseguir explicar como o capital, por si, é capaz de gerar valor, Smith perderia a unidade invariável de medida de valor, substituindo a sua teoria original (medido pela quantidade de trabalho) pela teoria do custo de produção (mera soma das remunerações dos fatores que entram no processo produtivo), deixando indeterminado o seu sistema. Isso porque, se o preço da mercadoria é igual à soma dos salários, dos lucros e da renda da terra, como definir o preço (o valor) se um depende do outro? Ou seja, se o preço da mercadoria depende do preço do trabalho e este depende, por sua vez, do preço da mercadoria, como resolver essa equação? Apesar de tentar, Smith não consegue uma solução satisfatória para esse problema como se verá na discussão feita, determinando a taxa de lucro pela taxa de juro, que é exógena ao sistema.

Por não ter conseguido explicar e nem compreender bem a origem do lucro, a análise que Smith efetua do processo de desenvolvimento econômico termina mostrando-se também problemática, à medida que o avanço deste, ao pressionar os salários e elevar a renda da terra, como resultado da concorrência intercapitalista, provoca o esmagamento do lucro até a sua igualação com a taxa de juros, conduzindo a economia para uma situação "estacionária", que ele, no entanto, entende como consequência de um período de

INTRODUÇÃO

prosperidade.[7] Acreditando ser uma situação benéfica para todas as classes, a queda do lucro, nessa perspectiva, não poderia ser vista como um problema, pois, para ele, o comerciante ganancioso e egoísta do período mercantil se transformaria, no sistema capitalista, em um empresário altruísta e benevolente, que abriria mão do lucro máximo em troca da felicidade geral de toda a nação. Uma visão romântica que decorre de seu objetivo "ingênuo" de ser possível produzir uma "harmonia entre as classes sociais", impedindo que as contradições entre elas apareçam mais claramente em sua obra.

O terceiro capítulo é dedicado à análise da obra de David Ricardo (1772-1823). Ricardo passou a se interessar por economia aos 27 anos, depois de ler o trabalho de Adam Smith. Dez anos depois começou a publicar alguns artigos nos jornais londrinos, anonimamente, abordando as causas da inflação e defendendo o padrão-ouro como padrão monetário ideal. Cinco anos mais tarde, em 1815, escreveu um ensaio que tratava do preço do cereal, cuja importação era proibida na Inglaterra, e de seus efeitos sobre o processo de acumulação e o crescimento da economia.

A pretensão de Ricardo neste ensaio foi a de demonstrar que as restrições colocadas à importação de cereais eram desfavoráveis para o crescimento econômico e a sociedade como um todo, à medida que aumentava o preço dos alimentos e esmagava os lucros, desestimulando os capitalistas a investirem, sem que os trabalhadores se beneficiassem dessa situação, a qual tendia a favorecer apenas os proprietários de terra.

---

[7] Isso não significa que Smith considere o *estado estacionário* como ideal, em que já se alcançou a plena riqueza, mas apenas que ele é resultado da prosperidade ocorrida. Para ele, o *estado do progresso*, ou seja, do crescimento contínuo, é o estado desejável e favorável para todas as classes sociais, ao passo que a *situação estacionária* representa a inércia, devido ao abarrotamento do capital. Mas, pior ainda, é o *estado do declínio* marcado pela dureza e pela melancolia. (SMITH, Adam. *A Riqueza das Nações*: investigação sobre sua natureza e suas causas. Livro I. São Paulo: Abril Cultural, [1776] 1983, p. 103 (Os Economistas).

Seguindo a mesma trilha de Smith, Ricardo analisou a dinâmica da sociedade capitalista, à luz das três classes sociais que participam da produção – proprietários do capital, da terra e trabalhadores – e seu objetivo foi o de compreender como o produto entre elas se distribui, por que lhe interessava investigar o que acontece com o lucro neste processo, que considera a variável central da teoria econômica. A mesma dinâmica que, dois anos mais tarde, vai aparecer em sua obra seminal, os *Princípios de Economia Política e da Tributação*.

Apesar de ter se saído bem na empreitada de demonstrar que as restrições na importação de cereais eram desfavoráveis para a acumulação e o crescimento, por derrubar a taxa de lucro do sistema como um todo e conduzir a economia para um quadro conhecido como "estado estacionário", sendo benéficas apenas para os rendeiros, as hipóteses simplificadoras que utilizou, nessa análise, tornaram insatisfatórios os resultados a que chegou.

Isso porque, ao adotar as hipóteses de que a taxa de lucro geral é regulada pela taxa de lucro da agricultura (sem viés fisiocrático) e de que o capital, assim como o consumo dos trabalhadores, é medido em termos de cereais, Ricardo conseguiu determinar a taxa de lucro em termos apenas físicos, sem precisar levar em consideração a questão do valor de troca dos bens. Ora, isso significa que sua análise ficou extremamente prejudicada porque, sem enfrentar a questão do valor de troca e dos preços para ver o que ocorre com os lucros quando aqueles se alteram, o sistema não pode ser determinado. É a solução para essa questão que ele vai buscar nos *Princípios*, que elaborará em apenas dois anos.

O ponto de partida dos *Princípios* de Ricardo, cuja base se assentará nos 7 primeiros capítulos de seu Livro de um total de 32, é a crítica que ele faz à teoria do valor de Smith, porque essa é a solução que ele buscará para estabelecer o que ocorre com o lucro no processo de acumulação em conexão com os movimentos dos salários e da renda da terra.

INTRODUÇÃO

Ricardo não cai, assim, no erro de Smith, de trabalhar com dois padrões distintos de medida do valor, definindo ser este determinado pela quantidade de trabalho contido na mercadoria, o denominador comum a todas elas (como foi o trigo no *Essay*) e não o valor do trabalho (o salário). Toma-o, dessa maneira, para determinar em que produtos ocorrem variações de preços no curso da acumulação e como essas afetam a estrutura da distribuição, mais notadamente os lucros, a variável central do sistema. Sua preocupação reside, portanto, em identificar as leis que regulam a distribuição, que considera o objeto de estudo da Economia Política, à medida que, por afetar os lucros, modifica o curso do crescimento econômico, que era a principal preocupação de Smith.

O capital passa a ser medido, assim, em seu sistema, pela quantidade de trabalho despendido na sua produção, enquanto a renda da terra é descartada como fonte de valor e da formação de preços, considerando que na última porção de terra a que se chega, pelo processo de concorrência, a renda é zero. Em seu sistema, portanto, busca encontrar respostas para o movimento dos salários e dos lucros no processo de expansão do capital.

O resultado a que chega nessa investigação não foi, no entanto, satisfatório. Isso porque, Ricardo percebeu que ocorre uma ruptura nos termos do valor de troca com o surgimento do capital (o que não foi percebido por Smith) e, que nem o trabalho é remunerado pelo esforço que despende na produção, assim como os preços das mercadorias se desviam de seus valores, aparentemente deixando de ocorrer uma troca de equivalentes, mas não consegue explicar a razão disso. Faltou-lhe, para tanto, uma teoria para explicar a origem do lucro e também melhor compreensão das formas que assume o capital, em condições de concorrência perfeita, em que a taxa de lucro se iguala para todos os setores, para entender o desvio dos preços que ocorre em relação aos valores, o que será, posteriormente, desvendado por Marx.

Ricardo percebeu essa questão quando abandonou algumas hipóteses que adotara para examinar o efeito de alterações dos salários nos preços e os impactos que seriam produzidos nos lucros, tais como as de serem idênticos os períodos de produção, uniformes as composições técnicas do capital e igual o período de durabilidade do capital fixo. Sob essas hipóteses havia contatado que os preços relativos eram tecnicamente determinados, ou seja, que a distribuição do produto entre os lucros e os salários não afetava o valor relativo das mercadorias, mesmo que essa relação se alterasse em favor de um ou de outro. Quando abandonou essas hipóteses, percebeu que os preços relativos se modificavam às variações salariais, acabando por concluir, diante disso, não ser mais possível explicar essas variações apenas pela quantidade de trabalho, tornando essa uma medida apenas *"quase exclusiva"* do valor.

O fato é que Ricardo não percebeu que sob a hipótese da concorrência perfeita, na qual a taxa de lucro se iguala para todos os setores, os preços de produção têm de se ajustar para compensar as diferenças do capital, em termos de períodos de produção, composição técnica e durabilidade do capital fixo, e que, por isso, não coincidem com os valores em termos de quantidade de trabalho. E que os ajustamentos que ocorrem, ao alterarem o valor do produto, torna indeterminada a taxa de lucro, fraudando seus esforços e levando-o também a cair num círculo vicioso, no qual os valores dependem da taxa de lucro e esta, para ser determinada, depende dos valores. Por isso, irá se dedicar, até o final de sua vida, à missão de encontrar uma *medida invariável de valor* que ele percebia existir numa mercadoria produzida por indústria/setores que trabalhavam como uma *composição média do capital*, com a qual teria condições de avaliar como e onde ocorrem essas variações e saber o que acontece com os lucros neste processo. Na inexistência dessa medida, usaria, provisoriamente como tal, o ouro, mesmo reconhecendo suas limitações.

Na análise da acumulação, prejudicada por essas questões, Ricardo centra sua análise no que ocorre com os lucros e os salários,

INTRODUÇÃO

já que descarta a renda da terra como componente do preço da mercadoria. Para ele, o preço do trabalho (salário) é determinado pela quantidade de bens e serviços necessários para o trabalhador se reproduzir e à sua família, sendo, portanto, *constante em termos reais*. Este é, assim, o seu *preço natural*. Nessa mesma análise, diferencia o *preço de mercado* do trabalho sujeito às condições do ritmo e intensidade da acumulação, que podem aumentá-lo ou diminuí-lo *vis-à-vis* o *preço natural*, considerando ser este que predominará em condições de equilíbrio do sistema, seja pela concorrência ou por ajustamentos no tamanho da população, de acordo com a tese de Malthus. Determinado o salário natural, o lucro aparece, em seu sistema, como um *resíduo*, ou seja, como o que sobra, depois de pagos os salários. E ainda que ele (o lucro) pode ser afetado por *causas externas* ao sistema.

E é apoiado neste argumento que Ricardo irá demonstrar como o dono da terra – ele próprio proprietário de terras – aparece como o grande inimigo da sociedade. Isso porque, se, no seu sistema, o aumento de salários decorrente do avanço da acumulação, não aparece como causa da alta de preços em geral, como em Smith, ele provoca aumento nos preços dos alimentos e, portanto, no preço natural do trabalho. Como o lucro é residual, ele tende a cair, mas não são os trabalhadores, a não ser transitoriamente, os beneficiários dessa situação, e sim os proprietários de terra, já que a renda tenderá a se elevar com o avanço da produção para terras menos férteis. Ou seja, um aumento de salários conduz invariavelmente a uma queda do lucro, por ocasionar um aumento no preço dos alimentos e, caso este processo prossiga, a desestimular a acumulação até que o crescimento cesse completamente, conduzindo a economia para um "estado estacionário", um estado de ruína e de miséria.

Para Ricardo, este processo só pode ser contornado, suavizado ou postergado, por ser uma tendência natural do lucro, pelo avanço tecnológico, que contribua para reduzir os preços dos produtos que compõem a cesta de consumo do trabalhador, e/ou pela importação de alimentos que os barateiem. Por isso, Ricardo, como Smith, se opõe à interferência do Estado na economia, com suas leis e regulamentações que inibem o livre comércio, e às instituições sociais, caso da Lei dos Pobres, de 1531, que limitam a expansão do mercado de trabalho, encarecendo o *preço natural do trabalho*. Mais ainda do que Smith é contrário à cobrança de impostos sobre o capital e o trabalho, por reduzirem o ímpeto da acumulação, só admitindo a taxação das rendas da terra, das mercadorias de luxo e da propriedade imobiliária em geral, que não interferem nos custos do trabalho.

Apoiado na obtusa Lei dos Mercados de Say, que nega a possibilidade de crises provocadas por insuficiência de demanda, e em uma visão equivocada sobre a natureza e as formas que assume o capital, descartando sua possibilidade pelas contradições do sistema, Ricardo restringiria, dessa maneira, as disfunções do sistema, bem como as suas crises, a *causas externas*, determinadas pelos rendimentos decrescentes da agricultura e pela elevação do preço dos alimentos. Praticamente a mesma conclusão, embora com outra estrutura teórica a que havia chegado no *Essay* de 1815.

Marx, que fez a crítica da Economia Política clássica, desvendaria, em sua obra, os motivos que induziriam Ricardo a cometer estes equívocos: (i) não ter conseguido explicar satisfatoriamente a origem do lucro e, por isso, ter enfraquecido, em certa medida, a sua teoria do valor, o que o teria impedido de enxergar o valor excedente produzido pelo trabalhador (a mais-valia) que é apropriado pelo capitalista; (ii) não tendo chegado ao conceito de mais-valia, confundir essa com a taxa de lucro, o que explica os movimentos em sentido contrário dessas variáveis, com uma caindo ou subindo sempre que a outra se move em outra direção; (iii) a falta de um melhor entendimento das formas que assume o capital – capital constante e variável –, o que retira suas possibilidades de apreender o surgimento de crises devido às contradições internas do sistema, incluindo as crises de superprodução.

INTRODUÇÃO

De qualquer forma, não há como negar que com a análise de Ricardo, os conflitos envolvendo os capitalistas e os proprietários de terras, bem como o capital e o trabalho, e as tensões permanentes que se travam entre estes autores, foram trazidos para dentro do sistema, e que a "harmonia de interesses" entre as classes sociais não passava, na realidade, de uma visão otimista de Smith.

O quarto capítulo é dedicado à análise da principal obra de John Stuart Mill, *Princípios de Economia Política*, publicada em 1848. Mill foi um autor criado por seu pai, James Mill, contando com a assessoria de amigos, como Bentham e David Ricardo, para ser uma "máquina de conhecimento", um homem da ciência.

A formação precoce de Mill, que o impediu de conhecer os encantos e arroubos da infância e da juventude, contribuiu para colocá-lo em um mundo em que o pensamento abstrato, para se chegar à verdade, era predominante, dispensando-se o exame dos fatos históricos. Por isso, em seus estudos iniciais de economia, procurando explicar os fenômenos econômicos, Mill reduziu, em seu ensaio de 1836, o ser humano a um ser abstrato e despojado de sua historicidade, para apreender as motivações de suas ações para o trabalho enquanto ser universal, concluindo que essas decorriam da busca, por ele, única e exclusivamente da riqueza, estabelecendo, com isso, os fundamentos do *homo economicus* numa versão modificada da de Smith. Só alguns anos mais tarde, em 1843, sob a influência de S. T. Coleridge e de Auguste Comte, fez uma revisão de seu método e passou a incorporar os fatos históricos em sua análise e a deixar de tratar a economia como uma ciência abstrata, isolada do restante dos fenômenos sociais. Assim, ao elaborar os *Princípios* considerou a economia como parte e influenciada por este todo e deixou para trás sua visão do "ser especial", supercalculista, o *homo economicus*, o qual, no entanto, posteriormente seria apropriado pelos economistas neoclássicos.

A proposta de Mill com os *Princípios* foi a de fazer uma revisão e atualização do pensamento econômico, incorporando

FABRÍCIO AUGUSTO DE OLIVEIRA

as novas contribuições surgidas no corpo da Economia Política, a aprimorar a teoria do valor de Ricardo e dar uma aplicação prática à ciência econômica. Mill, como se verá, não atingiu todos estes objetivos e ficou muito aquém das obras de Smith e Ricardo, representando, inclusive, um retrocesso em relação à teoria do valor do último, mas os *Princípios* se tornaram, por sua organização e didatismo, um verdadeiro *Manual*, pelo qual o mundo passou a ler a Economia Política.

Nele, Mill faz uma distinção entre as leis que governam a produção, as quais considera *naturais*, das leis que governam a distribuição, que fazem parte das instituições humanas, ou seja, sociais. Como se produção e distribuição não estivessem interligadas, condicionando e sendo determinada uma pela outra, como Marx irá demonstrar em sua obra *O Capital*. Adepto também da Lei dos Mercados de Say, não enxerga limites para a produção, a não ser na insuficiência do capital provocada pela pouca disposição para a poupança da comunidade – sacrifício do consumo presente para a obtenção de um maior consumo no futuro – e as limitações colocadas pela insuficiência de terras férteis, contra o que pouco há a fazer, pois se "tratam de leis naturais, propriedades materiais (natureza) e da mente (desejo de poupar, acumular)". O mesmo não acontece no caso da distribuição, na qual as leis humanas podem interferir para impedir que as leis naturais que as presidem numa economia de mercado conduzam os trabalhadores a uma situação kafquiana, de extrema pobreza, por sua tendência à excessiva procriação, tese populacional de Malthus, ante um fundo de salário fixo (capital) limitado, tese que só deixaria de lado em 1869.

Enxerga, assim, o trabalhador como sendo a causa de sua própria pobreza pelo seu prazer à fornicação, e não nas relações de produção, no domínio que o capital exerce sobre o trabalho, na exploração deste por aquele para a obtenção do lucro. Por isso, acredita que leis humanas e costumes, que conscientizem a população dessa insensatez, por meio da oferta da educação, ou que contribuam para diminuir o número de trabalhadores no

INTRODUÇÃO

país, como a aprovação de leis que facilitem sua migração para as colônias, ou ainda que lhe permita aumentar sua renda, caso de uma reforma agrária para cultivar alimentos para o seu sustento, por exemplo, poderiam alterar essa distribuição sem colocar em risco o capital e o processo de acumulação.

No exame da questão do valor, Mill que tem como proposta aprimorar a teoria de Ricardo, dele se afasta, na verdade, negando-a, pois passa a entender sua formação como resultado da remuneração dos fatores de produção – trabalho, capital, terra –, reduzindo-o, assim, ao *custo de produção*, como o fizera Smith na análise de uma sociedade capitalista. Este afastamento fica ainda mais evidente por não dar muita importância à preocupação de Ricardo de encontrar uma *medida invariável de valor*, que lhe permitiria identificar onde e como ocorrem as variações do valor de troca e saber o que acontece com os lucros. Isso porque, para ele, "essa importância dada a este assunto é maior do que a merecida" e que "essa medida não existe, por que todas as mercadorias estão sujeitas a flutuações".

Apesar de adotar a Lei de Say, e considerar a moeda mero instrumento de troca (a teoria quantitativa da moeda), Mill, no entanto, avança sua compreensão no fenômeno das crises econômicas, ao levar em conta que em sistemas mais complexos, a moeda pode cumprir outras funções como as do dinheiro e do crédito bancário, à medida que pressiona a demanda por bens além da produção, aumentando os preços e gerando um clima de aparente bonança, que, no entanto, será temporária ao cessarem essas compras especulativas. Essa conjuntura, inicialmente favorável, começará, em algum momento, a se desfazer, levando o crédito a refluir exatamente num momento em que ele é mais necessário, colocando em dificuldades comerciantes e distribuidores e dando origem ao que ele chama de "crises comerciais", não sendo, portanto, resultado de um excesso de demanda, com o equilíbrio "natural" do sistema logo se restabelecendo. A "crise comercial" seria resultado, portanto, de uma inflação provocada pelo aumento excessivo dos meios de pagamento, que apenas perturba temporariamente o funcionamento do sistema, e que, por isso, deve sempre ser evitado, ou seja, o governo deve "cuidar de não expandir o papel-moeda além do necessário, pois isso, [para ele], não passa de um roubo".

Mill empreende ainda, neste trabalho, uma análise da economia em expansão (em movimento), visando avaliar como os fatores de produção – capital, trabalho, terra – são afetados no seu curso. Adotando as mesmas hipóteses de Ricardo – Lei Populacional de Malthus, Lei de Say e Lei dos rendimentos decrescentes da terra – conclui que os mais prejudicados são os lucros e que a economia tenderá, inexoravelmente, para uma situação "estacionária", mesmo com a introdução de mudanças tecnológicas, que aumentem a produtividade do trabalho, as quais só tenderão a retardá-la. Entre os fatores que podem adiar a queda inevitável da taxa de lucro, Mill, diferentemente de Smith e Ricardo, aponta os gastos efetuados pelo Estado como benéficos, à medida que estes, ao retirarem poder de compra da economia, por meio da tributação, reduziria o ímpeto da acumulação, podendo, assim, destinar os recursos para financiar projetos sociais para a sociedade e reduzir as desigualdades existentes.

O "estado estacionário" não é visto por ele, ao contrário de Ricardo, como um mal para a sociedade, pois o considera como uma situação superior de desenvolvimento em que já teria ocorrido uma grande melhoria do bem-estar social: o trabalhador já teria maior consciência do ônus provocado pela excessiva procriação; e o rico de que a felicidade da vida não se resume a "ganhar dinheiro", "acumular riqueza", mas desfrutar de outras formas de prazer, como as propiciadas pelo lazer, a cultura etc. O que representa, na verdade, a negação, do *homo economicus* que havia considerado na análise de 1836. Neste contexto do "estado estacionário", considera que seriam ainda maiores as possibilidades do Estado implementar políticas redistributivas e de redução das desigualdades, por se ter atingido um nível mais alto de desenvolvimento, e mesmo de se avançar na mudança da forma de organização econômica, alterando-se a equação capital/trabalho/terra, mas sem abrir mão do

INTRODUÇÃO

sistema de concorrência perfeita, que considera o mais adequado para a sociedade, o que o coloca como defensor, na parte final de seu Livro, de uma espécie de "socialismo de mercado".

Até mesmo por essa visão, Mill, contrariamente aos clássicos, atribui papeis bem mais amplos ao Estado para corrigir falhas da teoria do autointeresse e da concorrência perfeita, mas sem restringir a liberdade individual e do capital, apenas visando garantir maior "harmonia social" entre as classes envolvidas na produção. Para o financiamento do Estado de suas atividades, sugere a cobrança de impostos proporcionais, neutros, que não afetem a alocação natural de recursos na economia, para não desestimular a acumulação, assim também como ocorre com o endividamento público. Somente no caso em que se estiver caminhando para o "estado estacionário" se justificaria a cobrança de impostos sobre os lucros do capital, pois aí a tributação poderia cumprir uma espécie de "função estabilizadora", reduzindo a força da acumulação e adiando a chegada da economia àquela situação.

\*\*\*

Ao realizar a crítica da Economia Política inglesa, Marx desvendou os problemas em que os seus representantes incorreram e que os impediram de identificar corretamente as relações que se estabelecem no modo de produção capitalista: o método de análise por eles utilizado, o qual, apesar de ter-lhes permitido chegar à superfície da vida econômica em que os fenômenos aparecem e conseguido captar seus determinantes mais simples, como valor de troca, dinheiro, preço, capital, por exemplo, geralmente sob formas modificadas de sua essência, procurou concebê-los nessas formas imediatas e diretas como sendo naturais, válidos para todas as sociedades, como prova de representação de leis gerais, sem interpretá-los em seu desenvolvimento histórico.[8] Por isso, seu nível

---

8    Uma análise aprofundada dessa crítica e do método marxista de análise se encontra em Rosdolsky (ROSDOLSKY, Roman. *Gênese e estrutura de O*

de abstração teria sido insuficiente, apenas formal, conduzindo a falsos resultados. Ou seja, a Economia Política clássica teria tomado as categorias econômicas que nele estão presentes como verdades naturais, determinadas por leis naturais, universais, como premissas estabelecidas, quando deveria tê-las tomado como ponto de partida para, por meio da investigação de seu desenvolvimento histórico, chegar à sua essência.

Como Marx procurará demonstrar, no modo de produção capitalista, em que as relações de produção se apresentam *reificadas* (*coisificadas*), com uma aparente obediência a leis naturais, em que as relações entre os homens aparecem disfarçadas como relações entre *coisas*, tal análise é mais do que necessária para desvendar a lei interna desses fenômenos, a sua *essência oculta*, pois, neste modo de produção, a forma acabada das relações econômicas que aparecem na superfície difere de sua existência real, de sua essência, aparecendo de forma inversa, antitética. Se assim não fosse, a ciência torna-se supérflua sempre e quando a forma de manifestação e a essência coincidem.

Por isso, ao deter sua investigação na esfera da aparência, sem ultrapassar a multiplicidade de formas em que a essência se manifesta, os economistas clássicos não conseguiram respostas para várias questões e se perderam atônitos quando os resultados de sua análise não se verificaram de acordo com suas formulações e hipóteses, como no caso da teoria do valor-trabalho, e tiveram de recorrer a explicações ou que a negam ou que tomam como exceção à sua teoria. Assim, o lucro, a renda da terra – formas fenomênicas –, quando aparecem em sua análise, terminam sendo frutos gerados pelo capital, pela terra, com o trabalho, deixando de ser sua única fonte criadora de valor, por não se ter pela investigação de seu desenvolvimento histórico, chegado à sua essência.

---

*Capital de Karl Marx*. Rio de Janeiro: EDUERJ: Contraponto, 2001), de onde extraímos questões importantes para essa discussão.

INTRODUÇÃO

Ricardo, por exemplo, chega ao valor de troca, partindo do trabalho como produtor de valor, mas tomando-o apenas como *unidade de medida*, e sua investigação ao *aspecto quantitativo*, às *magnitudes relativas do valor*, e não à sua *substância*, ao *aspecto qualitativo*, e nem distingue o *trabalho humano geral* do *trabalho social que cria valor*, que subentende um modo de produção historicamente determinado. Por isso, não percebe que o valor de troca com que se preocupa é só uma forma em que o valor se apresenta e nem que o seu desenvolvimento leva ao dinheiro, ao preço, ao capital, outras formas de manifestação do valor. Um método de análise que considera, enfim, haver uma coincidência entre a forma e o conteúdo e que estes não se modificam, apesar de sua interação e luta recíproca, campo de análise da dialética. Daí, sua limitação para "interpretar geneticamente essas formas, [conseguindo] apenas remontar, mediante análise, sua unidade interna e, [assim, chegar] à lei do valor", mas de forma insuficiente para captar a essência oculta dessa categoria econômica histórica.

Por isso, a Economia Política ao se guiar por essas formas fenomênicas, suprimindo categorias mediadoras com o objetivo de deduzir diretamente os fenômenos que ocorrem na vida econômica, Ricardo (e os clássicos), embora tenham tido o mérito de ter recomposto a unidade interna das diferentes formas de riqueza, enxerga apenas o lucro, e não a mais-valia e como essa se distribui entre lucro, juro, renda da terra, com as leis da mais-valia se transformando em leis do lucro, e até mesmo uma taxa geral de lucro que, em seu sistema, aparece representando, por essa razão, uma exceção à lei do valor, ao considerar as diferenças entre os capitais. Sem os "elos intermediários" que seriam necessários para se chegar ao valor e às suas várias formas de manifestação, não consegue, assim, libertar-se das formas fenomênicas e termina confundindo lucro com mais-valia, taxa de mais-valia com taxa de lucro, fazendo com que as relações de produção apareçam mistificadas por formas aparentes.

\*\*\*

Este trabalho foi desenvolvido sem a preocupação de antecipar, a não ser em algumas questões e, mesmo assim, *en passant*, as críticas que viriam a ser feitas a essa escola, bem como o aprimoramento que ganhariam várias de suas teses no futuro. O objetivo foi o de apreender a evolução do pensamento de seus autores sobre o comportamento dos fenômenos econômicos no período histórico em que o sistema ainda avançava em seu processo de consolidação, sem ter atingido sua plenitude, significando que não eram ainda claras nem as conexões e implicações das peças que o compõem, nem todas as consequências dos movimentos de suas variáveis e determinantes. Não houve, por isso, preocupação em trazer para a atualidade as limitações de sua análise em um capitalismo renovado e transformado, o que deverá ser feito com os desdobramentos deste estudo, quando outras escolas de pensamento serão abordadas. Apenas a de situá-la em seu devido contexto, quando começou a se estruturar o pensamento crítico sobre a realidade econômica, dando-se início à construção da economia como ciência.

Mais especificamente, seu objetivo foi o de identificar como o *agente racional*, o ser *humano especial*, supercalculista, capaz de fazer cálculos precisos, que constitui a base da ciência econômica oficial para explicar os fenômenos econômicos, guiado exclusivamente pelo egoísmo e pela busca extrema da riqueza, aparece e de que forma em seu pensamento. Isso porque, apropriado pelas escolas ortodoxas que se seguirão à escola clássica, este agente, despojado de qualquer sentimento de benevolência ou de altruísmo, diferente do indivíduo smithiano, e mais em linha com o pensamento de Mill, de 1836, virá a se constituir no pilar central que sustentará o pensamento econômico da ciência oficial no futuro.

# CAPÍTULO I

## SMITH, MERCANTILISMO E FISIOCRACIA: ABRINDO CAMINHOS PARA A LIBERTAÇÃO DO CAPITAL

### 1.1 Introdução

De acordo com Edwin Cannan,[9] em resenha sobre a obra de Adam Smith,

> *A Riqueza das Nações* não foi uma obra escrita com pressa, como se o autor tivesse ainda vivas no cérebro as impressões hauridas de leituras recentes. [Sua] redação engloba no mínimo os 27 anos que vão de 1749 a 1776.

Tanto tempo dá uma ideia de como muitas questões nela contidas devem ter sido discutidas, revistas e retrabalhadas pelo

---

[9]  CANNAN, Edwin. "Introdução". *In*: SMITH, Adam. *A Riqueza das Nações*: investigação sobre sua natureza e suas causas. São Paulo: Abril Cultural, 1983, p. 31 (Os Economistas).

autor, à medida que a realidade ia se transformando como resultado das rápidas mudanças que ocorriam à época na economia e no sistema político, e explica também a sua própria dimensão, que atingiu algo em torno de 1.000 páginas, devido à prolixidade e alongamento de vários argumentos desenvolvidos sobre temas que haviam se tornado verdades absolutas e, como tais, se entranhado nos meios empresariais, científicos, do poder, da política e da sociedade como um todo, para os quais Smith procura dar outra visão e interpretação.

Os principais alvos de Smith em *A Riqueza das Nações*, que se transformaria na obra que daria *status* de ciência à economia, são as políticas defendidas pelos representantes do sistema mercantil dominante, à época, e o Estado absolutista, que as implementava, os quais, atuando em cooperação, como irmãos siameses, tolhiam a liberdade dos cidadãos, do comércio e da indústria e obstavam, como resultado, o desenvolvimento econômico e a própria realização do homem, enquanto voltado para a busca do atendimento de suas necessidades materiais e para a sua felicidade. Como fica claro ao longo de sua leitura, neste quadro, nem os pobres podiam escolher a paróquia onde gostariam de sobreviver, nem os trabalhadores eram livres para escolher sua profissão, assim como os produtores se encontravam cerceados por leis que limitavam a produção, restringiam o avanço da divisão do trabalho e a produtividade, com o propósito de garantir a obtenção de uma balança comercial favorável, em nome de uma equivocada visão sobre o que representava a verdadeira riqueza da nação, a qual, para o pensamento mercantilista, era dada pela quantidade de metais preciosos (ouro e prata) que um país possuía.

O Estado absolutista e as políticas do sistema mercantil aparecem, assim, em sua obra, como os principais adversários a serem batidos para libertar a economia e a sociedade de suas amarras e abrir, ao mesmo tempo, o caminho para o desenvolvimento econômico e para a realização do homem. Não eram, contudo, os únicos. Para comprovar sua tese de que a riqueza das nações

## CAPÍTULO I – SMITH, MERCANTILISMO E FISIOCRACIA...

dependia, antes que da quantidade de metais no país, da produção de bens e serviços, Smith vai procurar desmontar também outra tese da época defendida pela escola da economia, conhecida como fisiocracia, que postulava ser a geração do valor e, portanto, da riqueza, restrita à agricultura, considerando estéril, deste ponto de vista, as atividades da indústria e do comércio, que avançavam céleres, à época, e se tornavam crescentemente importantes em relação à geração de emprego e da renda. Isso era essencial para sua tese de ser o trabalho em geral, e não apenas o trabalho agrícola, tal como defendido pelos fisiocratas, a fonte de riqueza, do valor.

Não se tratava de uma tarefa fácil, pois ideias enraizadas num longo período de tempo são difíceis de ser removidas. Para isso, Smith teria de ser convincente ao demonstrar que a verdadeira riqueza da nação era determinada pela quantidade de bens e serviços produzidos para atender as necessidades da população e que esta dependia, essencialmente, do trabalho do homem, o qual só poderia ser plenamente eficiente e produtivo, desfrutando de ampla liberdade de escolha, então negada pela ordem legal, e mesmo social, vigente. Como ele coloca no Livro IV:

> (...) a lei sempre deveria deixar que as pessoas cuidassem elas mesmas de seus próprios interesses, uma vez que, na situação pessoal em que se encontram, geralmente têm condições de melhor julgar sobre o caso do que o poderia o legislador.[10]

Com isso, Smith abriria o caminho para colocar, no campo da economia, o homem como senhor de seu destino – a promessa do Iluminismo –, como árbitro de suas decisões, vontades e desejos, dando vida própria e autônoma ao indivíduo que, retirado do mundo natural, religioso e imutável da ordem feudal anterior, andava à procura de raízes firmes para se encontrar e se situar no

---

10 SMITH, Adam. *A Riqueza das Nações*: investigação sobre sua natureza e suas causas. vol. II. São Paulo: Abril Cultural, 1983, p. 36 (Os Economistas).

novo contexto social. Antes, porém, de analisar sua obra, mais especificamente na crítica que faz ao sistema mercantilista e à fisiocracia, neste capítulo, para que se possa entender melhor sua construção teórica sobre o funcionamento do sistema econômico, a partir da mesma, bem como desenvolveu suas ideias para estes objetivos, é importante conhecer a trajetória de vida de Smith e as influências que este recebeu em sua formação para percorrer o caminho em busca da libertação do capital, da economia e do indivíduo do jugo mercantilista e do Estado absolutista e propor, obstinada e cientificamente, o crescimento econômico como condição para se atingir este objetivo.

## 1.2 Smith: vida e formação

Adam Smith nasceu em Kirkcaldy, Fifeshire, Escócia, em 05 de junho de 1723, data de registro de seu batismo. Filho de uma família de classe alta, mas não pertencente à nobreza, não chegou a conhecer o seu pai, que faleceu, prematuramente, poucos meses antes de seu nascimento. Toda a sua criação esteve, assim, nas mãos de sua mãe, Margareth Smith, que o acompanhou ao longo de toda a sua vida, e que faleceu apenas dois anos antes de sua própria morte, em 1790, aos 66 anos de idade.[11]

Sua formação acadêmica teve início na Universidade de Glasgow, em 1737, onde passou três anos estudando Humanidades. Ali teve como professor Francis Hutcheson, então considerado um dos maiores teóricos da Filosofia do Direito Natural, que ministrava aulas de Filosofia Moral, disciplina que então englobava e na qual se estudava uma diversidade de temas, como Ética, Direitos e Princípios de Economia, Política Comercial e Finanças Públicas. De Hutcheson, Smith recebeu a maior influência em sua formação e

---

[11] FRITSCH, Winston. "Apresentação". *In*: SMITH, Adam. *A Riqueza das Nações*: investigação sobre sua natureza e suas causas. São Paulo: Abril Cultural, 1983, p. VII (Os Economistas).

## CAPÍTULO I – SMITH, MERCANTILISMO E FISIOCRACIA...

foi, em decorrência destes estudos, que deu início às suas reflexões sobre os problemas econômicos ainda nesta época.

Em 1740, dois anos antes de concluir sua graduação em Glasgow, Smith transferiu-se para Oxford, Inglaterra, para prosseguir seus estudos no Balliol College da Universidade de Oxford, que lhe concedeu uma bolsa de estudos, onde permaneceria até 1746, quando retornaria à Escócia. Colégio altamente conservador, de cunho fortemente religioso e avesso à filosofia racionalista que ganhava espaço à época, acredita-se que Smith não tenha dele recebido influência positiva em sua formação, tendo ali permanecido mais tempo do que o necessário para sua graduação, provavelmente por ter se interessado pela carreira do magistério, interesse que lá, contudo, não encontrou acolhida, já que suas vagas de professor eram reservadas para religiosos ordenados.[12]

Depois de passar dois anos ministrando cursos em Edimburgo, a partir de 1748, Smith foi eleito para a cadeira de Lógica na Universidade de Glasgow. Em virtude do afastamento, por motivo de doença, do titular da cadeira de Filosofia Moral, professor Craigie, da qual seu antigo mestre Hutcheson fora professor, esta terminou sendo-lhe oferecida, e Smith assumiu-a interinamente, passando a lecionar as duas matérias. Mas, chamado às pressas para a última, não deve ter tido tempo suficiente, como presume Cannan,[13] para preparar as aulas, utilizando, para isso, os trabalhos e anotações de Hutcheson que já conhecia. Em abril de 1752, com a morte de Craigie, optou por continuar na cadeira de Filosofia Moral, nela permanecendo até 1764, período em que aprofundou seus estudos em economia, tendo sido suas aulas divulgadas por um aluno em

---

12 FRITSCH, Winston. "Apresentação". *In*: SMITH, Adam. *A Riqueza das Nações*: investigação sobre sua natureza e suas causas. São Paulo: Abril Cultural, 1983, p. VIII (Os Economistas).

13 CANNAN, Edwin. "Introdução". *In*: SMITH, Adam. *A Riqueza das Nações*: investigação sobre sua natureza e suas causas. São Paulo: Abril Cultural, 1983, p. 7 (Os Economistas).

1763 e editadas com uma introdução e notas de Edwin Cannan, com o título de *Lectures on Justice, Revenue and Arms*,[14] em 1896, que seriam consideradas "um esboço inicial de parte da *A Riqueza das Nações*".[15] Nestes estudos, a influência de Hutcheson aparece em sua plenitude.

Primeiramente, no método de análise. Hutcheson era adepto da filosofia do jusnaturalismo, uma teologia racionalista que via o universo governado por leis naturais, de origem divina, mas que poderia ser, aprioristicamente, isto é, pelo método dedutivo, apreendido pela razão. Nesta ordem natural se incluíam "normas éticas às quais a conduta individual e a legislação [deveriam] obedecer para o cumprimento da vontade divina", cabendo, portanto, à razão, dela derivar os princípios morais e de direito que guiariam as ações humanas. A influência dessa filosofia no pensamento de Smith aparece claramente em *A Riqueza das Nações*, na qual considera o organismo econômico governado por leis naturais, embora nela tenha, e aqui por influência de David Hume, que conheceria posteriormente, adepto do método empírico, abandonado a ideia da apreensão apriorística da realidade, pelo raciocínio abstrato dedutivo, e procurado explicá-la por meio da construção de "sistemas" ou "de modelos baseados em princípios gerais obtidos por indução de observações empíricas, a partir das quais a lógica dos fenômenos universais poderia ser casual ou racionalmente deduzida".[16] A influência de Hutcheson sobre o pensamento de Smith

---

[14] SMITH, Adam. *Lectures on justice, revenue and arms*. Reported by a student in 1763 and edited with and Introduction and notes by Edwin Cannan. Oxford: Clarendon Press, 1896. Disponível em: https://oll.libertyfund.org/titles/2621. Acessado em: 25.11.2022.

[15] CANNAN, Edwin. "Introdução". *In*: SMITH, Adam. *A Riqueza das Nações*: investigação sobre sua natureza e suas causas. São Paulo: Abril Cultural, 1983, p. 7, nota 17 (Os Economistas).

[16] FRITSCH, Winston. "Apresentação". *In*: SMITH, Adam. *A Riqueza das Nações*: investigação sobre sua natureza e suas causas. São Paulo: Abril Cultural, 1983, p. XVII (Os Economistas).

## CAPÍTULO I – SMITH, MERCANTILISMO E FISIOCRACIA...

seria, no entanto, ainda mais profunda, especialmente no campo da economia.

De acordo com Cannan,[17] muitos temas desenvolvidos em *A Riqueza das Nações* se encontravam no trabalho de Hutcheson, *A System of Moral Philosophy*, só publicado em 1755,[18] mas já concluído quando Smith era estudante e fora seu aluno, tais como a defesa da liberdade individual, as vantagens da divisão do trabalho, a relação dos preços com os custos de produção, o papel dos juros, o trabalho como fonte natural de riqueza, a cobrança de impostos pelo Estado de acordo com a capacidade de contribuição do cidadão, entre outras. E que, curiosamente, e aí apoiado num estudo realizado por Scott W. R. sobre Hutcheson, "a ordem em que os assuntos são tratados no *System* de Hutcheson é mais ou menos idêntica àquela em que os mesmos assuntos são tratados nas *Lectures* de Smith".[19] Cannan presume, como já apontado, que como Smith dispunha de pouco tempo para preparar as aulas, ao ter assumido as duas cadeiras na Universidade, "consultava as anotações de seu antigo professor Hutcheson [sobre assuntos

---

Sobre o método de Smith, Denis (DENIS, Henri. *História do pensamento econômico*. Lisboa: Livros Horizonte, 1974, p. 219) é enfático: "[Smith] é dominado, ainda que em menor grau que o dos fisiocratas, pela visão de uma sociedade que funciona como um organismo natural e na qual temos de evitar tocar, se pretendemos não a desregular".

17  CANNAN, Edwin. "Introdução". *In*: SMITH, Adam. *A Riqueza das Nações*: investigação sobre sua natureza e suas causas. São Paulo: Abril Cultural, 1983, pp. 21-26 (Os Economistas).

18  HUTCHESON, Francis. *A system of moral philosophy*. Audesite Press, [1755] 2015.

19  CANNAN, Edwin. "Introdução". *In*: SMITH, Adam. *A Riqueza das Nações*: investigação sobre sua natureza e suas causas. São Paulo: Abril Cultural, 1983, p. 26 (Os Economistas).

econômicos] como introdução e continuação de preleções que trouxera consigo de Edimburgo".[20] Mas ainda segundo Cannan,[21]

> (...) se temos razões para crer que Adam Smith foi influenciado por Hutcheson em sua orientação geral para o liberalismo, não parece haver motivos para atribuir [sua] influência à convicção [de Smith] sobre o caráter benéfico do *interesse próprio*, que permeia sua obra *A Riqueza das Nações*

mesmo porque ele iria criticá-lo vinte anos após ter sido seu aluno, "por dar pouco valor ao amor próprio". Além disso, Hutcheson era um mercantilista convicto e Smith um ferrenho crítico dos "regulamentos perniciosos" que obstavam o desenvolvimento e barrava o progresso da abundância. Ou seja, a influência de Hutcheson sobre o pensamento de Smith, em várias questões, não o teria desviado das teses mais caras e fundamentais que defende em e sustenta *A Riqueza das Nações*.

Depois de assumir, como titular, a cadeira de Filosofia Moral em Glasgow, o nome de Smith passaria, rapidamente, a pertencer à constelação da elite intelectual escocesa e a integrar várias entidades eruditas do país, além de dar início à publicação de artigos em revistas especializadas. Data dessa época, o início de seu relacionamento de amizade com David Hume, que Smith lera quando ainda estudante no Balliol College, e que também exercerá importante influência em seu pensamento.

David Hume nasceu em Edimburgo, Escócia, em 1711 e teve também, como um de seus professores, Francis Hutcheson.

---

20 CANNAN, Edwin. "Introdução". *In*: SMITH, Adam. *A Riqueza das Nações*: investigação sobre sua natureza e suas causas. São Paulo: Abril Cultural, 1983, p. 26 (Os Economistas).

21 CANNAN, Edwin. "Introdução". *In*: SMITH, Adam. *A Riqueza das Nações*: investigação sobre sua natureza e suas causas. São Paulo: Abril Cultural, 1983, pp. 26/27 (Os Economistas).

## CAPÍTULO I – SMITH, MERCANTILISMO E FISIOCRACIA...

A condição de compatriotas e de proximidade de residências no mesmo país devem ter facilitado o relacionamento entre os dois. Hume foi filósofo, teórico da ética, historiador e crítico das políticas mercantilistas e, em todos esses campos, suas posições influenciaram, em algum grau e medida, o pensamento de Smith. Como filósofo defendia, em oposição a Descartes, o método do empirismo, pois na sua concepção o conhecimento é gerado pela experiência e não pelo pensamento ou a razão, o que levou Smith a rever o método do jusnaturalismo adotado por Hutcheson, dando maior importância ao exame dos fatos históricos na sua análise sobre a economia. Como teórico da ética, Hume introduzira o conceito de "simpatia" aplicado à moral e de um agente observador que avaliava se as ações humanas eram ou não de seu agrado, mas restringia estas, considerando a moral de forma empírica, ao sentido da utilidade, à busca da obtenção de prazer e diminuição da dor, enquanto Smith utilizaria, em sua obra de 1759, *A Doutrina dos Sentimentos Morais*, o mesmo conceito, unindo-o à figura do *observador imparcial*, vinculando, no entanto, essas ações a sentimentos de empatia e simpatia (ou compaixão) como motivação humana do indivíduo por seus semelhantes. Como crítico das políticas mercantilistas e adepto do livre-comércio, como Smith, Hume, em trabalho de 1752,[22] apontou a falácia de suas teses sobre a balança comercial favorável como meio para carrear metais preciosos para o país e, portanto, para aumentar a sua riqueza, demonstrando que o aumento dos metais preciosos provocava elevação dos preços internos, encarecendo os produtos exportados e barateando as importações, o que promovia um movimento em sentido contrário do ouro e da prata para os demais países, anulando o ganho que havia sido obtido.[23]

---

22 HUME, David. *Ensaios morais, políticos e literários*. Rio de Janeiro: Topbooks, 2004. Ver também: HUME, David. *Escritos de Economia*. São Paulo: Abril Cultural, 1983.

23 CANNAN, Edwin. "Introdução". *In*: SMITH, Adam. *A Riqueza das Nações*: investigação sobre sua natureza e suas causas. São Paulo: Abril Cultural,

No que diz respeito à questão ética do *interesse próprio*, que ocupará papel central em *A Riqueza das Nações*, para Cannan,[24] "parece provável [que Smith pode ter sido influenciado] por Mandeville, a quem critica por atribuir todos os atos elogiáveis a 'um amor ao elogio e ao aplauso' ou à 'vaidade'". Mandeville havia publicado, em 1705, um poema com o título *A Colmeia Resmunguenta, ou: os Velhacos Virando Honestos*. Reeditou-o em 1714, ampliando-o com prosa, sob o título *A Fábula das Abelhas: ou seja: Vícios Privados, Benefícios Públicos*; com um *Ensaio sobre a Natureza Humana*.[25] Em 1729 voltou a republicá-lo, acrescentando-lhe uma segunda parte.

Neste trabalho, a colmeia representa, na realidade, uma sociedade humana, e Mandeville a descreve, vivendo uma situação de prosperidade (de crescimento) como resultado dos "vícios privados", que ele vincula a tudo que é desnecessário para a subsistência da natureza humana e que, por isso, considera como luxúria, sensualidade e ostentação: uma boa roupa, uma moradia menos rústica, uma comida suntuosa etc. Estes vícios privados estariam, portanto, na base da prosperidade, gerando empregos para os pobres, aumentando a renda e a riqueza. E, em seu poema, quando Júpiter decidiu libertar a colmeia do que considera uma fraude, ela voltou a se tornar virtuosa, frugal e honesta, mas como os gastos cessaram, o comércio foi à ruína e a prosperidade estancou. Ou seja, como ele explicaria posteriormente, em 1723, a mensagem que pretendeu passar com sua "Fábula..." foi a de que, devido aos vícios privados (ou às carências) do ser humano, responsáveis por colocarem em movimento a roda da prosperidade, é que os indivíduos podem,

---

1983, p. 30 (Os Economistas).

[24] CANNAN, Edwin. "Introdução". *In*: SMITH, Adam. *A Riqueza das Nações*: investigação sobre sua natureza e suas causas. São Paulo: Abril Cultural, 1983, pp. 27/28 (Os Economistas).

[25] MANDEVILLE, Bernard. *A fábula das abelhas*: ou vícios privados, benefícios públicos. São Paulo: Editora Unesp, 2017.

## CAPÍTULO I – SMITH, MERCANTILISMO E FISIOCRACIA...

para atender a esses vícios (carências) "(...) encontrar seu interesse particular e trabalhar e, com isso, compor um só corpo social".[26]

Smith teceu várias críticas à "Fábula" de Mandeville, considerando uma falácia considerar toda paixão como totalmente viciada, incluindo até mesmo "o uso de uma camisa limpa ou de uma moradia conveniente", mas enxergou algo nela de verdadeiro. Por isso, Cannan se arrisca a afirmar que foi

> Mandeville quem primeiro o fez entender, [lançando mão da célebre frase incluída na *A Riqueza das Nações*] que "não é da benevolência do açougueiro, do fabricante de cerveja ou do padeiro que esperamos nosso jantar, mas da consideração deles com o seu *interesse próprio*".[27]

No início de 1764, tendo recebido uma irrecusável oferta para se tornar tutor do Duque de Buccleuch, Smith renunciaria ao seu posto da Universidade de Glasgow e partiria para a França, onde permanecerá até fins de 1766. Lá, quando residente em Paris, travaria contato e relacionamento com o grupo de economistas da escola fisiocrata, especialmente com Turgot, com quem manterá correspondência por longo tempo após o seu retorno à Grã-Bretanha.[28] Do contato com essa escola, Smith extrairá importante contribuição para a construção de *A Riqueza das Nações*, embora sendo crítico de sua concepção de valor.

---

26 CANNAN, Edwin. "Introdução". *In*: SMITH, Adam. *A Riqueza das Nações*: investigação sobre sua natureza e suas causas. São Paulo: Abril Cultural, 1983, pp. 27-30 (Os Economistas).

27 CANNAN, Edwin. "Introdução". *In*: SMITH, Adam. *A Riqueza das Nações*: investigação sobre sua natureza e suas causas. São Paulo: Abril Cultural, 1983, p. 30 (Os Economistas).

28 FRITSCH, Winston. "Apresentação". *In*: SMITH, Adam. *A Riqueza das Nações*: investigação sobre sua natureza e suas causas. São Paulo: Abril Cultural, 1983, p. X (Os Economistas).

A escola fisiocrata, liderada por François Quesnay (1694-1774), trouxera a público, em 1758, sua grande obra *Tableau Économique* (*Quadro Econômico*). Nela, defendia a existência, assim como Smith o fará, de uma "ordem natural" para a sociedade, a qual, para não ser desviada de seu leito, não poderia – ou não deveria – sofrer interferências externas (leia-se, do Estado), por isso denominada fisiocracia, que significa *governo da natureza*, conforme coloca Gontijo.[29] Se assim era, seria possível, acreditavam, "elaborar (...) uma ciência da sociedade nos moldes da física newtoniana (...), conciliando o interesse privado de homens livres com leis econômicas necessárias para sua existência e reprodução".[30] Foi com base nessa visão dos fisiocratas que os caminhos da ciência se abriram para a economia, influenciando Smith na elaboração de sua obra-prima.

No esquema fisiocrata (ou do *Quadro Econômico*) parte-se do exame das condições de subsistência material e da sociedade, ou seja, da produção de bens necessários para sua existência. Mas como se tratam de "leis naturais", permanentes, regulares, isso significa que essas, assim como a produção, devem se repetir no tempo, de forma a garantir a reprodução da sociedade. Caberia, nessa perspectiva, à ciência, explicar como isso ocorre, ou seja, como se dá a reprodução das condições materiais da sociedade.

Por outro lado, embora realizada por indivíduos, a produção é vista como um fenômeno essencialmente social, à medida que exige a reunião destes, sua cooperação e organização para ser levada adiante, envolvendo, portanto, relações sociais que entre eles se estabelecem. Tal fato coloca a necessidade de analisar todo este processo à luz das classes sociais e como essas dele participam para garantir sua reprodução. Na economia dos

---

[29] GONTIJO, Cláudio. *Introdução à Economia*: uma abordagem lógico-histórica. 1ª ed. Curitiba: CRC, 2013, p. 23.

[30] GONTIJO, Cláudio. *Introdução à Economia*: uma abordagem lógico-histórica. 1ª ed. Curitiba: CRC, 2013.

## CAPÍTULO I – SMITH, MERCANTILISMO E FISIOCRACIA...

fisiocratas, em que há a propriedade privada das terras, são três as classes sociais: a dos proprietários fundiários ou donos das terras, que as arrendam; a dos camponeses, que as alugam para a produção de alimentos e de matérias-primas; e a dos artesãos, que se dedicam à produção de bens artesanais necessários para a população (vestuário, calçado etc.).

Por meio do *Quadro Econômico*, os fisiocratas irão demonstrar como essas classes, realizando trocas entre si, essência de uma sociedade mercantil, conseguem garantir sua reprodução no tempo: o proprietário de terras, que as aluga para o camponês produzir alimentos em geral, recebe, por isso, uma parte do que é produzido, despendendo seu ganho com a compra de alimentos e de produtos artesanais; o camponês, depois de destinar parcela da produção para o proprietário e reservar uma parte da produção para o próximo plantio e para seu próprio consumo, vende o restante para o proprietário e o artesão; e o último, além de também reservar parte de sua produção para repor o que nela aplicou e para o seu consumo, vende o restante para o proprietário de terras e para o camponês. Dessas trocas entre homens livres consegue-se, assim, garantir sua reprodução no tempo, atendendo os requerimentos da ciência relativos à necessidade e regularidade dos fenômenos, com o sistema econômico sendo capaz de gerar um excedente (um *surplus*), gerado na agricultura, que é destinado ao sustento da classe dos proprietários de terra, assim como da Igreja e o Estado, que nada produzem. Note-se, no entanto, que este excedente é gerado apenas pela natureza, enquanto o trabalho artesanal (a atividade industrial e comercial) consegue apenas repor as suas próprias condições de reprodução, sendo considerada, portanto, estéril. A ciência da economia teria, assim, nessa concepção, como objeto o estudo das condições (materiais e sociais) de reprodução da sociedade.

Com essa visão sobre a ciência da economia dos fisiocratas, Smith completaria o arsenal de ideias para trabalhar e concluir sua obra-prima: o método naturalista combinado com a doutrina mecanicista;[31] o mundo econômico, como consequência, governado por leis naturais, objetivas, inteligíveis e regulares, cujas relações de causa e efeito podiam ser apreendidas pelo pensamento e a observação empírica; o efeito nocivo que sobre essa ordem provocariam interferências externas e o tolhimento da liberdade de ação de seus agentes (a defesa do *laissez-faire*); com isso, a necessária liberdade do indivíduo de decidir, por *moto próprio*, de acordo com o seu interesse, o que lhe seria mais benéfico; e a percepção da produção como um fenômeno social, cuja compreensão exigia a análise de classes ou da organização destes indivíduos consoante sua inserção na sociedade, suas condições e interesses. Como coloca Fritsch,[32]

> dessa noção de sistema econômico, partilhado em Smith apenas com os fisiocratas, resultou nada menos do que a elevação da Economia à categoria de ciência, por identidade de método e fundamento filosófico com as ciências naturais existentes, rompendo com a tradição metafísica e com a polêmica empiricista que caracterizam, respectivamente, os escritos econômicos escolásticos e mercantilistas anteriores.

Após retornar a Londres no final de 1766, Smith lá permaneceu por mais seis meses, onde preparou uma nova edição de seu

---

[31] O naturalismo não se opõe ao mecanicismo, podendo ser, inclusive, combinados no processo de investigação, como ocorreu em vários ramos da ciência. Neste caso, o fenômeno é visto como uma máquina (ou um sistema), cujas engrenagens e partes componentes são governadas por "leis naturais", cabendo ao conhecimento identificá-las/apreendê-las para explicar o seu funcionamento, mesmo que, dada sua condição (a de "leis naturais") o homem não disponha de condições de interferir no seu curso. No campo da economia, os fisiocratas, e, embora em menor grau, Adam Smith e David Ricardo, os dois principais economistas da economia clássica, para ficar com alguns exemplos, adotaram o método mecanicista/naturalista no desenvolvimento de suas teorias.

[32] FRITSCH, Winston. "Apresentação". *In*: SMITH, Adam. *A Riqueza das Nações*: investigação sobre sua natureza e suas causas. São Paulo: Abril Cultural, 1983, p. XVIII (Os Economistas).

CAPÍTULO I – SMITH, MERCANTILISMO E FISIOCRACIA...

Livro, *A Doutrina dos Sentimentos Morais*,[33] e, por discordar de um projeto de Charles Townshend, então Ministro das Finanças da Inglaterra, a quem assessorava, a respeito da criação de impostos sobre artigos de consumo da colônia, como o chá, o vidro, o papel e outros, os quais, aprovados pelo Parlamento da Inglaterra em 29 de junho de 1767, são vistos com um dos fatores que, provocando descontentamento nas colônias inglesas na América, conduziu ao processo de independência dos Estados Unidos, retornou para Kirkcaldy, onde se dedicaria quase integralmente à elaboração e conclusão de sua obra, *A Riqueza das Nações*, que seria editada em 09 de março de 1776.

## 1.3 *A Riqueza das Nações*: a crítica ao mercantilismo e à fisiocracia

A obra-prima de Smith, *A Riqueza das Nações*, com a qual a economia adquiriu o *status* de ciência, sendo-lhe atribuído, por essa razão, sua paternidade, se encontra organizada em cinco Livros. Nos três primeiros, Smith faz a exposição de sua visão sobre o que considera a verdadeira riqueza de uma nação, que é dada pela sua capacidade de produção de bens e serviços; das causas que a determinam, especialmente a divisão do trabalho e a produtividade; e da forma como essa riqueza se distribui entre as forças responsáveis pela sua criação. Nos dois últimos, realiza a crítica da visão que se tinha, à época, sobre o que representava a riqueza de uma nação, então vigente no pensamento mercantilista e fisiocrata, e, em virtude disso, das políticas e práticas adotadas pelo Estado por sua influência, as quais, ao contrário do que se acreditava, obstavam os caminhos do desenvolvimento econômico.

---

[33] FRITSCH, Winston. "Apresentação". *In*: SMITH, Adam. *A Riqueza das Nações*: investigação sobre sua natureza e suas causas. São Paulo: Abril Cultural, 1983, p. X (Os Economistas).

Embora não o diga explicitamente, Smith deve ter tido boas razões para organizar sua obra nesta ordem. No entanto, para compreender melhor a exposição que faz e os argumentos que utiliza nos três primeiros Livros sobre o funcionamento e a dinâmica do sistema econômico, considera-se mais produtivo e esclarecedor dos problemas que enxergava nas políticas do Estado para a geração de riqueza e, portanto, para o crescimento econômico, e mesmo por que via o Estado como um entrave para este processo, inverter a ordem de sua obra. Acredita-se que tal procedimento propicia melhores condições tanto para se entender melhor o que se passava nessas fases iniciais do surgimento da economia capitalista quanto por que a interação entre o Estado e o capital, que a caracterizava, era por ele vista como prejudicial para a economia e a sociedade. Com isso, ao mesmo tempo em que se percorre essa etapa de desenvolvimento do sistema, à luz também do quadro intelectual da época, essencial para se entender seu pensamento, procura-se dar ênfase e destacar as bases em que ele se assenta. Por isso, na análise que se segue sobre o mercantilismo e a fisiocracia, toma-se principalmente, como referência, os Livros IV e V de sua obra, *A Riqueza das Nações*, os quais, tudo indica, parecem ter sido os menos lidos pelos que a consultam.

### 1.3.1 O Mercantilismo: Estado, políticas e concepção de riqueza

Na análise de Oliveira,[34] fazendo uma analogia com as fases de desenvolvimento do ser humano, o período mercantilista corresponde à infância do capitalismo, aquela fase em que, tendo chegado a um mundo desconhecido e, às vezes, hostil, a criança (ou o capital) precisa contar com proteção para nele se instalar

---

[34] OLIVEIRA, Fabrício Augusto. *Economia e política das finanças públicas*: um guia de leitura. São Paulo: Hucitec, 2009, p. 25.

## CAPÍTULO I – SMITH, MERCANTILISMO E FISIOCRACIA...

e conseguir chegar à idade adulta. Na de Marx,[35] este período corresponde à fase da acumulação primitiva, quando um capital mínimo precisa ser reunido e concentrado em poucas mãos, suprido por diversas fontes, incluída a que se refere à força e coerção, para viabilizar a dominação, pelos seus detentores, dos que, dele despossuídos, têm de se submeter às suas ordens para garantir sua sobrevivência. Em ambos os casos, trata-se, assim, de um período de transição em que o novo sistema que está nascendo – neste caso, o capitalismo – encontra fortes resistências das forças que representam e se beneficiam do que está para deixar o cenário – o modo de produção feudal –, configurando uma luta desigual. Nessa situação, sem contar com uma ajuda externa, seja para vencer essas resistências, seja para receber o alimento necessário para o seu fortalecimento – a acumulação primitiva –, a travessia do capital neste mundo inóspito seria ainda mais difícil e arriscada. Mesmo com essa ajuda, não foi uma tarefa fácil. Isso, por algumas razões.

No mundo medieval, dominado pela Igreja, imperavam dogmas e valores religiosos universais, a ciência se encontrava congelada e a atividade econômica confinada nos feudos, voltada meramente para a subsistência de seus habitantes, característica de uma economia natural. Nesta ordem, considerada imutável, o sentido da vida social era essencialmente espiritual, devotada à busca de Deus, sendo o lucro, ou o juro, condenado pela Igreja como obra do demônio, contrário à ética cristã. Senhores feudais (a nobreza, que incluía também os representantes da Igreja) viviam do trabalho compulsório exigido dos servos nas suas propriedades, isoladas do restante do mundo, sem meios de comunicação que os colocassem em contato. Apenas a incipiente atividade fabril em pequenos centros urbanos, com profissões regulamentadas pela ordem dominante, onde a nobreza atendia as suas necessidades de

---

[35] MARX, Karl. *O capital*: crítica da economia política: o processo de produção do capital. Livro I. 2ª ed. Rio de Janeiro: Civilização Brasileira, [1867] 1971, pp. 828-882.

produtos manufaturados (calçados, vestuário, bebidas etc.), aparecia como nota dissonante deste hermético mundo natural. E foi essa nota dissonante que, pouco a pouco, terminou minando as bases em que se assentava este modo de produção, abrindo caminho para o avanço gradativo do capital.

Associado às contradições internas deste modo de produção, reveladas em inúmeras revoltas dos servos e camponeses contra essa ordem, as quais não cabem aqui relatar, o avanço paulatino das atividades comerciais nestes centros terminou conduzindo-o à derrocada, dado o aprofundamento de suas contradições, à medida que foram se ampliando as necessidades dos senhores feudais, deles exigindo, para aumentar seus rendimentos e garantir o atendimento de suas necessidades, o aumento da extração do excedente dos servos, por meio da comutação de suas obrigações, o cercamento (*enclousure*) das áreas comuns e/ou o arrendamento de suas terras, transformando-os em simples *landlords*, ou seja, em meros proprietários de terra.[36] Este não foi, no entanto, um processo rápido, linear e coincidente no tempo nos países que o conheceram. Pelo contrário, foi um processo longo e descontínuo, marcado por mudanças na visão predominante sobre o sentido da vida social, em que a realização econômica do homem passou a ocupar a posição conferida, anteriormente, à realização espiritual. Como afirma Denis,[37] na nova ordem que surge

> (...) teremos, pela primeira vez, diante de nós, uma teoria da sociedade que se desenvolve essencialmente no âmbito da economia, dado que o fim da vida social [passa a ser] concebido como um fim econômico e que (...) os meios encarados para realizar esse fim são também econômicos.

---

[36] HUNT, E. K.; SHERMAN, Howard J. *História do Pensamento Econômico.* 2ª ed. Rio de Janeiro: Vozes, 1978.

[37] DENIS, Henri. *História do pensamento econômico.* Lisboa: Livros Horizonte, 1974, p. 98.

## CAPÍTULO I – SMITH, MERCANTILISMO E FISIOCRACIA...

A nova ordem que se instaura, conhecida como Mercantil, ou Mercantilismo, porque dominada pelo capital comercial, não encontra, contudo, uma construção acabada e, para ser vitoriosa, necessita de liquidar os resquícios da ordem anterior e dar início à construção de suas próprias bases. Além das forças que resistiam às mudanças (leia-se a nobreza e a Igreja) que poriam fim aos seus privilégios, era necessário remover os óbices que barravam a produção de bens e a busca do lucro – o novo sentido da vida social –, o que significava garantir trânsito livre e crescimento para o capital, fornecer trabalhadores para as novas atividades, liquidar o particularismo regional fundado na economia natural e nas deficientes vias de comunicação, bem como ampliar e integrar os mercados consumidores. Tarefas grandiosas no contexto da realidade medieval, que se despedia, em que o lucro era visto como uma maldição; o homem, de uma maneira geral, preso à terra (economia natural); e os mercados para escoamento da produção, além de diminutos, limitados em sua integração até mesmo pelas condições de isolamento das propriedades feudais. Tais tarefas de libertação, necessárias para a vitória do capital, teriam de ser comandadas principalmente pelo Estado, que se torna aliado da burguesia nascente – e se beneficia desta aliança – mesmo porque esta, ainda fraca financeiramente, não disporia de condições para conduzi-las. Por isso, de acordo com Hecksher,[38] se é possível identificar alguma unidade no pensamento mercantilista, é a de que, para seus autores, o Estado deve ser forte financeiramente e dispor de poder suficiente para realizar as mudanças requeridas.

Será, portanto, com o aval das novas classes dominantes – mercadores capitalistas – e com o respaldo intelectual dessa corrente de pensamento, que o Estado vai adquirir poderes absolutos e se tornar senhor da justiça, da religião, da economia, da paz e

---

[38] HECKSHER, Eli F. *Mercantilism*. Nova York: Macmillan, [1931] 1955.

da guerra.[39] Com a Igreja minada em suas forças, transfere-se para o monarca o poder divino, e Estado e governante se fundem numa mesma entidade ungida por este poder, com o respaldo e conivência dos próprios representantes da Igreja, visando manter privilégios. A célebre frase de Luís XIV, rei da França entre 1661 e 1715, *"L'Etat c'est moi"* ("O Estado sou eu") é reveladora deste período em que não havia limites para sua ação.

Desfrutando de um poder absoluto, o Estado avança na unificação das áreas e fronteiras pertencentes a um país, consolidando os Estados Nacionais, indispensável para a implementação de políticas econômicas próprias a cada um. Responsável pela criação das condições para a construção da riqueza nesta nova ordem, onde a produção é considerada a fonte de felicidade do homem, passa a intervir em todos os campos com ela relacionados, por meio de uma série de leis e regulamentos, para garantir sua expansão, mesmo porque ele próprio, o Estado, depende dessa riqueza para o seu fortalecimento. A concepção de riqueza no pensamento mercantilista termina, contudo, transformando sua ação em fator limitador de sua própria expansão.

De acordo com Hunt e Sherman,[40] para o pensamento mercantilista a riqueza de uma nação é dada pela quantidade de metais preciosos (ouro e prata) que essa possui. É provável que tal visão tenha origem na escassez destes metais que vigorou durante o período que vai do séc. XIII ao XVI, e que terminou prejudicando consideravelmente o comércio, devido à falta de meio circulante para a realização de trocas. Nessa fase do Mercantilismo, denominada bulionista,[41] a política posta em prática por alguns países, consistia em proibir a exportação de ouro e prata, com pena prevista em

---

[39] SOBOUL, Albert. *História da Revolução Francesa*. 2ª ed. Rio de Janeiro: Zahar, 1981, cap. 2.

[40] HUNT, E. K.; SHERMAN, Howard J. *História do Pensamento Econômico*. 2ª ed. Rio de Janeiro: Vozes, 1978, pp. 36-39.

[41] Do inglês *bullion*, que significa ouro em lingotes.

## CAPÍTULO I – SMITH, MERCANTILISMO E FISIOCRACIA...

alguns deles, como na Espanha, para evitar seu empobrecimento, até mesmo de morte.[42] Não se pode dizer que tal política tenha resultado frutífera em seus objetivos. Por isso, para Smith,[43] tais proibições rigorosas observadas em diversos países, como Espanha, Portugal, Escócia e até mesmo na França e Inglaterra, passaram a ser consideradas inconvenientes e prejudiciais, à medida que aqueles se transformaram em países comerciais, o que terminou deslocando, com o tempo, para a balança comercial, o meio com o qual se poderia obter ouro e prata para a sua riqueza.

Superada a fase bulionista com a descoberta de grandes quantidades de ouro na América, o qual inundando a Europa, depois de passar pela Espanha, terminou provocando uma forte elevação geral dos preços (fenômeno conhecido, na história, como "Revolução dos Preços"), o pensamento mercantilista sobre a riqueza permaneceu o mesmo, mas deslocou-se, assim, para privilegiar a obtenção de uma *balança comercial favorável* como meio de garantir um fluxo positivo de metais preciosos para o país, de forma a aumentar sua riqueza. Para manter este fluxo positivo, ou seja, garantindo exportações superiores às importações, seria necessário implementar políticas de incentivo para as primeiras e de desestímulo para as segundas. Com isso, como afirma Smith,[44]

> a atenção do governo foi desviada do esforço de evitar a exportação de ouro para o cuidado de zelar pela balança comercial como sendo a única causa que poderia gerar aumento ou diminuição desses metais preciosos.

---

42 HUNT, E. K.; SHERMAN, Howard J. *História do Pensamento Econômico*. 2ª ed. Rio de Janeiro: Vozes, 1978, p. 36.

43 SMITH, Adam. *A Riqueza das Nações*: investigação sobre sua natureza e suas causas. vol. I. São Paulo: Abril Cultural, [1776] 1983, p. 360.

44 SMITH, Adam. *A Riqueza das Nações*: investigação sobre sua natureza e suas causas. vol. I. São Paulo: Abril Cultural, [1776] 1983, p. 363.

Para isso, uma série de medidas restritivas foi adotada pelo Estado, influenciado pelas demandas de mercadores capitalistas e, também, para atender a seus próprios interesses.

Com este propósito, é que seriam criados os monopólios comerciais, já que se considerava que as negociações, em termos dos preços, tanto para as exportações como para as importações, seriam mais favoráveis se realizadas por um único vendedor ou comprador. Da mesma forma, extensas legislações regulamentando essas atividades foram surgindo com o objetivo de estimular as exportações e inibir a compra de produtos do exterior. No primeiro caso, as reduções de impostos para as vendas externas, por meio dos instrumentos de *drawback* e de subsídios, se somaram a proibição de exportação de matérias-primas e produtos semiacabados indispensáveis para a produção interna de manufaturas destinadas à exportação ou que poderiam propiciar, ao país importador, dar início à sua produção e/ou reduzir seus custos, aumentando sua competitividade. Para alguns produtos, caso mais notório da lã inglesa, a lei previa, para quem desrespeitasse a proibição de exportação, punições como a prisão, a deportação e até mesmo a morte.[45] No caso das importações, as medidas que proibiam a compra de determinadas mercadorias, somaram-se, para outras, "taxas alfandegárias tão elevadas que essas praticamente desapareceram da pauta de importações".[46] Nessa estratégia, incluíam-se, também, as conquistas coloniais, patrocinadas e financiadas pelo Estado, vistas como fonte de matérias-primas, de novos mercados consumidores para os quais se poderia exportar e, mais importante,

---

[45] Um relato detalhado e abundante das leis editadas neste período e das penas estabelecidas no caso de exportação de alguns produtos (lã, couro cru etc.) na Inglaterra, é feita por Smith, no Livro IV, onde aborda criticamente o sistema comercial. (SMITH, Adam. *A Riqueza das Nações*: investigação sobre sua natureza e suas causas. Livro IV, vol. II. São Paulo: Abril Cultural, [1776] 1983, cap. VIII, pp. 113-127 (Os Economistas).

[46] HUNT, E. K.; SHERMAN, Howard J. *História do Pensamento Econômico*. 2ª ed. Rio de Janeiro: Vozes, 1978, pp. 37/38.

## CAPÍTULO I – SMITH, MERCANTILISMO E FISIOCRACIA...

como territórios "potenciais" de onde se poderia extrair metais preciosos. Senhor da guerra, da paz, da religião e da justiça, o Estado, em nome da construção da riqueza do país e dos mercadores, tornou-se também senhor absoluto do comércio exterior. Sua ação na economia iria, no entanto, muito além dessa fronteira.

Se os resultados positivos do comércio exterior interessavam mais de perto aos mercadores capitalistas, o Estado estendeu seu controle, por meio de leis e regulamentos, também para toda a produção interna: além das isenções fiscais, dos subsídios e outros benefícios concedidos para as indústrias voltadas para as exportações, passou a controlar os métodos de produção, as profissões, os salários, a qualidade dos produtos e outras questões a ela concernentes. Pelo Estatuto do Artífice, de 1563, da Inglaterra, transferiu, para sua responsabilidade, o controle dos trabalhadores industriais; das condições de emprego; da alocação do trabalho nos diversos tipos de ocupação; da fixação dos salários; da qualidade dos produtos; e de outros detalhes relativos à produção doméstica.[47] Ou seja, não havia um campo da atividade econômica em que a teia intrincada de controles, por parte do Estado, não se fizesse presente.

Além disso, sob a influência do que Hunt e Sherman[48] chamam de "ética paternalista cristã" da Idade Média, o Estado, tendo substituído a Igreja, colocou-se como seu continuador na proteção da população desvalida, promulgando leis para garantir sua sobrevivência. Entre essas, a mais conhecida e lembrada refere-se à Lei dos Pobres, editada na Inglaterra, em 1531 e 1536, a primeira regulando os que tinham direito a "mendigar", e a segunda, transferindo para cada paróquia do país a responsabilidade de deles cuidar, por meio de contribuições voluntárias da comunidade. Com o insucesso de ambas as leis, voltou-se a

---

[47] HUNT, E. K.; SHERMAN, Howard J. *História do Pensamento Econômico*. 2ª ed. Rio de Janeiro: Vozes, 1978, pp. 26-38.

[48] HUNT, E. K.; SHERMAN, Howard J. *História do Pensamento Econômico*. 2ª ed. Rio de Janeiro: Vozes, 1978.

reeditá-la em 1572, admitindo-se seu sustento por meio de fundos fiscais, decretando-se, então, um "imposto para os pobres", de caráter compulsório. Em 1576, seria autorizada a criação, pela paróquia, das "casas de correção", e autorização para que essas treinassem e preparassem indigentes e vagabundos para o mercado de trabalho. Já em 1601, toda a Lei dos Pobres seria integrada em uma única legislação, vinculando a assistência a impostos compulsórios e hierarquizando os diversos tipos de pobres, de acordo com sua capacidade e potencial laboral: pela nova lei, os velhos e doentes, poderiam receber auxílio domiciliar; os jovens, internados e encaminhados como aprendizes para alguma profissão; os que poderiam trabalhar na paróquia, como os desempregados; e os "vagabundos incorrigíveis, que seriam enviados para as casas de correção ou prisões".[49]

Na prática, a Lei dos Pobres se tornou um grande negócio para as paróquias que, encarregadas de atender sua clientela (os seus pobres) passou a fazer uma seleção dos que receberia, priorizando os que pudessem trabalhar ou que aportassem recursos para o seu financiamento. Como os chamados "pobres" não poderiam, por lei, "escolher" livremente para onde iriam, a menos que a paróquia concordasse, o que só ocorria atendidas as condições por ela estabelecidas, o sistema, além de impedir a liberdade de ir e vir, tornou-se, ao contrário do pretendido, uma fonte de lucro para o clero e de miséria para os que dele dependiam.

Enquanto o Estado, onipotente e onipresente, abriu caminho para o fortalecimento do capital e para o advento da sociedade capitalista com a sua atuação, mesmo gerando conflitos internos à burguesia nascente, já que era evidente que enquanto alguns ganhavam outros perdiam com essas medidas, o novo sistema avançou consolidando a derrota das forças medievais e dando lugar à

---

[49] HUNT, E. K.; SHERMAN, Howard J. *História do Pensamento Econômico*. 2ª ed. Rio de Janeiro: Vozes, 1978, pp. 45/46.

CAPÍTULO I – SMITH, MERCANTILISMO E FISIOCRACIA...

produção de bens e às relações de mercado. À medida, contudo, que a nova classe dominante começou a se sentir suficientemente forte para prescindir de seu apoio, o Estado passou, gradativamente, a ser visto como um entrave para o desenvolvimento, pelas inúmeras leis restritivas que impediam a liberdade individual, travavam a produção, o comércio e a busca de emprego, e, também importante, pela sangria crescente que provocava nos lucros empresariais com a cobrança indiscriminada de impostos para financiar as atividades do Reino e os desvarios suntuosos do Rei e de sua corte. Quando isso ocorreu, as revoltas contra o poder absoluto do Rei começam a surgir, como aconteceria na Inglaterra em 1648 e 1688, que consolidaram, neste país, o predomínio do parlamento e dissociaram as finanças do Estado das do governante. De timoneiro da nova ordem, "parteiro mesmo da sociedade capitalista", como diria Marx,[50] o Estado se transformaria na figura que emperrava o desenvolvimento das forças potenciais do capital. Chegara o momento de destroná-lo do pedestal que vinha ocupando.

Ao fim deste processo, boa parte dos ex-servos se encontravam despojados e divorciados das terras e os artesãos submetidos ao controle do capital, não restando a ambos senão a venda da força de trabalho em troca de um salário para sua sobrevivência, enquanto o capital, tendo concluído o processo de acumulação primitiva, com os lucros do comércio e da indústria manufatureira, magnificados com a "Revolução dos Preços" e com o auxílio do Estado na tomada de empréstimos e também com as conquistas coloniais, somadas ao tráfico de escravos e à pirataria, pronto para se tornar senhor de seu destino e andar com suas próprias pernas. Para isso, restava se libertar da tutela e do jugo do Estado.

Este foi um período em que a Revolução Científica, iniciada com o Renascimento, avançava célere, as ideias mecanicistas se

---

50 MARX, Karl. *O capital*: crítica da economia política: o processo de produção do capital (Livro I). 2ª ed. Rio de Janeiro: Civilização Brasileira, [1867] 1971, pp. 828-882.

disseminavam para explicação tanto dos fenômenos naturais como dos da sociedade, assim como as da existência de uma ordem natural, que poderia ser apreendida pela razão, mesmo que não se dispusesse de poder para modificá-la, enquanto a preocupação com o indivíduo, bem como o papel que este ocuparia nesta nova ordem, se tornava dominante entre pensadores, cientistas e filósofos. Foi neste ambiente de rápidas mudanças, e com essa perspectiva teórica, que Adam Smith procedeu à crítica do sistema mercantilista e do papel do Estado e construiu a sua teoria sobre a verdadeira *A Riqueza das Nações*, na qual não haveria espaço nem para a concepção mercantilista, nem para o Estado opressor e intervencionista do período precedente. Nessa perspectiva, Smith pode ser visto, do ponto de vista teórico, como o "parteiro" da libertação do capital do domínio do Estado.

### 1.3.1.1 A crítica de Smith ao Mercantilismo e ao Estado: abrindo os caminhos para a libertação do capital

O pensamento mercantilista se apoiava em três pilares principais: i) metais preciosos (ouro e prata), vistos como espelhos da riqueza de um país; ii) protecionismo (do mercado interno e do sistema exportador), visando impedir a saída dos metais do país com importações e garantir sua entrada com as vendas de produtos para outros países; iii) leis restritivas às importações, à exceção de matérias-primas necessárias à produção para exportação, e de apoio e incentivo às exportações, editadas pelo Estado para garantir o enriquecimento do país, com a acumulação de metais preciosos resultante do saldo positivo da balança comercial. O Estado, onipotente, cuidava, assim, de garantir que este sistema, tal como percebido por comerciantes capitalistas e intelectuais que defendiam seus interesses, fosse azeitado e ajustado de acordo com essa visão.

Por isso, como já visto, uma série de leis proibia importações de outros países ou estabeleciam taxas alfandegárias tão elevadas

CAPÍTULO I – SMITH, MERCANTILISMO E FISIOCRACIA...

que tornavam as mercadorias excessivamente caras, sem condições de concorrer com a produção nacional, o que garantia, na prática, para esta, uma condição de monopólio. Da mesma forma, uma série de incentivos, na forma de *drawbacks* e de subsídios, era destinada às exportações, com o objetivo de reduzir seus preços e garantir maior poder de competição com os concorrentes estrangeiros. Com isso, estava obstruída a liberdade do comércio, da produção e do consumo, sendo essas decisões orientadas pelo Estado, de acordo com os interesses do capital comercial, e pela visão do que representava a riqueza de uma nação, desviando-se, na perspectiva smithiana, do curso natural que, de fato, poderia garantir a expansão, ao máximo, de sua verdadeira riqueza.

Smith[51] dá início ao seu trabalho de libertar o capital começando pela crítica à associação que os mercantilistas faziam entre a riqueza e o dinheiro, vinculando-a à quantidade de ouro e prata possuída por um país. Isto se devia, como argumenta, à sua incompreensão do duplo papel desempenhado pelo dinheiro, como instrumento de comércio (de troca) e como medida de valor. Como instrumento de comércio, com ele garantia-se acesso às mercadorias, o que passava a ilusão de que representava a riqueza do país, pois permitia a aquisição de bens para o atendimento das necessidades materiais da população. Todavia, como se passou, pouco a pouco, a acreditar que as proibições das exportações de ouro e prata eram inócuas, por serem as leis insuficientes para barrar importações consideradas necessárias e, portanto, para evitar a transferência destes metais para fora do país, mesmo porque estes poderiam facilmente dele sair pela atividade do contrabando, caminhou-se para o consenso de que sua entrada líquida, especialmente nos países que não contavam com minas destes metais em seus territórios, seria garantida com a obtenção de uma balança comercial

---

51 SMITH, Adam. *A Riqueza das Nações*: investigação sobre sua natureza e suas causas. Livro IV, vol. I. São Paulo: Abril Cultural, [1776] 1983, p. 359 (Os Economistas).

favorável, dada por exportações superiores às importações, o que exigia contar com a atuação do Estado, exercendo rigoroso controle sobre o comércio exterior. Dessa visão, nasceriam todas as medidas e regulamentos perniciosos para a liberdade do comércio e da produção, as quais, ao contrário do que se pretendia, funcionariam, ainda de acordo com os argumentos de Smith, como contrárias à expansão da verdadeira riqueza de uma nação.

Criticando essa concepção de riqueza dessa corrente de pensamento, que considera um sofisma, Smith[52] seria taxativo em sua obra:

> seria excessivamente ridículo empenhar-se seriamente em provar que a riqueza não consiste no dinheiro, nem em ouro e prata, mas que ela consiste naquilo que o dinheiro compra e no valor da compra que ele tem.

Ou seja, para ele, o dinheiro é uma mercadoria como outra qualquer, apenas se diferenciando das demais por servir como instrumento de troca, como o meio que dá acesso à riqueza, que é constituída pelo conjunto dos bens produzidos (a produção) para atender as necessidades da população.

E ainda sobre a tese, que considera absurda, da balança comercial favorável:[53] "(...) não há nada mais absurdo que toda essa teoria da balança comercial, na qual se baseiam as (...) restrições, mas também quase todas as normas sobre o comércio". E

---

[52] SMITH, Adam. *A Riqueza das Nações*: investigação sobre sua natureza e suas causas. Livro IV, vol. I. São Paulo: Abril Cultural, [1776] 1983, p. 365 (Os Economistas).

[53] SMITH, Adam. *A Riqueza das Nações*: investigação sobre sua natureza e suas causas. Livro IV, vol. I. São Paulo: Abril Cultural, [1776] 1983, p. 405 (Os Economistas).

## CAPÍTULO I – SMITH, MERCANTILISMO E FISIOCRACIA...

continuando, mais à frente, em defesa da tese que defende sobre a riqueza de uma nação:[54]

> Na verdade, há uma balança (...) e que é muito diferente da balança comercial – esta sim, conforme for favorável ou desfavorável, necessariamente gera a prosperidade ou declínio de uma nação: é a balança da produção e consumo anuais.

E para não deixar nenhuma dúvida sobre suas diferenças:[55] "(...) a balança da produção pode ser constantemente favorável a uma nação, ainda que a balança comercial lhe seja geralmente contrária".

Smith dedica a maior parte do Livro IV de sua obra para desmontar a falácia dos argumentos do sistema mercantil de que o protecionismo seria benéfico para a economia do país que adotava medidas com este objetivo. Sobre as restrições às importações (quer sejam absolutas ou por meio de taxas alfandegárias elevadas) usa vários argumentos contrários: a criação de um monopólio do mercado interno para o produtor nacional impede-o de buscar, por conta própria, a melhor aplicação de seu capital na indústria ou em outro setor onde poderia obter um rendimento máximo, o que seria mais benéfico para a sociedade, pois estariam sendo aproveitadas suas vantagens comparativas; ao mesmo tempo, as restrições retiram da sociedade a possibilidade de se beneficiar de preços mais baixos dos produtos importados em que o país apresenta desvantagens. No primeiro caso, o capital termina sendo desviado, com essa interferência, de atividades mais rentáveis e produtivas, reduzindo o valor da produção (de troca) e, portanto,

---

54 SMITH, Adam. *A Riqueza das Nações*: investigação sobre sua natureza e suas causas. Livro IV, vol. I. São Paulo: Abril Cultural, [1776] 1983, p. 412 (Os Economistas).

55 SMITH, Adam. *A Riqueza das Nações*: investigação sobre sua natureza e suas causas. Livro IV, vol. I. São Paulo: Abril Cultural, [1776] 1983, p. 412 (Os Economistas).

enfraquecendo as forças de crescimento do capital e, portanto, da produção; de outro, o consumo doméstico fica limitado à produção nacional ou os seus preços são aumentados artificialmente com as taxas alfandegárias, reduzindo a renda real da população. Por tudo isso, as perdas de renda são consideráveis. Por isso, para ele,

> o efeito imediato de todas essas restrições às importações é diminuir a renda do país. E o que diminui essa renda certamente não tem possibilidade de aumentar o capital da sociedade mais rapidamente do que teria aumentado espontaneamente, caso se tivesse deixado o capital e a atividade encontrarem seus empregos naturais.[56]

E, "quando se compra mais barato do que se fabrica, vale a pena, pois estaremos tirando a maior vantagem possível".[57] E ainda para não deixar dúvidas sobre o que entende por vantagem ou ganho:

> por vantagem ou ganho entendo não a quantidade de ouro e prata, mas o aumento do valor de troca da produção anual da terra e da mão de obra do país, ou seja, o aumento da renda anual de seus habitantes.[58]

Assim como as restrições às importações eram vistas como sinônimo de perdas para a sociedade, à medida que reduziam sua renda anual e limitavam a expansão do capital e, portanto,

---

[56] SMITH, Adam. *A Riqueza das Nações*: investigação sobre sua natureza e suas causas. Livro IV, vol. I. São Paulo: Abril Cultural, [1776] 1983, p. 381 (Os Economistas).

[57] SMITH, Adam. *A Riqueza das Nações*: investigação sobre sua natureza e suas causas. Livro IV, vol. I. São Paulo: Abril Cultural, [1776] 1983, cap. III (Os Economistas).

[58] SMITH, Adam. *A Riqueza das Nações*: investigação sobre sua natureza e suas causas. Livro IV, vol. I. São Paulo: Abril Cultural, [1776] 1983, p. 405 (Os Economistas).

## CAPÍTULO I – SMITH, MERCANTILISMO E FISIOCRACIA...

do crescimento econômico, o mesmo ocorria com os incentivos às exportações, por meio dos *drawbacks* e dos subsídios. Smith considera os *drawbacks* menos perniciosos e, em alguns casos, até defensáveis e necessários, como no caso de a exportação ser feita para um país estrangeiro e independente, pois com eles retira-se o peso dos impostos dos preços que gravam o produto nacional ou ainda em se tratando da reexportação de produtos estrangeiros importados. Em ambos os casos, apenas se estaria despindo os preços de impostos e recolocando-os no seu leito "natural", sem interferências na decisão da alocação do capital e da produção. O mesmo não ocorreria, contudo, na concessão de *drawbacks* nas exportações para as colônias, pois isso, além de não gerar aumento de exportação – o objetivo deste instrumento – representaria simplesmente perda de receita para o erário e maiores ganhos para os exportadores, pelo fato de as colônias constituírem monopólio da metrópole. Diferente, no entanto, seria o caso dos subsídios.

Os subsídios às exportações eram concedidos para que o produtor nacional pudesse vender o seu produto no exterior ao mesmo preço ou a um preço inferior ao de seus concorrentes externos. Isso nada mais significava do que a confissão da ineficiência dos capitais que os produziam e de que estes poderiam ser mais bem alocados em outras atividades mais rentáveis. Tal fato terminava sendo altamente prejudicial para o país e a sociedade, pois, de um lado, onerava os cofres públicos que teriam de pagar pela menor eficiência das empresas que se queria incentivar, e, de outro, a população, porque, ao desviar parte dessa produção para a exportação, a mesma, além de pagar preços mais elevados no mercado interno, considerando que o preço de produção era insuficiente para cobrir os custos de produção, desviando-se do equilíbrio "natural" da economia, ainda arcaria com impostos adicionais decorrentes deste aumento. Por isso, para Smith,[59]

---

[59] SMITH, Adam. *A Riqueza das Nações*: investigação sobre sua natureza e suas causas. Livro IV, vol. II. São Paulo: Abril Cultural, [1776] 1983, p. 10

o efeito dos subsídios como, aliás, de todos os demais expedientes do sistema mercantil, só pode ser o de dirigir forçosamente a atividade ou o comércio de um país para um canal muito menos vantajoso do que seria aquele para o qual ele se orientaria natural e espontaneamente.

Na mesma linha de argumentação, Smith inclui entre os instrumentos prejudiciais para a economia e para a sociedade, os *Tratados Comerciais* realizados entre os países, nos quais se autoconcedem vantagens para venda de seus produtos em seus mercados, como, por exemplo, o realizado entre a Inglaterra e Portugal, em 1703 (Acordo de Methuen), que deu tratamento privilegiado para o primeiro exportar produtos têxteis para Portugal, e a este, vinhos para a Inglaterra. Ao barrarem a concorrência de outros países que poderiam oferecer os mesmos produtos a preços mais baixos, esses tratados, embora de interesse particular e favorável a manufatores e comerciantes destes países, que não correspondem aos da nação – e para este fato Smith chama a atenção a todo instante – terminam prejudicando a sociedade, que tem de adquiri-los a preços mais elevados, e à economia como um todo, por distorcer artificialmente a alocação de recursos, que poderiam ser aplicados em atividades que apresentassem maiores vantagens.

Já no longo capítulo VII do Livro IV em que aborda o sistema colonial, os resultados de sua análise sobre os benefícios que a fundação de novas colônias pelos países europeus – e o foco principal de sua análise é o das colônias inglesas na América do Norte – trouxe para estes, não diferem dos anteriores.

Smith começa reconhecendo, inicialmente, que a principal motivação dos países europeus na fundação de novas colônias residiu na esperança de se encontrar ouro e prata em seus territórios, numa época em que existia uma forte ilusão sobre o valor destes

_____

(Os Economistas).

# CAPÍTULO I – SMITH, MERCANTILISMO E FISIOCRACIA...

metais, dado o elevado preço que haviam atingido devido à sua escassez. Os que patrocinaram e se lançaram a essa aventura não foram capazes de perceber que se as descobertas de novas minas fossem confirmadas, a abundância destes metais derrubaria seus preços, podendo, inclusive, sequer cobrir o capital aplicado. Contrária, contudo, ao bom senso, a avidez humana levou à frente este projeto, do qual se saíram bem-sucedidos neste objetivo apenas Espanha e Portugal, embora bons anos após os descobrimentos da América terem ocorrido, ainda que este sucesso tenha se revelado, posteriormente, como causa do atraso no desenvolvimento de suas economias. As demais nações que se lançaram nessa empreitada – Inglaterra, França, Holanda, Dinamarca, por exemplo – não conseguiram, ao contrário da Espanha e Portugal, descobrir nenhuma mina destes metais, fracassando em seus propósitos.

Depois de dedicar boa parte do capítulo à análise das vantagens auferidas pelas colônias neste processo, não deixando de diferenciar os vários tipos e formas de colonização conduzidos por diversos países europeus, distinguindo as colônias predatórias de exploração (Holanda, Espanha, Portugal, por exemplo) das de integração, Smith destaca uma série de vantagens obtidas pelas colônias. Entre essas, elenca: os conhecimentos de processos produtivos trazidos pelos colonizadores; a importação do seu sistema jurídico, de governo e de justiça das metrópoles; o emprego para os trabalhadores nativos, com o pagamento de salários mais elevados, onde a mão de obra não era escrava, o que considerava possível pela abundância e preço irrisório da terra e a escassez da mão de obra; o cultivo e o aproveitamento das terras da colônia para a produção de alimentos e matérias primas, abrindo o caminho para sua prosperidade. Em seguida, procura investigar as vantagens e benefícios que teriam sido colhidos pelos países colonizadores, com este empreendimento, afora, claro, o caso dos ganhos (traiçoeiros) trazidos pela descoberta das minas de ouro por Portugal e Espanha.

Entre as vantagens que poderiam ser auferidas pelas metrópoles com as colônias, sua ênfase é dada ao monopólio do comércio colonial, com o qual, em tese, aquelas constituiriam um mercado cativo para os seus produtos, ao mesmo tempo em que os produtos das colônias seriam destinados exclusivamente para sua metrópole, com os quais essa satisfaria a demanda interna de sua população e de sua economia, podendo exportar o que excedesse o seu consumo interno para os demais países. Aparentemente um bom negócio, altamente lucrativo, pois, com isso, a metrópole tanto contaria com mercados ampliados para a colocação de sua produção excedente, podendo vendê-las por preços mais elevados, como poderia importar a preços mais baixos os produtos vindos das colônias e revender o excedente a preços mais altos para outros países, pois detentora deste monopólio. Para Smith, contudo, com o monopólio deste comércio, altamente favorável à obtenção de lucros mais elevados do que os lucros normais ("naturais"), entregues aos comerciantes capitalistas, este arranjo era prejudicial não somente para a nação, assim como para a sua economia, para os trabalhadores do país e até mesmo para as próprias finanças do soberano.

Para melhor entender os argumentos apresentados por Smith também contra o monopólio colonial, é bom recordar, como colocado nas páginas iniciais deste capítulo, sua visão sobre a economia. Tendo adotado o método naturalista, Smith enxerga a economia como um organismo governado por leis naturais, as quais garantem, desde que não haja interferências externas a este mundo e predomine a liberdade natural dos indivíduos na tomada de decisões, a sua condução para um ponto de equilíbrio também natural. Neste, estariam presentes uma taxa natural (normal) de lucro, de salários, da renda da terra e assim por diante, com o sistema econômico operando com o máximo de aproveitamento de seus fatores de produção e gerando o máximo de produção. Qualquer interferência externa que rompesse com este equilíbrio, provocaria desvios destes fatores para outras finalidades e aplicações e reduziria sua capacidade de garantir a produção máxima de bens que poderia ser proporcionada para o país caso isso não ocorresse. Neste caso, tanto os incentivos às exportações como às importações, assim como o controle exercido

## CAPÍTULO I – SMITH, MERCANTILISMO E FISIOCRACIA...

sobre o trabalhador, os salários e também o monopólio do comércio externo pelos comerciantes, repontavam como interferências que modificavam o equilíbrio "natural" da economia, provocando prejuízo para a nação e a sociedade em conjunto.

No caso da nação, especificamente em relação ao balanço que faz, no caso da Grã-Bretanha, sobre a contribuição que as colônias deveriam oferecer para a proteção da metrópole ou mesmo para a sua própria defesa, Smith constata que isso praticamente não teria se verificado (as exceções, neste caso, seriam Espanha e Portugal), constituindo-se, portanto, elas, neste aspecto, mais em fonte de despesas do que de renda para a mãe-pátria, absorvendo recursos que poderiam ter sido empregados em outras atividades.

No caso da economia, embora a exclusividade do comércio de produtos da colônia pareça representar uma vantagem para a metrópole e sua população, à medida que atende suas demandas e oferece-lhe condições de vender para outros países o excedente colonial a melhores preços, devido ao monopólio, ao mesmo tempo em que as colônias representam uma ampliação do mercado para suas manufaturas, também a preços e lucros mais elevados, Smith considera isso apenas uma vantagem aparente, mas prejudicial para o funcionamento "natural" da economia e para a riqueza da nação.

Isso porque, devido aos lucros mercantis maiores, mais capitais, além do que espontaneamente ("naturalmente") ocorreria, seriam atraídos da metrópole para essa atividade. Isso provocaria desvio de recursos de outros setores, especialmente diante da exclusão de todos os capitais estrangeiros do processo de concorrência, ocasionando sua redução na economia (da metrópole) e engendrando, como consequência, aumento da taxa de lucro acima do nível "natural", com resultados negativos para sua competitividade e seu comércio exterior, já que os produtos estrangeiros se tornariam mais baratos.

Como se não bastasse, a diminuição do capital, migrando para as colônias em busca de maiores lucros, provocaria redução na demanda por mão de obra e nos salários dos trabalhadores, com estes caindo abaixo de seu nível "natural". Para o país, portanto, apesar de favorável para os comerciantes, tal monopólio seria prejudicial, pois sua população, além de pagar um preço mais alto do que o "natural" pelo produto colonial, o que não ocorreria no caso da existência de "livre comércio", aberto inclusive aos demais países estrangeiros, ainda sofreria com a queda da atividade econômica, devido ao desvio do capital para as colônias, do emprego e dos salários, e com a perda de mercado para os demais países como consequência do aumento dos lucros e elevação de seus preços internos. Do lado das colônias, as perdas também seriam consideráveis, pois impedidas de vender melhor, em condições de concorrência, para os demais países, e sendo obrigadas a comprar os produtos manufaturados da metrópole a preços mais elevados. Por isso, a conclusão a que chega Smith[60] depois de todas essas considerações é a de que:

> (...) o monopólio impede o capital do respectivo país [de] manter um contingente de mão de obra tão grande quanto, de outra forma, haveria de manter, e de proporcionar aos seus habitantes operosos renda tão grande quanto a que proporcionaria. Ora, já que o capital só pode ser aumentado através das economias na renda, o monopólio, impedindo o capital de proporcionar uma renda tão alta quanto a que proporcionaria, necessariamente o impede de aumentar com a mesma rapidez com a qual de outra forma aumentaria e, consequentemente, de manter um contingente ainda maior de mão de obra produtiva e proporcionar aos habitantes operosos do país renda ainda maior. Por conseguinte, em todos os tempos, o monopólio necessariamente deve ter tornado menos abundante do que seria normalmente, uma grande fonte original de renda, isto é, os salários do trabalho.

---

[60] SMITH, Adam. *A Riqueza das Nações*: investigação sobre sua natureza e suas causas. Livro IV, vol. II. São Paulo: Abril Cultural, [1776] 1983, p. 90 (Os Economistas).

## CAPÍTULO I – SMITH, MERCANTILISMO E FISIOCRACIA...

E, após analisar seus efeitos sobre as demais fontes originais de renda, mesmo reconhecendo que o monopólio aumenta o lucro dos comerciantes que detêm o monopólio, mas cujos interesses não correspondem necessariamente aos da nação, Smith[61] conclui sobre essa questão que:

> O monopólio torna muito menos abundantes, do que de outra forma ocorreria, todas as fontes originais de renda: os salários do trabalho, a renda da terra, e os lucros do capital. Para promover o pouco interesse de uma pequena categoria da população de um país, o monopólio lesa o interesse de todas as demais categorias da população do país, e de todas as pessoas em todos os demais países.

Já em relação às finanças do soberano, o monopólio colonial, além de gerar, de uma maneira geral, despesas superiores às rendas para sua administração e defesa, provoca perdas de receitas pelo fato da produção alcançar valor inferior ao que naturalmente alcançaria sem essa interferência no funcionamento do mercado, reduzindo sua eficiência. Por isso, Smith, para fortalecer até mesmo as finanças do reino, não tem dúvidas em apontar as vantagens na abolição de todos os monopólios e de todas as restrições ao livre comércio, visando eliminar as perturbações causadas na distribuição natural, para a nação, do capital. Segundo ele:[62]

> (...) quanto maior for a renda do povo, quanto maior for a produção anual de sua terra e de seu trabalho, tanto mais renda poderão oferecer ao soberano. (...) Por isso, é do interesse de tal soberano abrir o mais amplo mercado possível

---

61 SMITH, Adam. *A Riqueza das Nações*: investigação sobre sua natureza e suas causas. Livro IV, vol. II. São Paulo: Abril Cultural, [1776] 1983, p. 91 (Os Economistas).

62 SMITH, Adam. *A Riqueza das Nações*: investigação sobre sua natureza e suas causas. Livro IV, vol. II. São Paulo: Abril Cultural, [1776] 1983, pp. 109/110 (Os Economistas).

para a produção de seu país, permitir a mais perfeita liberdade do comércio, a fim de aumentar ao máximo o número e a concorrência dos compradores e, consequentemente, abolir não somente todos os monopólios, como também todas as restrições ao transporte da produção nacional de uma parte do país para outra, as restrições à exportação da produção a países estrangeiros e a importação de mercadoria de qualquer tipo, pelas quais se possa trocar a produção nacional.

Apesar das críticas feitas à atuação do Estado intervencionista e das "regulamentações perniciosas" que desviavam a economia de seu curso "natural", Smith consideraria existirem funções na economia de mercado a serem por ele desempenhadas. Ainda no final do Livro IV,[63] no qual trata especificamente de suas atividades, arrola três deveres do soberano (funções do Estado), de interesse geral da sociedade, à luz do sistema de liberdade natural:

> primeiro, o dever de proteger a sociedade contra a violência e a invasão de outros países independentes; segundo, o dever de proteger, na medida do possível, cada membro da sociedade contra a injustiça e a opressão de qualquer outro membro da mesma, ou seja, o dever de implantar uma administração judicial exata; e, terceiro, o dever de criar e manter certas obras e instituições públicas que jamais algum indivíduo ou um pequeno contingente de indivíduos poderão ter interesse em criar e manter, já que o lucro jamais poderia compensar o gasto de um indivíduo ou conjunto de indivíduos, embora muitas vezes ele possa até compensar, em maior grau, o gasto de uma grande sociedade.[64]

---

[63] SMITH, Adam. *A Riqueza das Nações*: investigação sobre sua natureza e suas causas. Livro IV, vol. II. São Paulo: Abril Cultural, [1776] 1983, p. 147 (Os Economistas).

[64] SMITH, Adam. *A Riqueza das Nações*: investigação sobre sua natureza e suas causas. Livro IV, vol. II. São Paulo: Abril Cultural, [1776] 1983, p. 147 (Os Economistas).

## CAPÍTULO I – SMITH, MERCANTILISMO E FISIOCRACIA...

Esses deveres, ou funções, se restringiriam, portanto, à defesa externa do país, à provisão da justiça e de obras e instituições de interesse geral de toda a sociedade, mas que, pela sua natureza (bens/serviços que seriam posteriormente classificados como públicos), dimensão de recursos exigidos e dificuldade de acesso ao seu mercado pela população mais pobre, caberia ao Estado a responsabilidade de sua oferta. Assim, além da defesa do país de inimigos externos, que exige a formação e manutenção de um exército, ele inclui, no caso da justiça, tanto a proteção judicial dos cidadãos em conflitos e litígios internos de várias naturezas, assim como a da propriedade privada, e, no caso das obras e instituições, as voltadas para facilitar e impulsionar a atividade econômica, citando, como exemplo, a construção de canais, de pontes, de canais navegáveis, de portos etc.,[65] bem como a oferta de educação para a juventude e de instrução, em geral, para as pessoas de todas as idades.[66]

Por outro lado, embora considere que tais atividades sejam de interesse e beneficiem a sociedade como um todo, e que, por isso, seria perfeitamente justificável que seu financiamento fosse feito com a cobrança de impostos gerais incidentes sobre todos os seus membros, na medida do possível em proporção com suas respectivas capacidades de renda,[67] Smith considera que tanto a provisão da justiça como a oferta de obras e serviços, por terem beneficiários diretos identificáveis, o ideal seria que as despesas que elas provocam fossem cobertas por esses, para não onerar a

---

65 SMITH, Adam. *A Riqueza das Nações*: investigação sobre sua natureza e suas causas. Livro V, vol. II. São Paulo: Abril Cultural, [1776] 1983, pp. 151-199 (Os Economistas).

66 SMITH, Adam. *A Riqueza das Nações*: investigação sobre sua natureza e suas causas. Livro V, vol. II. São Paulo: Abril Cultural, [1776] 1983, pp. 199-237 (Os Economistas).

67 SMITH, Adam. *A Riqueza das Nações*: investigação sobre sua natureza e suas causas. Livro V, vol. II. São Paulo: Abril Cultural, [1776] 1983, p. 247 (Os Economistas).

sociedade, restringindo-se a esta, em conjunto, o financiamento dos gastos com a defesa e com a manutenção do soberano (do Estado).

Smith mescla, assim, o princípio do benefício, que vincula o pagamento de tributos em suas várias formas (taxas, pedágios etc.) a um determinado serviço prestado diretamente pelo Estado a um cidadão ou a um grupo de cidadãos, com o princípio da cobrança de impostos gerais para o financiamento de suas atividades, cujos benefícios são difusos, vinculando essa contribuição à capacidade contributiva do cidadão. Mas também considera que, no caso de não ser possível essa cobrança dos que utilizam a justiça e se beneficiam das obras e serviços, cabe à sociedade em conjunto, pela sua importância econômica e social, responder pelo seu financiamento:

> quando as instituições ou outras obras públicas que beneficiam toda a sociedade não podem ser mantidas integralmente ou não são assim mantidas com a contribuição daqueles membros particulares da sociedade mais beneficiados por elas, essa deficiência deve, na maioria dos casos, ser suprida pela contribuição geral de toda a sociedade.[68]

A restrição às atividades do Estado justifica-se, em sua obra, não somente pelo fato de não se ter o Estado como produtor de riqueza, mas como agente que em parte dela se apropria, consumindo-a improdutivamente, mas também pelas distorções que a tributação, principal meio pelo qual ele financia suas atividades, provoca no funcionamento do sistema econômico, reduzindo sua eficiência e sua capacidade de geração de riqueza. Tal posição fica clara quando, ao analisar como o Estado poderia financiar suas despesas, conclui que a maior parte dela "(...) deve ser paga por taxas ou impostos (...), fazendo com que o povo contribua com

---

[68] SMITH, Adam. *A Riqueza das Nações*: investigação sobre sua natureza e suas causas. Livro V, vol. II. São Paulo: Abril Cultural, [1776] 1983, p. 239 (Os Economistas).

## CAPÍTULO I – SMITH, MERCANTILISMO E FISIOCRACIA...

uma parte de seu próprio rendimento privado para constituir uma receita pública para o soberano ou para o Estado".[69] E como

> o rendimento privado provém, em última análise, de três fontes distintas: renda da terra, lucro e salário (...) todo imposto deve, em última instância, recair sobre um ou outro destes tipos de rendimento ou sobre todos eles.[70]

Diante disso, sua preocupação será a de examinar quais os impostos que menos danos causariam à atividade econômica no caso de sua cobrança, o que faz, tendo, como referência e à luz de quatro máximas da tributação: a da equidade (capacidade de contribuição) que aduz ao princípio do benefício; da certeza e transparência a respeito do montante de imposto a ser pago pelo contribuinte no exercício fiscal; o da conveniência temporal de seu pagamento, associando o seu recolhimento com a disponibilidade de recursos do contribuinte; e, por último, o da parcimônia e discrição na sua cobrança, visando não desestimular o investimento ou causar constrangimentos ao contribuinte, com confiscos, fiscalizações intempestivas e vexatórias etc.

Smith não vê com bons olhos, a taxação sobre os lucros do capital, considerando-os não passíveis da tributação direta porque, para manter a taxa de lucro "natural" (normal), o produtor terá de repassá-la para os preços e, no final, quem arcará com o seu ônus será o consumidor, devido ao aumento dos preços. Da mesma forma, não considera, por várias outras razões, adequada a cobrança de tributos sobre os juros para evitar que o capital migre para outros países e mine as forças do crescimento econômico, da

---

69 SMITH, Adam. *A Riqueza das Nações*: investigação sobre sua natureza e suas causas. Livro V, vol. II. São Paulo: Abril Cultural, [1776] 1983, p. 247 (Os Economistas).

70 SMITH, Adam. *A Riqueza das Nações*: investigação sobre sua natureza e suas causas. Livro V, vol. II. São Paulo: Abril Cultural, [1776] 1983 (Os Economistas).

expansão da riqueza. Mesmo um imposto sobre a transferência de ativos que reduza o valor-capital da propriedade, não é, por ele, considerado adequado, por diminuir os fundos destinados à acumulação e refrear a contratação de mão de obra produtiva para ser gasto, improdutivamente, pelo Estado. Essa visão sobre a improdutividade dos gastos estatais encontra-se expressa, de forma bem clara, na seguinte passagem:

> todas as taxas sobre a transferência de propriedades de qualquer espécie, na medida em que reduzem o valor-capital da referida propriedade tendem a fazer diminuir os fundos destinados à mão de obra produtiva. São todas taxas mais ou menos improfícuas, que aumentam a receita do soberano, o qual raramente mantém outra mão de obra que não a improdutiva; aliás, à custa do capital da população, que só mantém mão de obra produtiva.[71]

Na mesma linha de argumentação condena, também, a tributação direta sobre os salários, considerando que, para manter seu poder aquisitivo (sua capacidade de adquirir os bens necessários para a subsistência do trabalhador), eles terão, inevitavelmente, de aumentar para compensar a taxação e preservar seu valor real (natural), o que poderá ocasionar: i) uma elevação dos preços, pois, diante de seu aumento, o empresário, para garantir a taxa de lucro normal, procurará repassá-lo para o consumidor; ii) ou a diminuição da demanda de mão de obra, reduzindo o nível de emprego e da produção e, consequentemente, da riqueza do país. Por isso, chega a considerar tais impostos "absurdos e destrutivos".[72] Isso não se aplicará, contudo, à remuneração recebida por

---

[71] SMITH, Adam. *A Riqueza das Nações*: investigação sobre sua natureza e suas causas. Livro V, vol. II. São Paulo: Abril Cultural, [1776] 1983, p. 277 (Os Economistas).

[72] SMITH, Adam. *A Riqueza das Nações*: investigação sobre sua natureza e suas causas. Livro V, vol. II. São Paulo: Abril Cultural, [1776] 1983, p. 247 (Os Economistas).

## CAPÍTULO I – SMITH, MERCANTILISMO E FISIOCRACIA...

servidores do Estado, os quais, por não terem vínculo direto com a produção, poderiam suportar essa taxação.

Os mesmos efeitos produziriam, também, os impostos sobre os bens de consumo de primeira necessidade, porque estes, ao reduzirem o salário real dos trabalhadores, exigiriam sua recomposição com o repasse deste aumento de custos para os preços. O mesmo não ocorreria, contudo, no caso dos impostos incidentes sobre os bens de luxo que, consumidos pela população rica do país e não pelos trabalhadores, não acarretariam aumento dos salários, já que não são incidentes sobre sua cesta de consumo. Neste caso, Smith enxerga, aí, um campo propício para a tributação por esta não afetar o equilíbrio "natural" do sistema econômico.

O fato é que, no mundo econômico "natural" de Smith, não há muito espaço para o Estado financiar os seus gastos, pois isto implicaria redução do crescimento econômico por aqueles representarem desperdício. Além dos impostos, indiretos incidentes sobre os bens de luxo, sua sugestão se restringe a uma taxa moderada sobre os juros, sobre os vencimentos de servidores públicos, sobre a renda da terra e de terrenos, por não desestimularem a atividade produtiva, sobre os aluguéis de casas e as transferências de propriedade que não reduzam o valor-capital, sobre o comércio exterior, cuidando também de evitar taxar artigos de primeira necessidade, e à cobrança de taxas diretamente dos beneficiários dos gastos efetuados pelo Estado, de acordo com o princípio do benefício.

Mesmo a dívida pública, uma fonte complementar de financiamento do Estado, é apontada como prejudicial para o funcionamento do sistema econômico, porque, para ele, com ela esterilizam-se recursos para a acumulação por representar

> uma determinada parcela da produção anual que deixou de servir como capital e foi desviada para servir como renda; esta parcela deixou de manter trabalhadores produtivos e foi desviada para a manutenção de trabalhadores improdutivos e

para ser gasta e desperdiçada, geralmente no decurso de um ano, sem a esperança sequer de ser futuramente reproduzida.[73]

São restritos, assim, em sua obra, os espaços para a atuação do Estado, pois, considerando improdutivos os seus gastos, são-lhe fechadas muitas portas de onde poderia obter financiamento. Suas funções deveriam estar, pois, limitadas aos estreitos recursos que consegue arrecadar sem prejudicar o curso "natural" da economia e do processo de criação da riqueza de uma nação. Estava, com isso, no plano teórico, criada a passagem para a vitória do *laissez-faire* e para a consolidação do pensamento liberal nos fundamentos do capitalismo.

### 1.3.1.2 A crítica à visão do sistema fisiocrata sobre a riqueza das nações

A crítica à visão do sistema mercantilista sobre a riqueza de um país foi realizada, antes da obra de Smith, pela escola de economia conhecida como Fisiocracia, liderada por François Quesnay (1694-1774), em Livro publicado em 1758, intitulado *Tableau Économique des Physiocrates* (*Quadro Econômico dos Fisiocratas*). O trabalho nasceu como reação de um grupo de economistas franceses, que receberam a denominação, à época, de *Les Economistes*, à asfixia que as políticas mercantilistas, sob o comando de Jean Baptiste Colbert (1619-1683), muitas das quais continuavam em vigor, impuseram àquele país no reinado de Luís XIV (1638-1715), visando incentivar a indústria e o comércio, mesmo que prejudicando, para isso, a agricultura, por meio da adoção de medidas restritivas, casos da proibição da exportação de cereais, para manter baixos os preços de alimentos nas cidades,

---

[73] SMITH, Adam. *A Riqueza das Nações*: investigação sobre sua natureza e suas causas. Livro V, vol. II. São Paulo: Abril Cultural, [1776] 1983, p. 327 (Os Economistas).

## CAPÍTULO I – SMITH, MERCANTILISMO E FISIOCRACIA...

das limitações ao seu transporte de uma província para outra, da cobrança de impostos dos agricultores etc.[74]

Ao contrário dos mercantilistas, os fisiocratas viam apenas na produção de bens necessários para a vida e a reprodução destes próprios bens, como ocorrerá na obra de Smith, a verdadeira riqueza de uma nação, como exposto na seguinte passagem do *Tableau*:

> Não falamos da massa de dinheiro amoedado que circula no comércio de cada nação e que o vulgo toma como a verdadeira riqueza dos Estados, porque, como se diz, com dinheiro pode-se comprar tudo de que se necessita, mas não se pergunta com o que se pode conseguir dinheiro e, no entanto, essa riqueza não se entrega em troca de nada, ela custa tanto quanto vale a quem a compra. É o comércio que a leva às nações que não têm minas de ouro nem de prata, mas essas próprias nações não teriam ouro e prata se não tivessem com que os pagar. E elas o terão sempre e tanto quanto queiram comprar ou tanto quanto lhe convenha, se tiverem produtos para dar em troca.[75]

Embora tenham acertado o alvo na crítica à concepção de riqueza dos mercantilistas, os fisiocratas cometeram, no entanto, o erro, na construção de seu sistema, de terem seguido ao pé da letra um provérbio citado por Smith,[76] que diz que "se a vara estiver inclinada demais para um lado, se quisermos retificá-la é necessário dobrá-la para o lado oposto, em grau igual ao da inclinação anterior", e considerado apenas a terra, ou o trabalho agrícola

---

74  SMITH, Adam. *A Riqueza das Nações*: investigação sobre sua natureza e suas causas. Livro IV, vol. I. São Paulo: Abril Cultural, [1776] 1983, caps. I, II e III (Os Economistas).

75  QUESNAY, François. *Quadro Econômico dos Fisiocratas*. São Paulo: Abril Cultural, [1758] 1983, p. 268.

76  SMITH, Adam. *A Riqueza das Nações*: investigação sobre sua natureza e suas causas. Livro IV, vol. II. São Paulo: Abril Cultural, [1776] 1983, p. 130 (Os Economistas).

como fonte de criação de valor, em radical oposição ao pensamento mercantilista, que supervalorizava as atividades econômicas da cidade (indústria e comércio) pela sua maior capacidade de obter saldos favoráveis na balança comercial.

Como vimos, no sistema fisiocrático a economia é regida por leis naturais, o que implica a regularidade de seus fenômenos, sendo estes, por isso teorizáveis, com a apreensão de suas relações de causas e efeitos. Os fisiocratas a enxergavam como um sistema que se reproduz no tempo, garantindo, com isso, a reprodução dos elementos que o compõem, incluindo, neste processo, três classes sociais que constituem sua essência: 1) a classe produtiva dedicada ao cultivo das terras, sendo capaz de gerar, com o seu trabalho, um produto líquido, depois de cobrir suas próprias necessidades e as despesas da produção, com o qual irá pagar as rendas dos proprietários das terras; 2) a classe dos proprietários, que compreende o soberano, os possuidores de terras e os dizimeiros, que subsistem da renda ou produto líquido que lhe é paga pela classe produtiva; 3) a classe estéril ou improdutiva, formada por cidadãos cujas atividades estão fora do âmbito da agricultura (basicamente a indústria e o comércio), cujas despesas são pagas pela classe produtiva e pela classe dos proprietários, recebendo, em troca, seus produtos.[77]

Neste sistema, todo o valor (ou a riqueza) é gerado pela terra (a mãe natureza), ou pelo trabalho agrícola. É ele quem garante sua própria reprodução e a de todas as classes sociais de forma contínua. Além de sua própria subsistência e da reprodução das condições de seus meios de trabalho, que classificam como despesas originais (o capital fixo inicial exigido para dar início à produção), e as despesas anuais (entendido como capital de giro), ele é capaz de gerar um excedente para remunerar os proprietários (que

---

[77] QUESNAY, François. *Quadro Econômico dos Fisiocratas*. São Paulo: Abril Cultural, [1758] 1983, pp. 257/258.

## CAPÍTULO I – SMITH, MERCANTILISMO E FISIOCRACIA...

apenas o consome), criando assim, uma demanda (dos próprios agricultores e da classe proprietária) para os produtos da classe estéril, com o que garante também sua reprodução, pagando suas despesas de subsistência e de reposição de seus meios de produção. Esta, no entanto, nada acrescenta ao valor da produção, ou seja, não cria valor. O sistema assim se reproduz continuamente, mas para se expandir necessita contar com a parcimônia (poupança) dos setores onde este excedente é gerado (os arrendatários e mesmo os proprietários de terra) para aumentar o capital, já que da classe estéril nada se pode esperar neste sentido, já que sua atividade não é capaz de gerar excedente, consumindo tudo que produz.

Isso não significa, para os fisiocratas, que a classe improdutiva seja inútil. Pelo contrário. Ela é essencial e integra a realidade em análise e pode, inclusive, contribuir, *mas apenas indiretamente para a expansão do valor da produção e da geração do excedente real na agricultura*, ao conseguir baratear, desde que haja ampla liberdade no comércio interno e externo – ou seja, que prevaleça a livre concorrência –, os preços dos produtos demandados pelos que vivem dos rendimentos da terra, potencializando o fundo reservado para a acumulação. Na ausência dessa liberdade – e essa é uma crítica diretamente endereçada ao pensamento mercantilista –, caso os preços das manufaturas se elevem, os maiores lucros obtidos pelo sistema mercantil tenderão a atrair capital da agricultura, desviando-o de sua única atividade produtiva, conduzindo a economia para uma trajetória de declínio, com queda do emprego e da produção. Tal situação significaria uma violação à distribuição natural da riqueza gerada no sistema – afinal, trata-se de um sistema governado pelas leis da natureza – e, portanto, qualquer interferência externa (leia-se do Estado com suas regulamentações do estilo mercantilista) terminaria reduzindo a riqueza e a renda anual do país, empobrecendo-o.

Para Smith, o grande erro dos fisiocratas teria sido, principalmente, a valorização excessiva atribuída à terra como única fonte de valor, de geração de riqueza, negando à indústria e ao comércio qualquer contribuição neste sentido. A este respeito, assim se manifestaria em sua obra:[78] "o erro capital deste sistema parece residir no fato de ele apresentar a classe de artífices, manufatores e comerciantes como totalmente estéril e improdutiva (...)", contra argumentando que o fato de ele produzir anualmente apenas

> o valor de seu próprio consumo anual – como se reconhece – e prolongar a existência do estoque com capital que a sustenta e lhe dá emprego [torna] muito impróprio aplicar-lhe o qualificativo de estéril e improdutiva.

E exemplificando seu argumento, pondo os pés no mesmo terreno "natural" dos fisiocratas:

> não consideraríamos um casamento como estéril ou improdutivo, mesmo que dele resultasse apenas um filho e uma filha, para substituir o pai e a mãe, e ainda que não aumentasse o número do gênero humano, limitando-se a manter o contingente anterior.[79]

Smith, cuja tese é a de que o trabalho em geral, e não apenas o trabalho agrícola, é fonte de criação de valor, procura desvelar as limitações do pensamento dessa escola sobre essa questão. Inicia sua crítica diferenciando entre trabalho produtivo e improdutivo, considerando que se os criados domésticos podem ser enquadrados na segunda categoria por não constituírem um fundo reprodutível que os sustentem no tempo, dependendo, portanto, dos rendimentos de seus patrões, o mesmo não ocorre com os que os fisiocratas

---

[78] SMITH, Adam. *A Riqueza das Nações*: investigação sobre sua natureza e suas causas. Livro IV, vol. II. São Paulo: Abril Cultural, [1776] 1983, p. 138 (Os Economistas).

[79] SMITH, Adam. *A Riqueza das Nações*: investigação sobre sua natureza e suas causas. Livro IV, vol. II. São Paulo: Abril Cultural, [1776] 1983, p. 138 (Os Economistas).

## CAPÍTULO I – SMITH, MERCANTILISMO E FISIOCRACIA...

denominam de classe estéril. Esta, ao contrário dos criados domésticos, constitui este fundo que se reproduz, com o seu trabalho se convertendo em mercadoria vendável, comercializável.

Ainda que essa apenas se reproduza, como argumentam os fisiocratas, isso não significa que nada acrescenta ao valor da produção anual do país, mesmo porque será do valor obtido com o produto de seu trabalho que esta classe poderá adquirir produtos de sua necessidade, em igual valor, no mercado. Como afirma Smith:[80]

> quando os defensores deste sistema afirmam que o consumo dos artífices, manufatores e comerciantes é igual ao valor que eles produzem, provavelmente não tencionam afirmar outra coisa senão que sua renda, ou fundo destinado ao seu consumo, é igual ao seu valor.

Mas que, se tivessem percebido isso mais claramente, poderiam também ter concluído, assim como acontece com os arrendatários e trabalhadores do campo, que esta classe tem condições de poupar, usando com parcimônia sua renda, e que essa poupança, ao ser canalizada para o aumento do capital, ampliaria, em maior ou menor grau, a riqueza do país. E para não deixar dúvida sobre o fato de não existirem diferenças nessa questão de acordo com o tipo de trabalho:

> os arrendatários e os trabalhadores do campo não têm condições de aumentar mais, sem parcimônia, a renda real, a produção anual da terra e do trabalho de um país, do que o podem os artífices, manufatores e comerciantes.[81]

---

80 SMITH, Adam. *A Riqueza das Nações*: investigação sobre sua natureza e suas causas. Livro IV, vol. II. São Paulo: Abril Cultural, [1776] 1983, p. 139 (Os Economistas).

81 SMITH, Adam. *A Riqueza das Nações*: investigação sobre sua natureza e suas causas. Livro IV, vol. II. São Paulo: Abril Cultural, [1776] 1983, p. 139 (Os Economistas).

Em sua argumentação, Smith aponta, inclusive, algumas vantagens da assim chamada "classe estéril" pelos fisiocratas em relação aos trabalhadores da terra no que diz respeito a ganhos de produtividade e à sua contribuição para o aumento do capital, ambos essenciais para o aumento da produção e da riqueza: no primeiro caso, por que o trabalho dos artífices pode ser mais subdividido do que o dos agricultores, garantindo maior aprofundamento da divisão do trabalho e maior aprimoramento da mão de obra; no segundo, por que, sendo os artífices mais inclinados à parcimônia do que os que lidam com a terra, terão mais possibilidades de contribuir para o aumento do capital e, como decorrência, da quantidade de trabalho útil empregado e, portanto, da produção e da riqueza do país.

Apesar de todas as críticas que formula à sua concepção de riqueza, Smith reconhece, no entanto, que este sistema, "não obstante todas as suas imperfeições, talvez seja o mais aproximado da verdade que jamais se publicou em matéria de Economia Política (...)".[82] Isso porque, ele justifica:

> embora, ao apresentar o trabalho aplicado à terra como o único trabalho produtivo, as noções que inculca talvez sejam muito acanhadas e restritas, ainda assim, ao dizer que a riqueza das nações consiste não na riqueza não consumível de dinheiro, mas nas mercadorias consumíveis, anualmente reproduzidas pelo trabalho do país, e ao apresentar a liberdade perfeita como o único meio eficaz para incrementar, ao máximo possível, essa reprodução anual – sua doutrina parece ser, sob todos os aspectos, tão justa quanto generosa e liberal.[83]

---

[82] SMITH, Adam. *A Riqueza das Nações*: investigação sobre sua natureza e suas causas. Livro IV, vol. II. São Paulo: Abril Cultural, [1776] 1983, p. 140 (Os Economistas).

[83] SMITH, Adam. *A Riqueza das Nações*: investigação sobre sua natureza e suas causas. Livro IV, vol. I. São Paulo: Abril Cultural, [1776] 1983, pp. 140/141 (Os Economistas).

# CAPÍTULO I – SMITH, MERCANTILISMO E FISIOCRACIA...

Alguns autores consideram que, nascida na França, a fisiocracia, como sistema, tenha ficado restrita a este país, alcançando grande sucesso no início e conseguido, inclusive, sensibilizar as autoridades econômicas para a flexibilização e modificações das leis que prejudicavam a agricultura, mas que depois veria eclipsada sua influência na literatura econômica, sendo vista como um sistema insuficiente para explicar o funcionamento da economia. De acordo com Roberto Campos, Schumpeter, em sua *História da Análise Econômica*,[84] emitiria uma opinião, que ele considera exagerada, sobre este breve tempo de vida dessa escola, ao afirmar que a "Fisiocracia inexistia em 1750, tornou-se grande moda entre 1760 e 1770, para eclipsar-se em 1780".[85]

Mas a verdade é que se falhou principalmente na questão relativa ao valor, não restam dúvidas que trouxe importantes contribuições para o desenvolvimento da economia, enquanto ciência, e da teoria econômica. Smith já chamara a atenção, em suas críticas ao sistema fisiocrata, para sua importância na desmistificação do valor (da riqueza) vinculado à quantidade de metais preciosos e também para sua defesa da ampla liberdade do comércio e das atividades econômicas, em geral, como condição para se atingir o máximo de produção com os recursos produtivos existentes. Marx, por seu lado, que apareceria como um dos principais reabilitadores desta doutrina, no século XIX, a apontaria como pioneira na sistematização do processo de reprodução capitalista, na descrição da forma como o capital se reproduzia, envolvendo a produção e a distribuição da riqueza produzida entre as distintas classes sociais – proprietários de terras, classe produtiva e classe estéril –, e, também importante, como se gerava o excedente neste sistema, o qual

---

[84] SCHUMPETER, Joseph Alois. *História da análise econômica*. 3 vols. Rio de Janeiro: Fundo de Cultura, [1954] 1964.

[85] SCHUMPETER, Joseph Alois. *História da análise econômica*. 3 vols. Rio de Janeiro: Fundo de Cultura, [1954] 1964, p. 228 *apud* CAMPOS, Roberto. "Apresentação". *In*: PETTY, William. *Quadro Econômico dos Fisiocratas*. São Paulo: Abril Cultural, 1983, p. 249 (Os Economistas).

resultava da capacidade dos agricultores de produzirem mais do que o necessário para sua subsistência, e que se transformará, nas mãos de Marx, na *mais-valia*, que é extraída da força de trabalho, em seu sistema, pelo capital. De qualquer forma, embora destoantes em relação à origem do valor, nem Marx, nem Quesnay, reconheceriam o capital como fator produtivo independente capaz, por si, de criar valor. Schumpeter, por sua vez, crediaria a Quesnay, na elaboração do *Quadro Econômico dos Fisiocratas*, o desvelamento "da interdependência e da circularidade dos fatos econômicos".[86] Outra grande contribuição de Quesnay teria sido dada, como chama a atenção Campos,[87] apoiando-se em uma análise de Marc Blaug, para a teoria do capital, ao considera-lo na forma de "adiantamentos originais" (o capital fixo utilizado na produção e também a renda do proprietário/juros pagos ao dono do dinheiro) e a de "adiantamentos anuais" (o capital de giro), que integrariam o corpo das teorias posteriores que tratariam deste processo.

Tendo realizado a crítica do sistema mercantil e da fisiocracia, busca-se, em seguida, tanto avaliar como Smith estruturou e fundamentou seu pensamento sobre o que consideraria a riqueza das nações, construindo o edifício teórico que daria *status* de ciência à economia, bem como apreender os elementos constitutivos dessa construção que levou em conta para sair vitorioso em sua empreitada.

---

[86] CAMPOS, Roberto. "Apresentação". *In*: PETTY, William. *Quadro Econômico dos Fisiocratas*. São Paulo: Abril Cultural, 1983, pp. 250/251 (Os Economistas).

[87] CAMPOS, Roberto. "Apresentação". *In*: PETTY, William. *Quadro Econômico dos Fisiocratas*. São Paulo: Abril Cultural, 1983, p. 252 (Os Economistas).

# CAPÍTULO II

## ADAM SMITH: A ECONOMIA COMO CIÊNCIA E A RIQUEZA DE UMA NAÇÃO

### 2.1 Introdução

Publicada em 1776, a obra de Smith ainda hoje é motivo de controvérsias em questões-chave da teoria econômica. Em boa parte, isso se deve às críticas a ela feitas por David Ricardo, como se verá mais detalhadamente no próximo capítulo, no que foi seguido posteriormente por Marx, especialmente nas questões relativas ao valor e à formação de preços. Não sem razão. Quando, ao longo de uma exposição, o pensamento se desvia de seu curso ou determinados argumentos parecem conflitar com o seu encadeamento lógico, ou mesmo ainda quando se ressente da falta de clareza nos enunciados de uma determinada tese, é natural que surjam "leituras" críticas, apontando suas contradições, que incomodam mentes atentas. E, a este respeito, não se pode dizer que o pensamento de Smith seja um primor de limpidez e de articulação dos temas tratados, a ponto de não deixar margens a dúvidas, com muitos de seus argumentos se perdendo, inclusive, nos longos – e

FABRÍCIO AUGUSTO DE OLIVEIRA

não poucos desnecessários – relatos históricos da experiência europeia, e também de que esteja isento de algumas contradições.

Se isso é verdade, como se pretende discutir neste capítulo, também não é menos verdadeiro que sua obra conseguiu elevar a economia ao *status* de ciência, ao reunir em um sistema os agentes de produção, relacionar as causas e efeitos dos fenômenos econômicos, procurar entender e explicar sua interação, identificar as forças contrárias e favoráveis ao crescimento econômico, que seria, para ele, o objeto de estudo da Economia Política, bem como este sistema se reproduziria, uma precondição para a construção da ciência. Se tal sistema já se encontrava razoavelmente bem desenvolvido no pensamento da escola fisiocrata, Smith deu-lhe outro alcance e dimensão, ao superar a limitada visão desta escola que restringia o valor ao *trabalho concreto* do agricultor e substitui-lo pelo *trabalho humano em geral, universal – uma noção que abstrai das várias formas de trabalho concreto*; e também importante, ao introduzir, com isso, a forma como se gerava e era apropriado, *em termos de valor*, um *excedente neste processo de reprodução*, distinto do que havia sido tratado por seus membros, a quem faltou uma teoria do valor e que, por isso, o consideravam apenas em *termos físicos*, para garantir a trajetória de expansão e de reprodução ampliada da economia, ou seja, de crescimento econômico, que constituía sua preocupação central; e, ainda, não se pode esquecer, da noção de capital como "adiantamento no tempo" para a realização da produção.

Tanto é verdade sua preocupação com o crescimento que numa das poucas passagens de sua obra em que define o objeto de estudo da Economia Política, na Introdução do Livro IV,[88] ele assim se manifesta sobre os dois grandes objetivos desta ciência:

---

[88] SMITH, Adam. *A Riqueza das Nações*: investigação sobre sua natureza e suas causas. Livro IV, vol. I. São Paulo: Abril Cultural, [1776] 1983, p. 357 (Os Economistas).

## CAPÍTULO II – ADAM SMITH: A ECONOMIA COMO CIÊNCIA...

> (...) primeiro, prover uma renda ou manutenção farta para a população ou, mais adequadamente, dar-lhe a possibilidade de conseguir ela mesma tal renda ou manutenção; segundo, prover o Estado ou a comunidade de uma renda suficiente para os serviços públicos. Portanto, a Economia Política visa enriquecer tanto o povo quanto o soberano.

Todas as questões que Smith irá investigar, portanto, especialmente nos Livros I e II de sua obra, se encontram vinculados, de uma ou outra maneira, como força favorável ou contrária, ao objetivo do crescimento econômico, ou, em outras palavras, ao nível de riqueza e prosperidade de um país, embora nem sempre essa abordagem seja feita por seus leitores e intérpretes. Tendo realizado a crítica da concepção de riqueza do pensamento mercantilista, que prejudica o crescimento econômico, e também da escola fisiocrata, que subestima sua dimensão, Smith vai construir, nestes dois Livros, a sua teoria sobre essa questão, procurando identificar suas forças propulsoras, a forma e os mecanismos que a distribuem entre os membros da sociedade, bem como as condições de seu avanço e atrofia. É este o percurso que se faz neste capítulo, onde se procura, além de expor seu pensamento sobre essa centralidade do crescimento, examinar – e problematizar – as inconsistências teóricas que lhe são atribuídas no seu desenvolvimento.[89]

---

[89] Isso não significa que a exposição acompanhará, rigorosamente, a que foi feita por Smith na obra, embora dela se procure aproximar o máximo possível. Devido à organização que aqui se procura fazer, para melhor explicar o seu pensamento sobre essa questão, torna-se necessário, em alguns momentos, antecipar assuntos, que são explorados em outras partes do trabalho, para melhor combinar os seus conteúdos e argumentos.

## 2.2 As forças propulsoras do crescimento e da riqueza: a divisão do trabalho e a acumulação de capital

Smith inicia o seu trabalho,[90] destacando a importância da "divisão do trabalho" para a produção de bens, não deixando de destacar a superioridade da manufatura sobre a agricultura nessa questão, à medida que a primeira é mais propícia para a subdivisão de tarefas e de operações entre os trabalhadores. Com ela, como argumenta, torna-se possível aumentar consideravelmente a quantidade de trabalho empregada na produção, apenas por meio do aumento da produtividade, devido a três circunstâncias: i) à maior destreza do trabalhador, ao especializar-se em uma ou duas operações; ii) à economia de tempo obtida por evitar ter de se passar de um tipo de trabalho para outro; iii) aos ganhos oriundos da introdução de máquinas no processo produtivo poupadoras de mão de obra. Na base da divisão do trabalho se encontrava, portanto, a explicação para o aumento da riqueza do país, difundindo-se "para todas as camadas da sociedade (...) uma abundância geral de bens".[91] Isso significa que já na abertura de sua obra, Smith está considerando a existência de *rendimentos crescentes de escala*.

Os benefícios advindos da divisão do trabalho restringem-se, no entanto, a uma sociedade em que a produção esteja voltada para a troca, pois, somente nessa situação o homem será capaz de perceber que, devido às diferentes habilidades existentes entre os seres humanos, sua associação e organização na produção de bens em geral, de acordo com essas habilidades, serão capazes de levá-los a tirar maior proveito, em termos dos resultados de seu

---

[90] SMITH, Adam. *A Riqueza das Nações*: investigação sobre sua natureza e suas causas. Livro I. São Paulo: Abril Cultural, [1776] 1983, cap. I (Os Economistas).

[91] SMITH, Adam. *A Riqueza das Nações*: investigação sobre sua natureza e suas causas. Livro I, vol. I. São Paulo: Abril Cultural, [1776] 1983, cap. I, p. 46 (Os Economistas).

CAPÍTULO II – ADAM SMITH: A ECONOMIA COMO CIÊNCIA...

trabalho, do que se o realizassem sozinhos. Sozinho, o homem teria de produzir o seu pão, criar o seu gado, fiar sua lã, tecer sua roupa. Organizados, cada um poderia se especializar na produção de um destes bens ou tarefas em que é mais produtivo, dela obtendo maior quantidade e, com o seu excedente, ou seja, deduzida a parcela de seu próprio consumo, adquirir os demais produtos em maior quantidade do que conseguiria produzindo-os sozinho, tirando, assim, proveito – como os demais – das trocas realizadas.

A divisão do trabalho, que pressupõe *relações sociais* entre os homens e atitudes cooperativas, é vista por alguns intérpretes de Smith, como apontado por Nunes,[92] como conflitante com a sua filosofia individualista, na qual cada um cuida de seu próprio interesse, mas, como veremos mais detalhadamente à frente, essa contradição é apenas *aparente*, pois o indivíduo, conseguindo vislumbrar que obterá vantagem em participar deste processo, abre mão de ter de cuidar sozinho de seu nariz, integrando-se socialmente e, com isso, contribuindo, mesmo que essa não seja a sua intenção, para promover o bem-estar coletivo.

Como argumenta Smith, como o ser humano, ao contrário de outras raças de animais, possui uma propensão natural para a troca (ou seja, a troca como inerente à natureza humana), e percebendo que dela se beneficiará, a divisão do trabalho surge como sua consequência, já que favorece a todos envolvidos neste processo. Ela (a troca) que leva à divisão do trabalho, não nasce, assim, de um sentimento altruísta de cooperação, e nem o atendimento das necessidades materiais do ser humano da benevolência alheia, mas do fato de cada um perceber que, por meio dela, se beneficiará, já que poderá obter maior quantidade de produtos, sendo vantajosa para seus próprios interesses. A célebre imagem por ele usada para ilustrar essa questão não poderia ser mais clara:

---

92 NUNES, António José Avelãs. "A filosofia social de Adam Smith". *PENSAR - Revista do Curso de Direito da Universidade de Fortaleza*, Fortaleza, vol. 12, nº 2, abr. 2007, p. 31.

não é da benevolência do açougueiro, do cervejeiro ou do padeiro que esperamos nosso jantar, mas da consideração que eles têm pelo seu próprio interesse. Dirigimo-nos não à sua humanidade, mas à sua autoestima, e nunca lhes falamos de nossas próprias necessidades, mas das vantagens que advirão para eles.[93]

Mas Smith introduz nessa parte de sua obra, antecipando uma discussão que será aprofundada no Livro II, uma classificação da classe trabalhadora no que diz respeito à divisão do trabalho, que influenciará a capacidade de criação de riqueza do país e, consequentemente, seu poder de suprir a população dos bens e confortos de que tem necessidade: *a do trabalho produtivo ou útil e o improdutivo*. Enquanto considera que o primeiro representa um trabalho que efetivamente cria riqueza com a *produção de bens tangíveis*, sendo capaz de gerar um excedente que poderá ser aplicado na expansão do capital, necessário para o crescimento econômico, o segundo aparece apenas como consumidor dessa riqueza, nada a ela acrescentando e, pelo contrário, reduzindo, com o seu consumo, aquele excedente. Por isso, dependendo da proporção da relação trabalho produtivo/improdutivo, o país será mais ou menos capaz de propiciar, à sua população, o suprimento dos bens necessários para sua reprodução.

A este respeito, Smith coloca, na Introdução de sua obra, onde apresenta também o seu Plano de Trabalho, que, embora a riqueza possa ser medida pela quantidade de trabalho e produção, a capacidade do país de proporcionar o suprimento de bens é afetada pela "proporção entre o número dos que executam trabalho útil e o dos que não executam tal [tipo] de trabalho".[94] Neste caso, quanto

---

93  SMITH, Adam. *A Riqueza das Nações*: investigação sobre sua natureza e suas causas. (Livro I). São Paulo: Abril Cultural, [1776] 1983, cap. II, p. 50 (Os Economistas).

94  SMITH, Adam. *A Riqueza das Nações*: investigação sobre sua natureza e suas causas. Livro I. São Paulo: Abril Cultural, [1776] 1983, cap. II, p. 35

## CAPÍTULO II – ADAM SMITH: A ECONOMIA COMO CIÊNCIA...

maior a proporção dos trabalhadores improdutivos *vis-à-vis* os produtivos, menor seria sua riqueza e, consequentemente, menor sua capacidade para atender as necessidades da população. Com isso, exclui na medição da riqueza (na atualidade, da renda nacional) e do potencial de acumulação, ou seja, de expansão do capital, todas as atividades relativas ao "setor de serviços" da economia, incluindo o governo, e ainda profissões como as de "religiosos, advogados, médicos, homens de letras de todos os tipos, jogadores, comediantes, músicos, cantores de ópera, dançarinos etc."[95]

Na verdade, Smith estava, nessa questão, mirando mais o trabalho da criadagem (os "servos domésticos", como chamava), com quem o patrão (seja o proprietário do capital, da terra ou mesmo do trabalho) tinha que dividir a renda que obtinha, e, ignorando as relações de produção empregatícias dessas profissões, que pressupõem a existência de um fundo para o seu pagamento, contratadas para a obtenção de um lucro para o empresário – um dos componentes da riqueza gerada (ou a mais valia, em termos marxista) – lançou todas as que considerava não produzir um bem tangível e, por isso, não gerar valor, no conjunto do trabalho improdutivo, na mesma linha do que faria também com as atividades do governo. Com isso, o trabalho dessas profissões, por ser de *especialidade particular*, perderia as características de *trabalho social geral*, *criador de valor*, em sua estrutura, e se transformaria em *trabalho inútil*, em mero dilapidador da riqueza e do excedente e, portanto, em força contrária ao crescimento.

Ainda para ele, a divisão do trabalho é também condicionada pela *extensão do mercado*. Mercados reduzidos limitam o seu

---

(Os Economistas).

95 SMITH, Adam. *A Riqueza das Nações*: investigação sobre sua natureza e suas causas. Livro II, vol. I. São Paulo: Abril Cultural, [1776], 1983, p. 286; SMITH, Adam; CANNAN, Edwin (Coord.). *The Wealth of Nations*. vol. I. Londres: Methen, 1961, p. 144 *apud* BARBER, William J. *Uma história do pensamento econômico*. Rio de Janeiro: Zahar, 1971, p. 32.

aprofundamento e também a capacidade de produção de riqueza, pois haverá dificuldades para colocação (venda) da produção excedente de cada produtor e este não poderá se dedicar integralmente a uma única ocupação, tendo de desenvolver outras atividades para se manter, diminuindo, com isso, sua produtividade. Mercados mais amplos favorecem a divisão do trabalho e, por isso, são de interesse geral da sociedade. Por isso, medidas que restringem o comércio são desfavoráveis para a economia e a sociedade (como as do sistema mercantilista), enquanto medidas voltadas para sua expansão (melhorias nos sistemas de transportes e de comunicações, por exemplo) as favorecem, devendo, portanto, ser incentivadas e apoiadas.

Além de todos estes condicionantes, a divisão do trabalho pressupõe, também, para viabilizar-se, *uma acumulação prévia de capital*, que pode ser chamada de *"acumulação primitiva"*, e, uma vez iniciada, para que essa divisão continue avançando e garantindo o crescimento da riqueza e a prosperidade do país, torna-se necessário contar crescentemente com mais capital para o trabalho poder ser mais subdividido, facilitando e abreviando suas operações e aumentando sua produtividade.

É assim que, para Smith, se "no estágio primitivo da sociedade, em que não existe divisão do trabalho (...) não é preciso de antemão acumular ou armazenar capital", cada um atendendo, a seu modo, suas necessidades, quando aquela se inicia, isso já não se torna possível, com a pessoa só conseguindo atender, com o produto de seu trabalho, uma parte muito pequena dessas necessidades. Isso significa que para que ela consiga executar o seu trabalho e vender o seu produto, o que leva tempo, é necessário, previamente, "acumular em algum lugar certo estoque de bens de diversos tipos, estoque este suficiente para [mantê-la e provê-la] dos materiais e instrumentos necessários para seu trabalho". Segundo seu exemplo:

> um tecelão não pode dedicar-se inteiramente a seu trabalho específico, se de antemão não haver, em algum lugar, em

## CAPÍTULO II – ADAM SMITH: A ECONOMIA COMO CIÊNCIA...

sua posse ou na posse de outra pessoa, um capital suficiente para mantê-lo e fornecer-lhe os materiais e instrumentos necessários para ele executar o seu serviço, antes que ele termine e também venda seu tecido. Evidentemente, essa acumulação deve anteceder a aplicação de seu trabalho por tal tempo quanto exija um negócio particular.[96]

Uma vez realizada essa acumulação prévia, pelo produtor ou por outra pessoa que se disponha a emprestar-lhe seus recursos para que ele se integre a este processo, e iniciado o processo de troca dos produtos e da divisão do trabalho, o avanço do aprimoramento das forças produtivas do trabalho passa a depender, crescentemente, do aumento do estoque ou da maior acumulação de capital. Em suas palavras:

> (...) a quantidade das atividades não somente aumenta em cada país na medida em que aumenta o capital que lhe dá emprego, mas também, e em consequência desse aumento, a mesma quantidade de atividades produz uma quantidade muito maior de trabalho.[97]

---

[96] (SMITH, Adam. *A Riqueza das Nações*: investigação sobre sua natureza e suas causas. Livro II, vol. I. São Paulo: Abril Cultural, [1776] 1983, p. 243 (Os Economistas). Smith compartilha, aqui, da visão dos economistas burgueses de que a acumulação prévia (ou primitiva, como a chamará Marx) ocorre em virtude do sacrifício, parcimônia do indivíduo, prevenindo-se para o futuro, poupando! Marx (MARX, Karl. *O capital*: crítica da economia política: o processo de produção do capital. Livro I. 2ª ed. Rio de Janeiro: Civilização Brasileira, [1867] 1971, cap. XXIV) dará interpretação diferente, mostrando que a acumulação primitiva se realiza com a história do sangue capitalizado e extraído das colônias, dos escravos, dos camponeses expulsos dos campos em ações coordenadas pelo Estado que, por meio da dívida pública e do sistema tributário, enriqueceu os seus credores, os comerciantes e os agiotas, abrindo caminho para o capital industrial.

[97] SMITH, Adam. *A Riqueza das Nações*: investigação sobre sua natureza e suas causas. Livro II, vol. I. São Paulo: Abril Cultural, [1776] 1983, p. 244 (Os Economistas).

O nível de emprego, o nível de salários e o nível de prosperidade da nação dependem, assim, do aumento no volume de capital.

Ora, isso significa que embora o trabalho esteja na base da criação do valor e da riqueza (do valor de troca), ele necessita de capital tanto para dar início a este processo, que desencadeia a divisão do trabalho, como para prosseguir nessa trajetória virtuosa, aprimorando e aumentando sua produtividade. Sem o capital inicial e o capital que depois alimentará este processo, a sociedade provavelmente ainda se encontraria nos estágios primitivos da civilização. Trabalho e capital andam, assim, na sua concepção, de mãos dadas, na construção da riqueza e da prosperidade, se interagindo neste processo, cooperativamente, como as principais forças propulsoras e criadoras do valor de troca. Mas se é o trabalho que detém a propriedade do capital, não ocorrendo um divórcio entre estes dois agentes principais da produção, é outra discussão que ele transfere para os capítulos em que discute o valor e a formação de preços. Antes disso, ele procura identificar por meio de qual instrumento as trocas se realizam no mercado entre os produtores e os consumidores de bens e, também, a descartar, ao mesmo tempo e de antemão, o dinheiro como fonte da riqueza de um país, como pretendiam os mercantilistas.

## 2.3 O dinheiro: apenas um instrumento de troca

No capítulo IV, Smith situa a origem do dinheiro (o ouro e a prata) como filho necessário deste processo, ou seja, da troca e da divisão do trabalho que dela nasce, se expande e continua se aprofundando à medida que a sociedade se desenvolve. Sem o dinheiro, ou seja, sem um instrumento de troca, a divisão do trabalho seria limitada porque dependeria de uma coincidência temporal e espacial entre a venda do excedente de um determinado produtor e a necessidade de seu produto por um comprador, a mesma situação tendo de ser observada em sentido contrário para não sobrarem produtos em suas mãos, causando-lhes prejuízo e desestimulando a troca.

## CAPÍTULO II – ADAM SMITH: A ECONOMIA COMO CIÊNCIA...

Por isso, ao longo da história da humanidade, o homem foi criando e testando, pela experiência, vários instrumentos de troca, que correspondiam consensualmente ao valor do produto levado ao mercado, libertando este processo daquela dependência, já que, de posse do dinheiro legitimado socialmente, em qualquer de suas formas, poderia guardá-lo e comprar quando encontrasse ou achasse conveniente qualquer produto. Desde o gado, passando pelo sal, pelo bacalhau seco, o fumo, o açúcar, entre outros, dependendo da região, todos estes produtos foram usados como instrumentos de troca, até que essa função terminou sendo atribuída aos metais preciosos – ouro e prata –, os quais, pelas suas características – durabilidade, divisibilidade, portabilidade, entre outras – consagrou-os como o instrumento ideal para o comércio e a circulação. Posteriormente, quando os metais passaram a ser cunhados, garantindo sua qualidade, em termos de teor, e sua quantidade, em peso, estes terminaram guindados à condição de dinheiro universal, transformando-se em uma mercadoria como outra qualquer, sujeita a custos envolvidos em sua produção, apenas funcionando como equivalente de valor das demais. De acordo com Smith,[98]

> foi dessa maneira, que em todas as nações civilizadas o dinheiro se transformou no instrumento universal do comércio, através do qual são compradas e vendidas – ou trocadas entre si – mercadorias de todos os tipos.

Mas, ao contrário do que defende o pensamento mercantilista, o dinheiro é uma mercadoria como outra qualquer, tendo, por isso, seu valor sujeito a oscilações de preços, seja em função da quantidade de trabalho necessário para sua produção, seja por situações de escassez ou abundância do ouro e da prata. Sendo

---

[98] SMITH, Adam. *A Riqueza das Nações*: investigação sobre sua natureza e suas causas. Livro I, vol. I. São Paulo: Abril Cultural, [1776] 1983, cap. IV, p. 61 (Os Economistas).

variável o seu valor, não se pode considerá-lo, como consequência, uma medida rigorosa de valor de outros bens. Ele é, assim, apenas a expressão nominal do valor, num dado tempo e lugar, mas não o valor em si, sendo assim que, quando negociado no mercado, os bens são expressos em termos nominais, o que não significa, necessariamente, embora isso possa ocorrer em determinados situações, que estes preços coincidam com o preço "real" das mercadorias, que estará determinado, como se verá em seguida, pela quantidade de trabalho nelas contida.

Tendo apresentado e discutido as forças propulsoras do crescimento econômico, e introduzido a discussão sobre o dinheiro (a moeda) como o meio que viabiliza a troca dessa riqueza, descartando-o, ao mesmo tempo, como medida de valor, Smith vai se preocupar, nos capítulos seguintes (V a VII) em examinar como se define o valor (ou o preço "natural") das mercadorias, medida necessária para avaliar o comportamento (a evolução) da riqueza do país, ou o crescimento econômico, que constitui o objetivo central de sua obra. Neste movimento, o trabalho volta a tornar-se o único padrão possível de determinação do valor.

## 2.4 A medida do valor (da riqueza) e a teoria dos preços

Em Smith, o valor se transforma em fato social, ao mesmo tempo em que ele se afasta, com a consideração do critério do valor de troca, dos pensadores que restringiam o valor dos bens à sua utilidade, caso de seu mestre Hutcheson. Dessa forma, o valor de uma mercadoria assumiria duas formas, de acordo com os critérios adotados nessa avaliação: i) *valor de uso*, quando se considera o critério de sua utilidade (a utilidade social); ii) *valor de troca*, quando o critério é o de seu poder de compra de outras mercadorias. Nem sempre bens com grande utilidade, como a água, por exemplo, possuem valor de troca, devido à sua abundância e ao fato de não haver restrições ao seu uso. Assim como produtos com

## CAPÍTULO II – ADAM SMITH: A ECONOMIA COMO CIÊNCIA...

escasso valor de uso podem alcançar um elevado valor de troca, caso dos diamantes, devido à sua raridade, propiciando aos seus proprietários adquirirem, com a sua venda, grande quantidade de bens. Interessa, portanto, na mensuração do valor, (ou da riqueza/renda gerada) o *valor de troca* das mercadorias e são os princípios que o regulam que Smith examinará nos capítulos V a VII do Livro I, visando: i) identificar o critério ou medida real desse valor de troca (o preço real das mercadorias); ii) os componentes que entram em sua composição; e iii) os fatores ou circunstâncias que levam estes componentes a flutuar, ora acima, ora abaixo do que seria este valor (ou preço "natural"), provocando desvios temporários deste, o qual, no entanto, se mantém constante.

### 2.4.1 O trabalho como medida invariável de valor

No capítulo V, Smith defende e sustenta ser o trabalho, ou, mais especificamente, *a quantidade de trabalho*, "a medida real do valor de troca de todas as mercadorias".[99] É ele o elemento comum que nelas está *contido* e é ele que expressa o incômodo do tempo despendido e empregado para a produção do bem, como é ele, também, que define a quantidade de mercadorias, medida em termos deste critério, que o trabalhador poderá *comprar ou comandar.* Comandar deve ser visto, no sentido em que ele o emprega, como domínio, poder que se tem sobre o produto do trabalho da sociedade, *que determina a sua riqueza*, à medida que, dispondo de quantidades de trabalho de seu próprio produto, essas lhe proporcionam poder de compra para lhe dar acesso a bens produzidos por outros trabalhadores. Mais importante, *a quantidade de trabalho* é vista, dessa maneira, como o único valor que não varia no tempo e no espaço – *uma unidade de trabalho é sempre a mesma em qualquer tempo e em qualquer lugar –,*

---

99 SMITH, Adam. *A Riqueza das Nações*: investigação sobre sua natureza e suas causas. Livro I, vol. I. São Paulo: Abril Cultural, [1776] 1983, p. 64 (Os Economistas).

representando, por isso, o "padrão último e real com base no qual se pode sempre e em toda a parte estimar e comparar o valor de todas as mercadorias".[100]

Mesmo que o preço do trabalho varie nominalmente, quando cotado em ouro e prata, ou seja, em dinheiro, a quantidade de trabalho nelas *contida* e a quantidade igual de trabalho que este poderá *comprar (comandar)* será a mesma. Este é o seu *preço "real"* (o valor "natural"), enquanto o preço que expressa aquela variação refere-se ao seu *preço nominal*, que não reflete, necessariamente – embora isso possa ocorrer –, o seu *valor "real"*, pois contaminado pelas variações do preço do ouro ou da prata ou por variações dos preços de outros bens, chamando a atenção, no entanto, para o fato de que *"apenas no mesmo tempo e no mesmo lugar (...) o dinheiro é a medida exata do valor de troca de todas as mercadorias"*,[101] pois, mesmo que o valor nominal deste varie, os valores das mercadorias serão afetados na mesma proporção.

Todas as demais mercadorias (o próprio dinheiro, o trigo, por exemplo, este o produto que mais se aproxima do trabalho para essa comparação, já que constitui a parte principal da subsistência do trabalhador, especialmente para períodos mais longos) devido a um conjunto de circunstâncias que afetam sua quantidade e valor, variam no tempo e no espaço, diminuindo-o ou aumentando-o, o que as tornam inadequadas para essa comparação. O valor distingue-se, assim, do preço e, só com ele coincide, quando se trata do preço "real" (ou natural). Por toda essa argumentação, fica evidente, para ele,

---

100 SMITH, Adam. *A Riqueza das Nações*: investigação sobre sua natureza e suas causas. Livro I, vol. I. São Paulo: Abril Cultural, [1776] 1983, cap. V, p. 65 (Os Economistas).

101 SMITH, Adam. *A Riqueza das Nações*: investigação sobre sua natureza e suas causas. Livro I, vol. I. São Paulo: Abril Cultural, [1776] 1983, cap. V, p. 68 (Os Economistas).

## CAPÍTULO II – ADAM SMITH: A ECONOMIA COMO CIÊNCIA...

> que o trabalho é a única medida universal e a única medida precisa de valor, ou seja, o único padrão através do qual podemos comparar os valores de mercadorias diferentes, em todos os tempos e em todos os lugares.[102]

Neste caso, tomar o dinheiro como expressão deste valor implica o risco de incorrer em erros nessa comparação, por ele estar sujeito, assim como todas as outras mercadorias, a essas flutuações, e, com isso, tomar um índice inadequado para medir a riqueza real de um país e o seu crescimento econômico, o que não ocorre com o trabalho, que pode, assim, ser visto, nessa perspectiva, como uma *medida invariável de valor*.

Ora, se a unidade de trabalho apresenta a virtude de ser invariável no tempo e no espaço, o problema de Smith de encontrar um índice para medir o crescimento econômico e sua evolução no tempo estava resolvido. Como anota Barber,[103] com esse índice seria possível

> (...) fazer afirmações comparativas acerca de mudanças no produto agregado entre dois pontos no tempo, determinando-se a produção total em termos do número de unidades de trabalho que ele poderia comprar.

Tal exercício poderia ser realizado dividindo-se a produção total, expressa em termos monetários, pelo preço unitário do trabalho, também expresso em termos monetários. "Se o resultado do período 2 excedesse o do período 1, podia-se dizer que houve crescimento. Além disso, podia-se estabelecer o volume de mudança

---

[102] SMITH, Adam. *A Riqueza das Nações*: investigação sobre sua natureza e suas causas. Livro I, vol. I. São Paulo: Abril Cultural, [1776] 1983, cap. V, p. 68 (Os Economistas).

[103] BARBER, William J. *Uma história do pensamento econômico*. Rio de Janeiro: Zahar, 1971, p. 36.

na produção total da economia".[104] Uma possibilidade que, no entanto, pressupõe que a preço do trabalho (ou preço "natural") se mantenha estável por períodos prolongados, o que representa, de fato, uma hipótese do pensamento smithiano.

De qualquer forma, para que não permaneçam dúvidas sobre essa possibilidade, ainda seria necessário considerar como se ajustariam, em termos do preço real do trabalho, as diferenças de habilidades e especialidades (o trabalho especializado e não especializado) dos trabalhadores, pois como o próprio Smith reconheceria, na seguinte passagem de sua obra, o *trabalho não era homogêneo*:

> (...) Pode haver mais trabalho em uma tarefa dura de uma hora de trabalho do que em duas de trabalho fácil; como pode haver mais trabalho em uma hora de aplicação a uma ocupação que custa dez anos para aprender, do que em um trabalho de um mês em uma ocupação comum e de fácil aprendizado.[105]

E reconhecia não ser "(...) fácil encontrar um critério exato para medir a dificuldade ou o engenho exigidos para um deter-minado trabalho".[106] Como, então, reduzir essas unidades de trabalho a um denominador comum, o que era essencial para a questão para a qual buscava respostas? Para ele, este ajustamento seria feito pela concorrência no mercado – ou no processo de troca das mercadorias –, por meio da "(...) pechincha ou regateio (...), de

---

104 BARBER, William J. *Uma história do pensamento econômico*. Rio de Janeiro: Zahar, 1971.

105 SMITH, Adam. *A Riqueza das Nações*: investigação sobre sua natureza e suas causas. Livro I, vol. I. São Paulo: Abril Cultural, [1776] 1983, p. 64 (Os Economistas).

106 SMITH, Adam. *A Riqueza das Nações*: investigação sobre sua natureza e suas causas. Livro I, vol. I. São Paulo: Abril Cultural, [1776] 1983, p. 64 (Os Economistas).

## CAPÍTULO II – ADAM SMITH: A ECONOMIA COMO CIÊNCIA...

acordo com aquele tipo de igualdade aproximativa que, embora não exata é suficiente para a vida diária normal",[107] que daria base para a redução das *unidades de trabalho a um padrão comum*.

Todavia, ele antecipa uma discussão neste capítulo, de uma questão aparentemente contraditória com a tese de que a quantidade de trabalho é que determina o preço real da mercadoria, o que ficará mais claro nos capítulos seguintes, ao relacionar o preço que é recebido pelo trabalhador do empregador (entenda-se, o preço do trabalho, na forma de *salários, e, portanto, já raciocinando em termos de uma produção capitalista*)[108] com a variação do valor de outros bens, o que leva à confusão entre o trabalho tomado como medida invariável de valor e a quantidade de mercadorias que ele poderá comandar (comprar) no mercado. Embora continue afirmando que o trabalho nunca varie em seu valor, e seja o padrão último e real com base no qual se pode sempre em toda a parte estimar e comparar o valor de todas as mercadorias, considera que para

> "(...) a pessoa que emprega [o trabalhador], essas quantidades de trabalho apresentam valor ora maior, ora menor [sendo que

---

107 SMITH, Adam. *A Riqueza das Nações*: investigação sobre sua natureza e suas causas. Livro I, vol. I. São Paulo: Abril Cultural, [1776] 1983, p. 64 (Os Economistas).

108 Será apenas no capítulo VI que a categoria *salário* aparecerá na obra de Smith, sendo identificado como o preço do trabalho, ou seja, como o preço desta mercadoria. Por isso, ao antecipar a discussão deste problema, Smith parece ter começado a raciocinar com problemas que ainda não haviam surgido na sua exposição, já que até aquele momento ele está considerando uma sociedade de produtores independentes, onde não existem relações capitalistas e de assalariamento e onde, portanto, o trabalho necessário é idêntico à quantidade de trabalho que se pode comandar a partir dele, ou seja, onde todo o produto do trabalho é apropriado pelo próprio trabalhador.

o empregador] compra o trabalho do operário ora por uma quantidade maior de bens ora por uma quantidade menor.[109]

E que, para o empregador, "o preço do trabalho parece variar, da mesma forma como muda o valor de todas as outras coisas".[110] Isso significa que o *preço do trabalho* varia (considerado enquanto *valor-salário*) e este já não pode ser visto como uma medida invariável de valor.

É por isso, que David Ricardo, na crítica que faz ao trabalho de Smith, aponta, em citação feita, de maneira geral, por estudiosos do assunto, uma inconsistência de sua teoria do valor que já estaria presente neste capítulo, onde o seu principal objetivo é o de buscar uma medida invariável de valor:

> Adam Smith, que definiu com tanta exatidão a fonte original do valor de troca, e que coerentemente teve que sustentar que todas as coisas se tornam mais ou menos valiosas na proporção do trabalho empregado para produzi-las, estabeleceu também outra medida padrão de valor (...). Como medida-padrão ele se refere (...) não à quantidade de trabalho empregada na produção de cada objeto, mas à quantidade que este pode comprar no mercado, como se ambas fossem expressões equivalentes (...).[111]

Apesar de tal situação já abrir espaço para polêmicas que surgirão sobre essa questão, e que serão recuperadas em seguida,

---

[109] SMITH, Adam. *A Riqueza das Nações*: investigação sobre sua natureza e suas causas. Livro I, vol. I. São Paulo: Abril Cultural, [1776] 1983, cap. V, p. 65 (Os Economistas).

[110] SMITH, Adam. *A Riqueza das Nações*: investigação sobre sua natureza e suas causas. Livro I, vol. I. São Paulo: Abril Cultural, [1776] 1983 (Os Economistas).

[111] RICARDO, David. *Princípios da Economia Política e da Tributação*. São Paulo: Abril Cultural, [1817] 1982, pp. 44/45 (Os Economistas).

## CAPÍTULO II – ADAM SMITH: A ECONOMIA COMO CIÊNCIA...

não se pode esquecer, como Dobb[112] chama a atenção para o fato de que,

> (...) neste capítulo [Smith] se ocupa, não da causa ou regra (isto é, do princípio) do valor, mas sim do padrão de medida em cujos termos os valores dos bens e as alterações por eles sofridas podem ser avaliadas de forma apropriada.

### 2.4.2 O valor e os preços de produção numa economia com propriedade privada dos meios de produção e da terra

Se assim é, pode-se concluir que todo o valor tem como única fonte a *quantidade de trabalho contido* no produto, que é o *trabalho necessário* para sua produção, ou ainda do trabalho a ele *incorporado, que lhe permite comandar (no sentido de comprar, dominar) quantidades iguais de trabalho*. As trocas que se realizam correspondem, assim, a uma troca de equivalentes, a uma troca de idênticas quantidades de trabalho entre os produtores que as realizam. São essas quantidades de trabalho de que estes dispõem para a troca que lhe dão poder para comandar, comprar quantidades iguais de trabalho, que representam, digamos, o índice de sua riqueza.

Mas no Capítulo VI, onde ele discute os fatores que compõem o preço das mercadorias, Smith introduz mudanças nessa visão. Para ele, a situação retratada no Capítulo V, no qual se atribuiu apenas ao trabalho essa possibilidade, é característica de sociedades primitivas, de agricultores independentes, onde o trabalhador é proprietário de seus meios de produção. Nessas, e este é o seu melhor exemplo,

---

112 DOBB, Maurice. *Teorias do valor e da distribuição desde Adam Smith*. Lisboa: Editorial Presença, 1973, p. 66.

se (...) abater um castor custa duas vezes mais trabalho do que abater um cervo, um castor deve ser trocado por – ou então, vale – dois cervos. É natural que aquilo que normalmente é o produto do trabalho de dois dias ou de duas horas valha o dobro daquilo que é o produto do trabalho de um dia ou uma hora.[113]

Para concluir que

nessa situação, todo o produto do trabalho pertence ao trabalhador, e a quantidade de trabalho normalmente empregada em adquirir ou produzir uma mercadoria [ou seja, *o trabalho necessário*], é a única circunstância capaz de regular a quantidade de trabalho que ela normalmente deve *comprar, comandar ou pela qual deve ser trocada*.[114]

Essa situação se modifica, no entanto, em sociedades em que o capital se acumulou nas mãos de pessoas particulares, que o empregam no processo de produção para a obtenção de algum ganho (*lucro*), e foi instituída a propriedade privada das terras, cujos proprietários a arrendam/alugam para quem deseja explorá-la em troca de uma *renda*. Nessas sociedades, o trabalho se transforma numa mercadoria, como as demais, que vai ser ofertada (vendida) no mercado por um determinado valor (preço), *denominado salário*.[115] Quem adquire essa mercadoria, ou seja, o proprietário do capital, que irá fazer os adiantamentos para o seu uso, vai

---

113 SMITH, Adam. *A Riqueza das Nações*: investigação sobre sua natureza e suas causas. Livro I, vol. I. São Paulo: Abril Cultural, [1776] 1983, cap. IV, p. 77 (Os Economistas).

114 SMITH, Adam. *A Riqueza das Nações*: investigação sobre sua natureza e suas causas. Livro I, vol. I. São Paulo: Abril Cultural, [1776] 1983, cap. IV, p. 77 (Os Economistas), *itálicos acrescentados*.

115 Como já apontado anteriormente, será apenas aqui que a categoria *salário* aparecerá na obra de Smith, e relacionado como o preço que se paga ao trabalhador por seu trabalho.

## CAPÍTULO II – ADAM SMITH: A ECONOMIA COMO CIÊNCIA...

empregá-la na produção com o objetivo de obter um ganho, ou *lucro*. E o dono da terra irá ceder o seu uso para o empresário/arrendatário que se dispuser a explorá-la para receber, como recompensa, uma *renda*. Neste caso, apenas parte do produto final gerado continua pertencendo ao trabalhador, *na forma de salário*, enquanto o restante deve ser distribuído para o proprietário do capital, que o adiantou para os trabalhadores poderem produzir, na forma de lucro, e para o proprietário da terra, na forma de renda. Por decorrência, nessas sociedades, o *preço total* da mercadoria passa a se desdobrar, diretamente ou em última instância, em três componentes: renda da terra, salários e lucros. É, assim, a soma destes três componentes que, ao contrário do que ocorre nas sociedades de produtores independentes, passa a definir o *preço das mercadorias*.[116] Em termos algébricos, temos a seguinte equação com quatro incógnitas:

$$p = renda \ (trabalho + capital + terra),$$

ou, considerando os rendimentos recebidos por estes componentes:

$$p = salário + lucro + renda \ da \ terra$$

Deixemos Smith, ele próprio, expor o que aconteceu em relação à situação anterior:

---

[116] Smith, com essa definição, reduz o preço e o valor de troca de cada mercadoria e, por consequência, o valor de todas as mercadorias, que formam o produto nacional, à soma dos salários dos trabalhadores e da parte da renda apropriada pelo capital na forma de lucro e dos proprietários de terra, como renda fundiária. Dele exclui, portanto, o capital fixo que se desgasta no processo produtivo e as matérias-primas e auxiliares que se incorporam ao produto, reduzindo-o, assim, à renda gerada pela contribuição destes fatores, razão de equívocos que comete, inclusive na análise da reprodução do sistema. Neste deslize receberá, inclusive, a companhia de Ricardo que, tal como ele, reduz o preço da mercadoria ao salário e ao valor adicional criado, ou, na linguagem marxista, ao capital variável e à mais-valia. (MARX, Karl. *O capital*: crítica da economia política: o processo de circulação do capital. Livro II. Rio de Janeiro: Civilização Brasileira, [1885] 1970, pp. 384-418).

[neste caso] o produto total do trabalho nem sempre pertence ao trabalhador. Na maioria dos casos, este deve reparti-lo com o dono do capital que lhe dá emprego. *Também já não se pode dizer que a quantidade de trabalho normalmente empregada para adquirir ou produzir uma mercadoria seja a única circunstância a determinar a quantidade que ele normalmente pode comprar, comandar, ou pela qual pode ser trocada.* É evidente que uma quantidade adicional é devida pelos lucros do capital, pois este adiantou os salários e forneceu os materiais para o trabalho dos operários [e outra parte deve ser destinada] aos donos da terra que, como quaisquer outras pessoas, gostam de colher onde nunca semearam, exigindo uma renda, mesmo pelos produtos naturais da terra.[117]

Essa é, de fato, uma situação inteiramente distinta da anterior, já que o *trabalho necessário* para a produção de uma mercadoria deixa de coincidir com a quantidade de *trabalho comandado*, ou seja, *o salário*, que representa o preço do trabalho, e que vai permitir-lhe comprar (comandar, ter poder) outros bens (a sua riqueza) representa apenas uma parcela do preço final do produto. Por isso pode ser vista como uma nova teoria do valor: *na primeira*, a quantidade de trabalho determina este valor, coincidindo com a quantidade de trabalho que este pode comandar; *no segundo caso*, outros determinantes entram neste processo, como o capital, na forma de lucros, e a terra, como renda, com a quantidade de trabalho comandado deixando de corresponder à quantidade de trabalho necessário para a produção da mercadoria.

Mesmo procurando preservar a sua visão original de que o trabalho continuava como a única fonte geradora do valor, o que lhe possibilitaria manter a unidade de medida do trabalho,

---

[117] SMITH, Adam. *A Riqueza das Nações*: investigação sobre sua natureza e suas causas. Livro I, vol. I. São Paulo: Abril Cultural, [1776] 1983, cap. VI, p. 79 (Os Economistas), *itálicos acrescentados*.

CAPÍTULO II – ADAM SMITH: A ECONOMIA COMO CIÊNCIA...

mesmo por que os lucros e a renda da terra estariam também nela expressos, e que apenas a repartição do produto agora é que teria ganhado mais beneficiários (os donos do capital e os proprietários de terras), os quais, ainda que indiretamente, participando da produção, passavam a ter direito a uma recompensa, Smith não conseguiu escapar das contradições em que se enredou com essa mudança. Prosseguindo com seus argumentos sobre essa questão, reenfatizaria o trabalho como o único elemento da produção com poder de medir

> o valor não somente daquela parte do preço que se desdobra em trabalho efetivo, mas também daquela representada pela renda da terra, e daquela que se desdobra nos lucros devidos ao empresário.[118]

Isso estaria significando que o trabalho divide o seu produto total com os proprietários da terra e do capital (ou estes se apropriam de uma parcela de seus resultados), o que deve ser considerado na *composição de seu preço* (ou valor de troca), e, portanto, na medição da riqueza, mas não seriam estes fontes de criação de valor, poder que caberia apenas ao trabalho.

Isso fica ainda mais claro, quando afirma: "(...) o que é anualmente obtido ou produzido pelo trabalho de cada sociedade – ou o que é a mesma coisa – *o preço total disso*, é originariamente distribuído entre alguns membros da sociedade".[119] Mas cairia logo em contradição com a seguinte afirmação: "salários, lucro e renda da terra, eis as fontes originais de toda receita e renda, e de todo o *valor de troca*. Qualquer outra *receita ou renda* provém, em

---

118 SMITH, Adam. *A Riqueza das Nações*: investigação sobre sua natureza e suas causas. Livro I, vol. I. São Paulo: Abril Cultural, [1776] 1983, cap. VI, p. 79 (Os Economistas).

119 SMITH, Adam. *A Riqueza das Nações*: investigação sobre sua natureza e suas causas. Livro I, vol. I. São Paulo: Abril Cultural, [1776] 1983, cap. VI, p. 80 (Os Economistas), *itálicos acrescentados*.

última análise, de um ou de outro desses três fatores".[120] Com isso, Smith exclui dessa equação todas as demais formas de rendimentos, como os juros, os impostos, as pensões, considerando-as apenas derivadas daquelas, provendo, assim, de uma dessas três fontes que ele tem como originais: do lucro, dos salários ou da renda da terra.[121] Mas afinal, o que determina o valor: o trabalho ou as três componentes do preço? Torna-se necessária uma melhor explicação dessa questão por ser ela fundamental para a compreensão deste problema do valor que balizará a trilha de estudos na área da economia percorrida por outras correntes posteriores a Smith, incluindo a crítica que lhe será feita por Ricardo nessa questão e, posteriormente, a que fará Marx a ambos.

Smith enxergou o valor como fruto exclusivo do trabalho numa sociedade de produtores independentes, em que esses são proprietários dos meios de produção. Em seguida, modificou essa visão, quando passou a analisar a sociedade capitalista, na qual esses produtores não mais detêm os meios de produção e estes se tornam propriedade do capitalista que os contrata, pagando-lhes um salário para a produção de bens que serão vendidos no mercado para a obtenção de um lucro, e onde também existe a propriedade privada da terra. A rigor, o que se alterou em termos específicos da criação do valor? Rigorosamente nada, a não ser que a sua distribuição passou a ser feita entre as três classes sociais – trabalhadores, capitalistas e proprietários de terras, na forma de salário, lucro e renda, formas como o valor aparece na esfera da circulação. Por que, então, Smith cometeu esse deslize na análise, passando a atribuir também ao capital e à terra, juntamente com

---

[120] SMITH, Adam. *A Riqueza das Nações*: investigação sobre sua natureza e suas causas. Livro I, vol. I. São Paulo: Abril Cultural, [1776] 1983, cap. VI, pp. 80/81 (Os Economistas), *itálicos acrescentados*.

[121] SMITH, Adam. *A Riqueza das Nações*: investigação sobre sua natureza e suas causas. Livro I, vol. I. São Paulo: Abril Cultural, [1776] 1983, cap. VI, p. 81 (Os Economistas).

## CAPÍTULO II – ADAM SMITH: A ECONOMIA COMO CIÊNCIA...

o trabalho, o poder de criação do valor? Deixemos Marx ([1861-1863], 1980) esclarecer a origem deste deslize.

Para Marx, é evidente que Smith está com os olhos voltados para a esfera da circulação, e não para a esfera da produção onde o valor é gerado, e, naquela, ele (o valor) aparece para o produtor individual na forma de salário, lucro e renda, que compõem o *preço do produto*, ou seja, o *custo de produção*. Smith, por não ter investigado como se dá a origem do valor, teria se deixado guiar por essas formas aparentes em que ele aparece na esfera da circulação e passado a considerá-lo, nessas sociedades, como a soma destes três componentes – salário, lucro e renda –, que entram no *custo de produção*, tornando-o idêntico ao *valor*, ou ao seu *preço natural*, resultante da concorrência. Ora, ao tomar o *valor* como *custo de produção*, não lhe restou alternativa senão a de atribuir ao capital e à terra participação, juntamente com o trabalho, na criação deste valor para justificar sua remuneração, determinada pela concorrência, fraturando sua teoria original. Mas, uma coisa, é perceber que *o valor gerado é distribuído* na sociedade capitalista entre o trabalho, o capital e os proprietários de terra, outra muito diferente é considerar que todos estes fatores constituam fontes autônomas de sua criação. Como afirma Marx[122] a este respeito:

> Se (...) é correto que salário, lucro e renda sejam as fontes originais de renda, é *falso* que do mesmo modo sejam a três fontes originais de todo o *valor de troca*, pois o valor de uma mercadoria se determina exclusivamente pelo tempo de trabalho. [E isso porque] apropriar-se não é sinônimo de gerar, seja qual for a explicação que se dê para este fenômeno.

---

122 MARX, Karl. *Teorias da mais-valia:* história crítica do pensamento econômico. Livro I. Rio de Janeiro: Civilização Brasileira, [1861-1863] 1980, p. 72, *itálicos acrescentados.*

Ricardo, por sua vez, apesar de criticar a contradição da lei do valor de Smith, também se verá por ela enredado por não ter conseguido explicar a origem do lucro como fruto de parte do valor gerado pelo trabalho (a mais-valia marxista) que é apropriada pelo capital, e passar a atribuir-lhe também este poder de criação do valor, caindo nos mesmos erros. Isso ocorrerá, como se verá no seu estudo, principalmente quando ele investiga as diferenças do capital, em termos de volume, composição e durabilidade, concluindo que os preços de produção se desviam dos valores, levando-o a considerar que este também compartilhava com o trabalho na sua geração. Tal como Smith, acabaria reduzindo o *valor* ao *custo de produção*, ao *preço natural*, para explicar a origem do lucro.

Parece evidente, assim, a contradição de Smith nessa questão, indicando existirem duas concepções sobre o valor, após ter adentrado o terreno de uma economia capitalista, o que trará dificuldades para seu sistema e para o seu objetivo de determinar um índice de desenvolvimento. De um lado, continua sustentando que é o trabalho que dá origem ao valor e que o lucro e a renda da terra são beneficiários de parte deste valor produzido pelo trabalhador, não constituindo, portanto, ao lado do trabalho, suas fontes originárias. Já quando menciona a distribuição deste valor entre as três classes/estratos que integram o processo produtivo, na forma de salários, lucros e renda, cai em contradição ao afirmar que as três são fontes originárias de todo rendimento. Torna, com o isso, o seu sistema indeterminado por lançá-lo num círculo vicioso. Vejamos a razão disso.

A ideia básica de Smith, como já visto, é a de que toda mercadoria tem um "preço natural" ao qual se chega por meio da livre concorrência. Este preço, de acordo com seus argumentos neste capítulo, é formado pela *soma* dos "preços naturais" do salário, do lucro e da renda da terra, em condições de concorrência, todos medidos em termos de trabalho. Mas se o "salário natural", ou o "preço natural do trabalho" depende dos preços dos bens de subsistência do trabalhador, os quais, de acordo com seu argumento,

## CAPÍTULO II – ADAM SMITH: A ECONOMIA COMO CIÊNCIA...

são compostos por salários, lucros e renda da terra, a equação de Smith (pn = salário + lucro + renda da terra) fica indeterminada, pois o preço da mercadoria depende do preço do trabalho que, por sua vez, depende do preço da mercadoria, caindo-se numa circularidade, e, com isso, sua teoria do valor não se sustenta.[123]

A insatisfação de Ricardo com a teoria de Smith se deve, nessa linha, ao fato de que, ao transferir da quantidade de trabalho empregada na produção de uma mercadoria para a remuneração do trabalhador (o salário) a determinação do valor de troca, perde-se, com isso, a unidade de medida invariável que poderia mostrar corretamente a variação nas demais coisas. Para ele,

> (...) se a remuneração do trabalhador fosse sempre proporcional ao que ele produz, a quantidade de trabalho empregada numa mercadoria e a quantidade de trabalho que essa mercadoria compraria seriam iguais, e qualquer delas poderia medir com precisão a variação nas demais coisas. Mas não são iguais. A primeira é, sob muitas circunstâncias, um padrão invariável, que mostra corretamente as variações nas demais coisas. A segunda é sujeita a tantas flutuações quanto as mercadorias que a ela sejam comparadas. Adam Smith, após haver mostrado habilmente a insuficiência de um meio variável, como o ouro e a prata, para a determinação do valor variável das outras coisas, acabou escolhendo uma medida não menos variável, ao escolher o trigo ou o trabalho.[124]

Essa ambiguidade de Smith na determinação do conceito de valor, que irá dificultar seu principal objetivo de definir um índice para medir o estado do progresso e da riqueza de um país, irá

---

[123] NAPOLEONI, Claudio. *O valor na ciência econômica*. Portugal: Editorial Presença; Brasil: Livraria Martins Fontes, 1977, p. 28.

[124] RICARDO, David. *Princípios da Economia Política e da Tributação*. São Paulo: Abril Cultural, [1817] 1982, p. 45 (Os Economistas).

alimentar duas correntes do pensamento econômico que surgirão posteriormente: a primeira, de acordo com Napoleoni[125]

> (...) que começa exatamente com Ricardo (...) que acolherá a ideia de que o valor [teria] a sua origem no trabalho despendido na produção; a segunda, pelo contrário, retomará a concepção da pluralidade das fontes do valor e procurará reformulá-la de modo a evitar a contradição de Smith.

A última corrente a que se refere Napoleoni diz respeito à chamada "escola neoclássica", que não somente vai procurar, principalmente por parte de seus fundadores, desacreditar a teoria do valor-trabalho, substituindo-a pelo valor utilidade, como transformará a teoria de Smith sobre o valor numa teoria sobre o "custo de produção".

Para o objetivo de Smith de contar com uma medida invariável de valor para medir o estado do progresso e da riqueza, tal mudança traria, também, dificuldades. Isso porque, de acordo com Barber[126] para que essa comparabilidade fosse possível, seria necessária a hipótese de que o preço do salário (ou o preço natural do trabalho) permanecesse constante, em termos reais, ou seja, uma situação em que, mesmo que o seu preço nominal variasse, os preços dos outros bens deveriam se mover na mesma direção, mantendo, assim, a proporção anterior. Caso contrário, as conclusões sobre essa evolução econômica poderiam ser enganadoras, às vezes identificando expansão que não ocorreu (no caso de queda nominal de seu preço e constância dos demais preços) ou decrescimento, no caso inverso (aumento do preço do trabalho e queda dos demais, por exemplo). Por isso, ainda de acordo com

---

[125] NAPOLEONI, Claudio. *O valor na ciência econômica*. Portugal: Editorial Presença; Brasil: Livraria Martins Fontes, 1977, pp. 28/29.

[126] BARBER, William J. *Uma história do pensamento econômico*. Rio de Janeiro: Zahar, 1971, p. 37.

## CAPÍTULO II – ADAM SMITH: A ECONOMIA COMO CIÊNCIA...

Barber,[127] Smith supôs, para se proteger destes problemas, como veremos mais à frente, que a *taxa natural do preço do trabalho se manteria estável por tempos prolongados*, o que vai entrar em conflito com a análise que fará sobre o comportamento dos salários nos capítulos seguintes de sua obra.[128]

Mas, ainda segundo Barber,[129] essa formulação ainda enfrentaria dificuldades, considerando o caso em que a produtividade do trabalho aumentasse, significando que se conseguiria obter o mesmo nível de produção com menor quantidade de trabalho ou um nível mais elevado com a mesma quantidade. Neste caso, o montante de salários seria menor para um determinado nível de produção, mesmo que as *taxas de salários permanecessem constantes (estáveis)*, o que conduziria aos mesmos equívocos. Se, contrariamente, fossem os preços dos produtos que caíssem como resultado deste aumento da produtividade, "a medida de comando sobre o trabalho daria a impressão de que a produção total teria diminuído, quando, na verdade, tinha crescido".[130] Por isso, também Dobb[131] afirma que

> (...) as duas *medidas*, que iriam ser intensamente discutidas entre Ricardo e Malthus, dariam resultados idênticos se (mas só se) os salários se mantivessem *constantes como proporção do valor total produzido* (o que significa que as

---

127 BARBER, William J. *Uma história do pensamento econômico*. Rio de Janeiro: Zahar, 1971, p. 37.

128 BARBER, William J. *Uma história do pensamento econômico*. Rio de Janeiro: Zahar, 1971.

129 BARBER, William J. *Uma história do pensamento econômico*. Rio de Janeiro: Zahar, 1971.

130 BARBER, William J. *Uma história do pensamento econômico*. Rio de Janeiro: Zahar, 1971, p. 37.

131 DOBB, Maurice. *Teorias do valor e da distribuição desde Adam Smith*. Lisboa: Editorial Presença, 1973, p. 69.

oscilações ao longo do tempo estão ligadas a mudanças na produtividade do trabalho).

Para Barber,[132] Smith defendeu-se dos efeitos que os aumentos de produtividade poderiam provocar no nível de salários, considerando que os custos de produção (e com eles a parcela da renda das várias classes) não variariam com mudanças no volume de produção de firmas individuais, ou seja, que os *rendimentos de escala seriam constantes*.

A verdade é que se Smith não abandonou a sua visão do trabalho como única fonte geradora de valor, parece ter se atrapalhado ao fazer a transposição de sua teoria para uma sociedade em que existe a propriedade privada dos meios de produção e da terra, e atribuir à remuneração do trabalho (ou seja, ao salário), que representa apenas uma parcela da renda produzida e que está sujeita a flutuações como todas as demais mercadorias, como apontou a crítica feita por Ricardo, o mesmo papel de medida do valor antes atribuído à quantidade de trabalho necessário para a produção de bens. O fato de ele considerar, explicitamente, tanto o lucro como a renda da terra como meras *deduções* daquilo que é produzido pelo trabalho, mas que são partes componentes de seu custo, ou do preço de produção, abriu janelas para escolas de tendências distintas buscarem outras explicações para o valor.

Alguns autores sugerem, como Schumpeter, por exemplo, citado em trabalho de Carcanholo[133] que essa posição de Smith relativa às deduções que são feitas do produto do trabalho, constituiria o embrião de uma teoria da exploração, vista como uma relação social, que mais tarde seria desenvolvida de forma brilhante por Marx. Não parece haver dúvidas sobre isso, mas

---

[132] BARBER, William J. *Uma história do pensamento econômico*. Rio de Janeiro: Zahar, 1971.

[133] CARCANHOLO, Reinaldo. *Marx, Ricardo e Smith*: sobre a teoria do valor-trabalho. Vitória: Edufes, 2012, p. 142.

## CAPÍTULO II – ADAM SMITH: A ECONOMIA COMO CIÊNCIA...

não era este o seu propósito. Na verdade, ele estava preocupado apenas em definir a composição do preço, ou a equação do preço, o que era essencial para a construção de um índice de progresso. Mesmo porque se continuasse conduzindo a investigação na direção apontada e chegasse àquela conclusão, todo o seu objetivo de mostrar que a prosperidade produz a harmonia social, soldando os interesses das distintas categorias (ou classes) sociais, estaria comprometido.

Quanto às flutuações a que estão sujeitos os valores destes componentes, notadamente os salários e os lucros, e que podem, portanto, afetar o valor (o preço dos produtos) e, consequentemente, a riqueza, ele considera que existiriam "preços naturais" (ou normais) que poderiam ser atingidos, e com isso, ter garantido que o sistema caminharia para um "equilíbrio natural" (expressão que não é por ele usada), desde que não houvesse interferências externas no funcionamento do mercado.

O fato é que, apesar dessa "escorregada" de Smith na concepção do valor, que posteriormente seria criticada por Ricardo, ele não parece perceber essa contradição – ou não lhe dá importância –, porque o seu maior interesse era o de construir um índice que lhe permitisse medir o estado de progresso da economia e, neste caso, entendido que, para a solução de sua equação de preços, ou de equilíbrio, bastaria continuar no sentido de avaliar como estes se comportavam e como eram determinados os preços naturais de seus componentes. Por isso, dá continuidade à sua análise nos capítulos seguintes, diferenciando, no capítulo VII, os preços de mercado (efetivos) dos preços naturais e, em seguida, analisando os determinantes dos salários, dos lucros e da renda da terra.

Cannan, que foi um estudioso da obra de Smith não deu a importância que Ricardo teria atribuído à teoria da distribuição, considerando não ser ela "uma parte essencial da obra [e que] poderia ser facilmente eliminada, cancelando alguns parágrafos do Livro

FABRÍCIO AUGUSTO DE OLIVEIRA

Primeiro, capítulo VI, e algumas linhas em outros lugares (...)".[134] A este respeito, Dobb,[135] chega a comentar que, para Cannan, "a teoria da distribuição de Adam Smith (...) é inserida (...) como simples apêndice ou corolário da sua doutrina sobre os preços".

### 2.4.3 Preço natural e preço de mercado

No capítulo VII, a preocupação de Smith é a de examinar as flutuações que ocorrem no nível de preços, que estão ora acima, ora abaixo, de seu nível "natural", causando dificuldades para se medir a evolução da riqueza ou o crescimento econômico. Para isso, ele coloca, logo no início do capítulo, que, em cada sociedade

> existe uma *taxa comum ou média* para os salários e para o lucro, em todo emprego diferente de trabalho ou capital [e também da renda da terra]. Essa taxa é regulada *naturalmente* (...) em parte pelas *circunstâncias gerais da sociedade* – sua riqueza ou pobreza, sua condição de progresso, estagnação ou declínio –, e, em parte, pela *natureza de cada emprego ou setor de ocupação*.[136]

Em termos algébricos, temos:

pn (preço natural ou real) = pme (preço médio)

Essas taxas comuns ou médias, ele considera como "taxas naturais dos salários, lucro e renda da terra, no tempo e lugar

---

[134] CANNAN, Edwin. "Introdução". *In*: SMITH, Adam. *A Riqueza das Nações*: investigação sobre sua natureza e suas causas. São Paulo: Abril Cultural, 1983, p. 16 (Os Economistas).

[135] DOBB, Maurice. *Teorias do valor e da distribuição desde Adam Smith*. Lisboa: Editorial Presença, 1973, p. 74.

[136] SMITH, Adam. *A Riqueza das Nações*: investigação sobre sua natureza e suas causas. Livro I, vol. I. São Paulo: Abril Cultural, [1776] 1983, cap. VII, p. 83 (Os Economistas), *itálicos acrescentados*.

## CAPÍTULO II – ADAM SMITH: A ECONOMIA COMO CIÊNCIA...

em que comumente vigoram".[137] Quando a mercadoria é vendida pelo seu preço natural ela está sendo vendida exatamente pelo que "vale", conseguindo, assim, que seu custo de produção seja inteiramente coberto, garantindo o pagamento da renda de seus três componentes – salários, lucro e renda da terra – e a reprodução do sistema. Mas, por diversas razões, nem sempre o preço conseguido pela mercadoria no mercado corresponde ao seu preço natural, dele se desviando: a este *preço efetivo* ele denomina *preço de mercado*, que pode estar abaixo, acima, ou coincidir com o preço natural. Ou seja,

$$pm1 \leq pn \leq pm2$$

Esses desvios podem ser explicados principalmente por desequilíbrios ocorridos entre a oferta e a demanda de um determinado produto. Enquanto o preço natural é regulado por princípios que consideram o "custo real" da produção, o preço de mercado

> é regulado pela proporção entre a quantidade que é efetivamente colocada no mercado e a demanda (que ele chama de "efetiva") daqueles que estão dispostos a pagar o seu preço natural, ou seja, o valor total da renda fundiária, do trabalho e do lucro (...) para levá-la ao mercado.[138]

Se essa demanda efetiva for superior à quantidade produzida e colocada no mercado, alguns consumidores podem se mostrar dispostos a pagar um preço superior ao seu preço natural para obtê-la, causando esse desvio para cima. Se a demanda efetiva for inferior, o contrário ocorrerá com o preço de mercado situando-se

---

[137] SMITH, Adam. *A Riqueza das Nações*: investigação sobre sua natureza e suas causas. Livro I, vol. I. São Paulo: Abril Cultural, [1776] 1983, cap. VII, p. 83 (Os Economistas), *itálicos acrescentados*.

[138] SMITH, Adam. *A Riqueza das Nações*: investigação sobre sua natureza e suas causas. Livro I, vol. I. São Paulo: Abril Cultural, [1776] 1983, cap. VII, p. 84 (Os Economistas), *itálicos acrescentados*.

abaixo do preço natural. Só no caso em que a demanda efetiva corresponder exatamente à quantidade ofertada, haverá coincidência entre o preço natural e o de mercado.

Esses desvios terminam gerando consequências para a remuneração dos componentes de seu preço – salários, lucro e renda da terra – a última sendo pouco afetada por se tratar de uma renda previamente acordada, levando em consideração o seu preço médio (natural). Quando o preço nominal é superior ao natural, alguns deles ou todos estes componentes podem estar sendo remunerados acima do que "naturalmente" receberiam. Se abaixo, recebendo menos. Este afastamento do preço de mercado do preço natural provoca fricções no sistema, mas, prevalecendo a livre concorrência e a liberdade tanto do capital como do trabalho de buscarem a situação que mais lhes favorecem, haverá deslocamentos de um ou de outro, ou mesmo de ambos os fatores, de setores onde o preço de mercado é inferior ao preço natural para os setores onde ele é superior, alterando assim, no tempo, as quantidades produzidas – em alguns para mais e em outros para menos –, ajustando-as à demanda efetiva e conduzindo, tendencialmente, o preço de mercado para o seu nível natural. Por isso, para Smith:[139]

> (...) o preço natural é como que o preço central ao redor do qual continuamente estão gravitando os preços de todas as mercadorias. Contingências diversas podem, às vezes, mantê-los constantes acima dele, e noutras vezes, forçá-los para baixo desse nível. Mas, quaisquer que possam ser os obstáculos que os impeçam de fixar-se nesse centro de repouso e continuidade [ou de equilíbrio], constantemente tenderão para ele.

---

[139] SMITH, Adam. *A Riqueza das Nações*: investigação sobre sua natureza e suas causas. Livro I, vol. I. São Paulo: Abril Cultural, [1776] 1983, cap. VII, p. 85 (Os Economistas), *itálicos acrescentados*.

CAPÍTULO II – ADAM SMITH: A ECONOMIA COMO CIÊNCIA...

Ou seja, sem nenhuma demonstração e depositando fé apenas nas forças naturais do organismo econômico e na livre concorrência, o equilíbrio natural do sistema seria atingido, determinando, no longo prazo, os preços também naturais dos produtos, com todos os agentes de produção sendo remunerados pelos seus valores naturais – o trabalho, o capital, e a terra –, fazendo, portanto, com que, tendencialmente, os preços de mercado (pm) se igualassem àqueles (pn).

## 2.5 A determinação dos salários, dos lucros e da renda da terra

O passo seguinte de Smith será o de examinar os fatores que influenciam ou determinam o "preço natural" dos salários, lucros e da renda da terra, pois, só assim conseguirá uma solução para a equação do preço e para a construção de um índice que permita medir a variação da riqueza, ou o crescimento econômico. É o que ele faz no restante do Livro I, nos capítulos VIII a XI.

Deve-se notar de sua exposição anterior que se existe uma convergência dos preços de mercado para o preço natural no longo prazo, este pode ser considerado como *dado*, significando que podemos eliminá-lo das incógnitas anteriormente relacionadas na equação. O mesmo acontece com a renda da terra, que ele considera ser negociada previamente de acordo com o nível médio atingido no passado. Restariam, portanto, para a solução do problema identificar *como se determinam os lucros e os salários*. Mas a solução que Smith apresenta para essa questão, nessa parte de sua obra, é totalmente insuficiente, como afirma Dobb:[140]

> (...) Adam Smith pouco mais teve para dizer [sobre essa questão] além de que o preço de equilíbrio era estabelecido

---

[140] DOBB, Maurice. *Teorias do valor e da distribuição desde Adam Smith*. Lisboa: Editorial Presença, 1973, p. 62.

no devido momento pela concorrência, através de operações de oferta e procura – e que para eles [refere-se aos preços naturais] tendem constantemente os preços de todos os bens.[141]

Vejamos a razão disso.

Smith reconhece não ser fácil dizer, com certeza, quais são os salários médios do trabalho em um lugar determinado e em um momento específico, mas ser possível identificar os salários comuns (normais), bem como seu comportamento no curso do processo de crescimento.[142] Considera, assim, no capítulo VIII, que o salário comum (normal) deve ser suficiente, no mínimo, para a manutenção do trabalhador e de sua família para que o sistema possa se reproduzir, sendo este sustento o seu nível de subsistência. Isso significa que o trabalhador, com sua mulher e mais dois filhos, deve ganhar o suficiente para cobrir a necessidade de todos – com alimentação, vestuário, instrução etc. Em sociedades com alta taxa de mortalidade de crianças – o que ocorria na época –, esse mínimo teria de ir um pouco além, pois, para garantir a reprodução do trabalho, seria necessário ao trabalhador ter mais do que dois filhos, visando dar-lhe condições de assegurar que, pelo menos dois chegassem à idade adulta, o que significa maiores despesas de sustento. Este seria o salário "normal" de subsistência do trabalhador, o seu "piso", determinado pela cesta de consumo necessária para a reprodução da força de trabalho, como em suas palavras: "(...) existe uma determinada taxa abaixo da qual parece impossível reduzir por longo tempo os salários normais, mesmo em se tratando do tipo de trabalho menos qualificado".[143]

---

[141] DOBB, Maurice. *Teorias do valor e da distribuição desde Adam Smith*. Lisboa: Editorial Presença, 1973, p. 62.

[142] SMITH, Adam. *A Riqueza das Nações*: investigação sobre sua natureza e suas causas. Livro I, vol. I. São Paulo: Abril Cultural, [1776] 1983, cap. VIII e IX, p. 109 (Os Economistas).

[143] SMITH, Adam. *A Riqueza das Nações*: investigação sobre sua natureza e suas causas. Livro I, vol. I. São Paulo: Abril Cultural, [1776] 1983, cap. VIII,

## CAPÍTULO II – ADAM SMITH: A ECONOMIA COMO CIÊNCIA...

Em seguida, Smith discute vários fatores que podem afetar para mais ou para menos o nível deste salário "normal" (natural). Embora considere casos de acordos entre os proprietários do capital para sua redução ou demandas de sindicatos e organizações de trabalhadores para seu aumento (estes com menores chances de sucesso) que podem afetá-los, sua ênfase, neste exame, recai sobre os impactos neles causados pelo aumento (ou diminuição) da demanda por trabalhadores, resultante do aumento (ou diminuição) do capital e da renda, que possibilita o aumento (ou diminuição) do fundo de salários destinado à sua contratação. Em caso de aumento do capital, haverá incentivos para o aumento desta contratação e os salários tenderão a subir, incentivando, como consequência, o aumento da população, o que é benéfico para a trajetória virtuosa de crescimento da riqueza. Em caso de diminuição, tenderá a ocorrer o contrário. *Não se trata, aqui, do tamanho da riqueza do país, mas da velocidade de sua expansão, ou seja, do crescimento econômico*. Por isso, atribui tanta importância ao crescimento econômico, como nas seguintes passagens: "(...) assim como a remuneração generosa do trabalho é o efeito da riqueza crescente, da mesma forma é a causa do aumento da população".[144]

Mas o fato é que a prosperidade, ao elevar o nível geral do salário do trabalhador, desvia-o de seu curso natural, reduzindo o lucro e, com isso a força do processo de acumulação, assim como o declínio econômico opera em sentido contrário. Existiria alguma força que poderia corrigir este desvio e reduzir essa taxa de salário para o seu nível normal (natural)? Para Smith, a resposta se encontra na população, que aparece como variável de ajustamento de longo prazo em sua estrutura:

---

p. 93 (Os Economistas).

[144] SMITH, Adam. *A Riqueza das Nações*: investigação sobre sua natureza e suas causas. Livro I, vol. I. São Paulo: Abril Cultural, [1776] 1983, cap. VIII, p. 103 (Os Economistas).

A remuneração generosa do trabalho (...) necessariamente estimulará o matrimônio e a multiplicação dos trabalhadores de tal forma que possa dar-lhes condições para atender [a demanda de trabalho] em contínuo aumento com uma população cada vez mais numerosa. Se a remuneração em algum momento for inferior ao que se requer para esse fim, a carência de mão de obra logo a fará aumentar; e se em algum momento a remuneração for muito alta, a multiplicação excessiva da mão de obra, logo a fará baixar para sua taxa necessária.[145]

Por tudo isso, conclui que

(...) a condição dos trabalhadores pobres parece ser a mais feliz e mais tranquila no estado de progresso, em que a sociedade avança para maior riqueza, e não no estado em que já conseguiu plena riqueza. A condição dos trabalhadores é dura na situação estacionária e miserável quando há declínio econômico da nação. O estado de progresso é, na realidade, o estado desejável e favorável para todas as classes sociais, ao passo que a situação estacionária é a inércia, e o estado de declínio é a melancolia.[146]

---

[145] SMITH, Adam. *A Riqueza das Nações*: investigação sobre sua natureza e suas causas. Livro I, vol. I. São Paulo: Abril Cultural, [1776] 1983, cap. VIII, p. 102 (Os Economistas).

[146] Para Smith, o *estado do progresso* conduz inevitavelmente ao *estado estacionário*, à medida que o aumento do capital provoca a queda da taxa de lucro e dos juros – um quadro que pode ser entendido como de *saturação do capital* –, e, em virtude de a demanda por trabalho cair, enfraquecem-se, como decorrência, as forças que mantêm mais elevados os salários, tendendo ambos para níveis extremamente baixos, configurando um *estado de inércia*, no qual a acumulação atingiu o seu limite e, considerando estes limites do sistema, estabelecidos inclusive pela natureza, já se atingiu a riqueza plena. Deduzir dessa visão que o estado estacionário representa, para ele, um estado de ruína, como ocorrerá com Ricardo, parece um exagero, condição que ele de fato atribui ao *estado de declínio*, de regressão da acumulação. Tanto que designa o primeiro como um estado de "aborrecimento" e o segundo de "melancolia". (SMITH, Adam. *A Riqueza das Nações*: investigação sobre

## CAPÍTULO II – ADAM SMITH: A ECONOMIA COMO CIÊNCIA...

Mas, no caso do aumento de salários, o que ocorre com os lucros? Para ele, se, de um lado, o aumento dos salários torna os trabalhadores mais dispostos a terem mais filhos, aumentando a população e garantindo o atendimento do aumento da demanda por parte dos empresários, torna, de outro, a força de trabalho mais feliz e satisfeita, e, como consequência, mais laboriosa, aumentando sua produtividade, o que poderia compensar, mesmo que parcialmente, a queda dos lucros. De outro, o próprio aumento do capital acarreta o aumento e a melhoria e modernização do maquinário da empresa também contribuindo para isso. Nas palavras de Smith: "assim como a remuneração generosa do trabalho estimula a propagação da espécie, da mesma forma aumenta a laboriosidade".[147] E ainda:

> todavia, a mesma causa que faz subir os salários do trabalho, ou seja, o aumento do capital, tende a aumentar as forças produtivas do trabalho e fazer com que uma quantidade menor de mão de obra produza uma maior quantidade de trabalho.[148]

Smith sugere, com isso, que seriam obtidos, neste processo, uma compensação para os empresários decorrentes, de um lado, do aumento da produtividade pela maior satisfação do trabalho e, de outro, de *rendimentos crescentes de escala*, pelo aumento do capital, como já indicado no capítulo I, afetando o nível de preços, mas isso significaria abandonar a hipótese de preços dados e, portanto, do equilíbrio. Mas essa análise do comportamento do

---

sua natureza e suas causas. Livro I, vol. I. São Paulo: Abril Cultural, [1776] 1983, cap. VIII, p. 103 (Os Economistas).

[147] SMITH, Adam. *A Riqueza das Nações*: investigação sobre sua natureza e suas causas. Livro I, vol. I. São Paulo: Abril Cultural, [1776] 1983, cap. VIII, p. 103 (Os Economistas).

[148] SMITH, Adam. *A Riqueza das Nações*: investigação sobre sua natureza e suas causas. Livro I, vol. I. São Paulo: Abril Cultural, [1776] 1983, cap. VIII, p. 107 (Os Economistas).

lucro no processo de crescimento será feita, com maior cuidado, no capítulo IX.

Para ele, o lucro do capital é uma função, ou depende, das mesmas causas que provocam um aumento ou diminuição dos salários, embora ambos sejam afetados de maneira diferente. Se o aumento do capital e o crescimento econômico elevam os salários, devido ao aumento da demanda por trabalhadores, é este mesmo aumento que provoca a queda do lucro devido ao aumento da concorrência entre os vários capitais, seja no mesmo negócio ou no conjunto de todos os negócios. Não são poucas as passagens em sua obra em que o comportamento assimétrico destes componentes aparece. Logo na abertura do Capítulo IX afirma:

> O aumento do capital, o qual faz subir os salários, tende a baixar o lucro. Quando o capital de muitos comerciantes ricos é aplicado no mesmo negócio, naturalmente sua concorrência mútua tende a reduzir seus lucros. E quando há semelhante aumento de capital em todos os diversos ramos de negócios de uma mesma sociedade, a mesma concorrência produz necessariamente o mesmo efeito em todos eles.[149]

Ou ainda:

> Quando o lucro diminui, os comerciantes ficam muito propensos a queixar-se de que o comércio em geral está em decadência, embora a redução do lucro seja o efeito natural de sua prosperidade, ou então uma consequência do fato de se estar aplicando um capital maior do que antes.[150]

---

[149] SMITH, Adam. *A Riqueza das Nações*: investigação sobre sua natureza e suas causas. Livro I, vol. I. São Paulo: Abril Cultural, [1776] 1983, cap. IX, p. 109 (Os Economistas).

[150] SMITH, Adam. *A Riqueza das Nações*: investigação sobre sua natureza e suas causas. Livro I, vol. I. São Paulo: Abril Cultural, [1776] 1983, cap. IX, p. 111 (Os Economistas).

## CAPÍTULO II – ADAM SMITH: A ECONOMIA COMO CIÊNCIA...

E para não deixar nenhuma dúvida sobre essa relação salário/lucro: "(...) altos salários e altos lucros de capital são coisas que talvez muito dificilmente andam juntas (...)".[151] Todo o seu raciocínio, neste ponto, é que, diferentemente do que vimos anteriormente, raciocina como se o capital apresentasse *rendimentos decrescentes de escala*, já que deixa de considerar, nesta parte de seus argumentos, alguma compensação para o lucro decorrente do aumento das forças produtivas do trabalho.

Mas, assim como havia reconhecido as dificuldades em determinar com maior precisão o que acontece com o nível médio dos salários, para ele essa dificuldade se apresenta ainda maior no caso do lucro médio de um negócio, ou do conjunto dos negócios, o que o leva a associá-lo, em sua investigação, ao juro do dinheiro, que dele depende para a geração do rendimento do capital emprestado, visando formar alguma ideia sobre o seu comportamento. Depois de examinar historicamente a evolução das taxas de juros e associá-la ao comportamento do lucro em várias situações e condições – tipo de negócios e atividades, ritmos diferenciados de crescimento econômico de regiões e países, que determinam o maior ou menor volume de capital, e, portanto, os lucros etc. –, Smith conclui que os mesmos tendem a variar no mesmo sentido, mas que a taxa de lucro deve ser *suficiente para pagar os juros* – o custo do empréstimo tomado pelo empresário –, embora tendencialmente as duas tendam a cair com o avanço do progresso da riqueza ou do aumento do capital e a aumentar, ou serem mais elevadas, em função da pobreza do país, do declínio do processo de acumulação e redução do estoque de capital e, consequentemente, da diminuição da concorrência intercapitalista.

Mas, mesmo caindo, existiria uma *taxa normal mínima tanto para o lucro como para os juros*:

---

151 SMITH, Adam. *A Riqueza das Nações*: investigação sobre sua natureza e suas causas. Livro I, vol. I. São Paulo: Abril Cultural, [1776] 1983, cap. IX, p. 112 (Os Economistas).

No caso da primeira [a taxa de lucro], ela deveria ser *suficiente* para compensar as perdas ocasionais, às quais está exposta qualquer aplicação do capital, [sendo que] somente o excedente poderá ser considerado como lucro limpo ou líquido (...), com o qual ele poderá pagar os juros. Analogamente, a taxa normal mínima de juros *deve ser algo mais do que o suficiente* para compensar as perdas ocasionais às quais está exposto quem dá o empréstimo, mesmo usando de razoável prudência, [caso contrário] os únicos motivos que levam ao empréstimo só podem ser a caridade e a amizade.[152]

Se a taxa de lucro deve ser o *suficiente e a taxa de juros algo mais do que o suficiente* para compensar perdas ocasionais, isso significa que enquanto a taxa de juros mínima será sempre positiva, ou seja, superior a esse seguro necessário para a cobertura de perdas, o lucro líquido do capital pode convergir para o seu nível, *igualando-a*, o que tende a ocorrer com o acúmulo de capital e o progresso da riqueza. Como uma variável exógena, a taxa de juros, fica determinada, assim, a taxa mínima de lucro, com as duas convergindo pelas forças da concorrência. Isso não prejudicaria o capital, pois, para ele, e aqui pensando mais não em termos de taxa, mas de massa do lucro,

> (...) um capital grande, embora produza lucros pequenos, geralmente aumenta com maior rapidez que um capital reduzido com lucros elevados. Segundo diz o provérbio, dinheiro gera dinheiro.[153] Quando se tem um pouco de capital,

---

[152] SMITH, Adam. *A Riqueza das Nações*: investigação sobre sua natureza e suas causas. Livro I, vol. I. São Paulo: Abril Cultural, [1776] 1983, cap. IX, p. 115 (Os Economistas), *itálicos acrescentados*.

[153] É evidente que Smith está, aqui, pensando em termos de montante de lucro, não de taxa de lucro.

## CAPÍTULO II – ADAM SMITH: A ECONOMIA COMO CIÊNCIA...

muitas vezes é fácil conseguir mais [leia-se, em termos de taxa]. O grande problema é conseguir este pouco inicial.[154]

Essa determinação do sistema é, no entanto, apenas aparente. Isso porque Smith ao não ter conseguido estabelecer as devidas conexões entre o valor e a forma como ele se distribui entre os agentes produtivos, e reduzir a sua teoria original a uma teoria do custo de produção, não consegue explicações satisfatórias para explicar como se determinam os preços dos serviços produtivos. Por isso, Blaug, em citação de Belluzzo,[155] revela-se decepcionado com a sua teoria do valor, com a qual pretendia determinar simultaneamente o valor das mercadorias e a participação dos agentes produtivos no valor criado:

> (...) Adam Smith não tem uma teoria consistente dos salários, nem tampouco teoria alguma sobre os lucros ou sobre os juros. Dizer que o preço normal de um artigo é o preço que unicamente cobre os custos é explicar uns preços por outros.

O que significa que nada está determinado. Sobre a circularidade em que Smith teria enredado o seu sistema, Marx, em *O Capital*[156] afirmaria:

> (...) pode-se imaginar que esses componentes, em vez de provirem da decomposição do valor das mercadorias, ao contrário, formam-no ao agregarem-se. Surge, então, o belo círculo vicioso: o valor das mercadorias provém do total

---

[154] SMITH, Adam. *A Riqueza das Nações*: investigação sobre sua natureza e suas causas. Livro I, vol. I. São Paulo: Abril Cultural, [1776] 1983, cap. IX, pp. 112/113 (Os Economistas).

[155] BELLUZZO, Luiz Gonzaga de Mello. *Valor e capitalismo*: um ensaio sobre a economia política. São Paulo: Brasiliense, 1980, p. 28.

[156] MARX, Karl. *O Capital*: crítica da economia política: o processo global de produção capitalista. Livro III. Rio de Janeiro: Civilização Brasileira, [1894] 1974, p. 970.

dos valores do salário, lucro e renda e renda fundiária, e o valor do salário, lucro e renda fundiária é, por sua vez, determinado pelo valor das mercadorias etc.

De qualquer maneira, se, para Smith, a taxa natural de lucro é determinada pela taxa natural de juros mínima, que é exógena ao sistema, pareceu-lhe que a sua equação de preços naturais estaria para ele aparentemente resolvida, abstraindo das inconsistências anteriormente apontadas na questão do valor, pelas forças da concorrência, que conduzem tanto os preços dos produtos como dos agentes de produção para os seus níveis normais. Isso de fato ocorreria, como ele vai discutir no capítulo X, desde que os indivíduos tivessem liberdade para tomar suas próprias decisões sobre o trabalho e os investimentos e que as coisas pudessem seguir seu curso natural, sem o organismo econômico sofrer interferências externas, garantindo-se que tendesse continuamente para sua posição de "equilíbrio".

## 2.6 O interesse próprio e o equilíbrio natural do sistema

Smith reconhece, assim, da análise anterior, que podem ocorrer, no curso do desenvolvimento, fricções inerentes a este processo e provocar desigualdades no emprego e remuneração, especialmente do trabalho e do capital, mas que, prevalecendo a liberdade para ambos se movimentarem em busca de seu próprio interesse, ou seja, predominando a livre concorrência, tais diferenças tenderiam a ser eliminadas, conduzindo o sistema para o seu equilíbrio natural, onde estes fatores estariam sendo remunerados pelos seus preços naturais. Como ele afirma:

> (...) a proporção entre os diferentes níveis salariais e de lucro, com diferentes empregos de mão de obra e de capital, não é muito afetada (...) pela riqueza ou pobreza de uma sociedade ou pela sua condição de progresso, estacionária

## CAPÍTULO II – ADAM SMITH: A ECONOMIA COMO CIÊNCIA...

ou de declínio. Tais transformações no bem-estar público, embora afetem os níveis gerais dos salários e do lucro, em última análise os afetam de maneira igual, em todos os empregos e ocupações. Por conseguinte, a proporção entre eles permanece necessariamente a mesma, não podendo ser alterada por tais transformações, ao menos por um período significativo.[157]

Ou seja, nessas condições de equilíbrio estariam sendo gerados, portanto, *rendimentos constantes de escala, mantendo-se, assim, a proporcionalidade da distribuição entre os lucros e os salários*, hipótese anteriormente mencionada.

Existem, no entanto, além dos fatores inerentes ao próprio desenvolvimento que afetam o emprego e a remuneração do trabalho e do capital – e os seus olhos estão mais voltados para o capitalismo na Inglaterra – as leis humanas, expressas na política econômica, que impedem que o sistema corrija, ele próprio, e naturalmente, suas imperfeições e essas desigualdades, conduzindo a sociedade para um estado de opulência, que constitui o objetivo da Economia Política. São essas políticas, que obstam a liberdade do comércio, do capital e do trabalho de escolherem e trilharem os caminhos que consideram mais vantajoso para o seu interesse que, mesmo sendo adotadas e aprovadas com boas intenções, terminam prejudicando o desenvolvimento e o interesse geral da sociedade.

Após discorrer longamente, no capítulo X, sobre as principais circunstâncias que afetam os salários e o lucro no curso do desenvolvimento – o caráter agradável e desagradável da ocupação; o prestígio ou desprestígio do emprego; a estabilidade/instabilidade da atividade; o grau de confiança e as expectativas de sucesso/insucesso do empreendimento etc. –, cujos desvios podem, no

---

[157] SMITH, Adam. *A Riqueza das Nações*: investigação sobre sua natureza e suas causas. Livro I, vol. I. São Paulo: Abril Cultural, [1776] 1983, cap. X, p. 150 (Os Economistas).

entanto, ser corrigidos pela livre concorrência, conduzindo-os para o seu "estado natural", Smith discute, em seguida, as distorções provocadas, neste sistema, pelas leis humanas que o retiram deste leito natural.

Entre essas, como já visto no capítulo I, se encontram *os privilégios exclusivos das corporações* que, além de constituírem um verdadeiro monopólio, exigiam um aprendizado demorado e custoso de cada profissão, limitando a expansão natural do emprego e causando desigualdades dos salários e do lucro e impedindo-os de encontrarem seu leito natural; da mesma forma, o *Estatuto da Aprendizagem*, decorrente destes privilégios, que limitava a expansão do emprego na profissão e dificultava a livre circulação de mão de obra de um emprego para outro até no mesmo lugar. Para ele, eram leis absurdas, pois

> tudo o que dificulta a livre circulação de mão de obra de uma profissão para outras [ou de um lugar para outros] dificulta igualmente a circulação do capital de um emprego para outro, uma vez que o volume de capital que se pode aplicar em determinado setor depende muito da quantidade de mão de obra que o setor pode empregar.[158]

O mesmo ocorria com o financiamento público e com as leis que, visando proteger e beneficiar certas profissões, como a dos eclesiásticos, professores e pessoas letradas, regulavam seus salários, provocando desigualdades no conjunto das vantagens e desvantagens dos diferentes empregos da mão de obra e do capital. Na mesma condição se colocava a *Lei dos Pobres*, que, criada em 1531 com a boa intenção de garantir a sobrevivência dos mais desfavorecidos pela sorte da sociedade – e, neste conceito, se incluíam não somente

---

[158] SMITH, Adam. *A Riqueza das Nações*: investigação sobre sua natureza e suas causas. Livro I, vol. I. São Paulo: Abril Cultural, [1776] 1983, cap. X, p. 144 (Os Economistas).

## CAPÍTULO II – ADAM SMITH: A ECONOMIA COMO CIÊNCIA...

os efetivamente pobres, mas também os desempregados, casados, velhos e jovens –, acabaria se transformando, com as mudanças posteriormente nela introduzidas, em fator de *imobilidade* dessa mão de obra "potencial" na paróquia onde residiam, impedindo-a de migrar para outra onde havia escassez de trabalhador, também provocando desigualdades nos empregos do trabalho e do capital e barrando-lhe o caminho "natural" da prosperidade.

Junto a tudo isso, também como já foi visto no capítulo I, se somavam as diversas regulamentações perniciosas feitas para o comércio exterior no tocante às exportações e importações, à luz da concepção de riqueza do pensamento mercantilista, as leis de controle e regulamentação de salários de várias profissões, as excessivas cobranças de impostos desigualmente cobradas dos setores da atividade econômica, afetando o curso natural do desenvolvimento e barrando, para Smith, os caminhos da opulência. Para ele, o indivíduo seria capaz, movido pelo autointeresse (seja na aplicação do capital ou do trabalho) de obter melhores resultados em suas ações, seja para si mesmo ou para o conjunto da sociedade, igualando pela livre concorrência e mobilidade, suas remunerações, restringindo-as aos seus preços naturais, ao fugir dos empregos que considerava desvantajosos para os que julgava mais vantajosos. Como coloca no início do capítulo X:

> em seu conjunto, as vantagens e desvantagens dos diversos empregos de mão de obra e de capital, em regiões vizinhas entre si, devem ser perfeitamente iguais ou continuamente tender à igualdade. Se na mesma região houvesse alguma ocupação ou emprego que visivelmente fosse mais ou menos vantajoso que os demais, no primeiro caso, seriam tantos que os procurariam – e no segundo seriam tantos que o abandonariam – que as vantagens logo voltariam ao nível dos demais empregos. Isso aconteceria, em todo caso, em uma sociedade em que se deixassem as coisas seguirem o seu curso natural, e em que houvesse perfeita liberdade, tanto para cada um escolher as profissões que acreditasse

apropriada, como para mudar de profissão sempre que considerasse conveniente. O interesse de cada um o levaria a procurar o emprego vantajoso e evitar o desvantajoso.[159]

É o indivíduo, portanto, movido pelo autointeresse, dispondo de ampla liberdade de escolha sobre o melhor emprego do seu trabalho e capital, que é capaz de garantir, com sua ação, que o país percorra os caminhos do crescimento econômico e da prosperidade, com benefícios gerais para toda a sociedade, e não as leis e regulamentações perniciosas do Estado. Eis porque, para ele,

> (...) sem qualquer intervenção da lei, os interesses e sentimentos privados das pessoas, naturalmente as levam a dividir e distribuir o capital de cada sociedade entre todas as aplicações nelas efetuadas, na medida do possível na proporção mais condizente com o interesse de toda a sociedade.[160]

A crença de Smith na capacidade do indivíduo (seja dono do capital, do trabalho ou da terra) de saber e poder escolher o próprio caminho que pretende percorrer e a profissão ou aplicação que prefere para o seu capital, visando delas tirar o melhor proveito – ou seja, de atender o seu interesse próprio –, e, com a sua ação, beneficiar toda a sociedade, coaduna-se, assim, com a filosofia individualista e utilitarista de sua época, e reponta, na sua construção teórica, como a base essencial para que o equilíbrio natural do sistema seja atingido. Essa crença percorre toda a sua obra, como pode ser visto em outras de suas passagens:

---

[159] SMITH, Adam. *A Riqueza das Nações*: investigação sobre sua natureza e suas causas. Livro I, vol. I. São Paulo: Abril Cultural, [1776] 1983, cap. X, p. 117 (Os Economistas).

[160] SMITH, Adam. *A Riqueza das Nações*: investigação sobre sua natureza e suas causas. Livro IV, vol. II. São Paulo: Abril Cultural, [1776] 1983, cap. VII, p. 114 (Os Economistas).

## CAPÍTULO II – ADAM SMITH: A ECONOMIA COMO CIÊNCIA...

> Todo indivíduo empenha-se continuamente em descobrir a aplicação mais vantajosa de todo o capital que possui. Com efeito, o que o indivíduo tem em vista é a sua própria vantagem, e não a da sociedade. Todavia, a procura da própria vantagem individual (...) quase necessariamente leva-o a preferir aquela aplicação que acarreta as maiores vantagens para a sociedade.[161]

Ou ainda:

> O esforço natural de cada indivíduo para melhorar sua própria condição, quando se permite que ele atue com liberdade e segurança, constitui um princípio tão poderoso que, por si só, e sem qualquer outra ajuda, não somente é capaz de levar a sociedade à riqueza e prosperidade, como também de superar uma centena de obstáculos impertinentes com as quais a insensatez das leis humanas com excessiva frequência obstrui seu exercício (...).[162]

Note-se que a visão de Smith a respeito do indivíduo é antagônica à de Hobbes que o via guiado pelo objetivo natural de autoconservação, ou pelo egoísmo exacerbado, o qual tenderia a manter os seres humanos em um estado permanente de guerra, dada sua natureza essencialmente perversa, tornando impossível a constituição da sociedade, a qual, para ser fundida, exigiria a intervenção coercitiva do Estado para quem aqueles deveriam abrir mão de sua liberdade, outorgando-lhe este papel. Para Smith, e aí na mesma linha defendida por Locke e também Hume, o indivíduo em seu estado natural é essencialmente bom, mesmo com

---

[161] SMITH, Adam. *A Riqueza das Nações*: investigação sobre sua natureza e suas causas. Livro IV, vol. I. São Paulo: Abril Cultural, [1776] 1983, cap. VII, p. 378 (Os Economistas).

[162] SMITH, Adam. *A Riqueza das Nações*: investigação sobre sua natureza e suas causas. Livro IV, vol. II. São Paulo: Abril Cultural, [1776] 1983, cap. V, p. 36 (Os Economistas).

a existência de desigualdades também naturais, sendo capaz de fundar a "sociedade civil" (ou seja, estabelecer relações sociais), independente do Estado, porque guiado por um "sentimento" de solidariedade para com seus semelhantes, que lhe permite conciliar o seu próprio interesse com o coletivo. Ao Estado caberia apenas o papel de garantir a defesa da propriedade que nasce, inexoravelmente, desta ordem natural de contrastes entre os homens e a sua liberdade para lutar por seus próprios interesses como condição para sua realização e, por extensão, da sociedade.[163]

Em Smith, é inegável também a percepção da *racionalidade da natureza humana*, que constitui o fundamento do *homo economicus*, capaz de fazer, entre várias possibilidades, as melhores escolhas de forma a colher resultados mais favoráveis para si e para a sociedade. Por colocar o indivíduo como o principal artífice da construção deste edifício da felicidade geral da sociedade, convém discutir, com maiores detalhes, a visão que Smith tinha de seu papel ao elaborar *A Riqueza das Nações (RN)*, onde sua preocupação foi essencialmente econômica, e de sua posição inicial sobre o mesmo apresentada em seu trabalho de 1759, *Teoria dos Sentimentos Morais (TSM)*,[164] onde predominam preocupações de ordem moral e ética sobre suas ações.

## 2.7 Smith e o autointeresse dos indivíduos na TSM e na RN

A *teoria do autointeresse*, o qual espelha um sentimento natural do ser humano, foi introduzida por Smith em seu tratado de ética de 1759, a *Teoria dos Sentimentos Morais (TSM)*, e significa, simplificadamente, que cada pessoa deve saber o que é melhor para si e que

---

163 NAPOLEONI, Claudio. *Smith, Ricardo, Marx*: considerações sobre a história do pensamento econômico. Rio de Janeiro: Edições Graal, 1978, cap. III.

164 SMITH, Adam. *Teoria dos Sentimentos Morais*. São Paulo: Martins Fontes, [1759] 1999.

## CAPÍTULO II – ADAM SMITH: A ECONOMIA COMO CIÊNCIA...

suas ações seriam justificáveis porque são necessárias para garantir sua felicidade. Mas, mais que isso, o objetivo de Smith, neste trabalho, foi o de compreender o que leva o ser humano a formar juízos de valor, apesar de sua tendência natural ao autointeresse e, em certas ocasiões, a abrir mão deste em benefício de outra (s) pessoa (s) ou da sociedade. Professor de Filosofia Moral, Smith viveu no período conhecido como "Século das Luzes" (século XVIII), em que ocorreu uma profunda e abrangente revolução ética e em que era forte a preocupação com os elementos constitutivos dos fundamentos da vida moral.

Na *Teoria dos Sentimentos Morais*, Smith considera o *autointeresse* como sinônimo de *amor próprio*, ou seja, como desencadeador de ações do homem que deveriam ser voltadas exclusivamente para atender seus desejos/felicidade. Quando esta ação não leva em conta a felicidade dos outros e a pessoa por ela não se interessa, preocupando-se apenas com a sua própria felicidade, o autointeresse pode ser identificado como um *autointeresse exacerbado, tendente ao egoísmo*, sendo, por isso, condenável eticamente. Este "egoísmo extremado", no entanto, não pode ser visto como o referencial básico das relações sociais, pois, neste caso, a humanidade não conseguiria atingir um estágio em que predominasse a harmonia social. Mas, bem dosado, o autointeresse dirigido a assuntos econômicos, se converteria na virtude da *prudência*, a qual, se não atinge o *status* atribuído à benevolência, não pode deixar de ser vista desta forma, distinguindo-se, portanto, do egoísmo.

Para Smith, portanto, existiria alguma razão, traduzida em termos de normas de desaprovação e aprovação moral, que levaria o homem a ter um comportamento diferente do autointeresse movido pelo "egoísmo exacerbado", e a levar em conta não apenas a sua felicidade, mas também a de outras pessoas e mesmo da sociedade, visando a promoção da harmonia social. É essa razão que Smith procura identificar nesta sua primeira obra.

Nela, Smith considera que o que leva o ser humano a formar juízos de valor e a formar uma noção do que é "certo e errado", o que termina condicionando a seleção de suas ações, é um *sentimento de simpatia* que nutre pelos seus semelhantes, combinado com um sentimento em que avalia o comportamento que esperava que estes deveriam ter em relação a ele, o que significa, de acordo com Bianchi e Araújo dos Santos[165] "a capacidade de se colocar no lugar de outras pessoas". Deste posto de observação privilegiado, em que se coloca numa posição de neutralidade, é-lhe possível avaliar se uma ação é ou não adequada (se simpatizamos ou não com ela) e retirar os elementos de seu julgamento, com medidas de aprovação/desaprovação de determinados atos/ações, o que constituiria o *fundamento da vida moral*. Seria, nas palavras de Bianchi e Araújo dos Santos[166] "uma espécie de termômetro interno ou consciência, que compatibilizaria o autointeresse com o bem-estar coletivo". A consciência moral seria, assim, um produto das relações sociais.

Smith introduz, com isso, a figura do "observador imparcial" – o agente dotado de "neutralidade" que define sua ação, julgando seu valor, com base em relações simpatizantes mútuas que balizam e sustentam as relações sociais. Dessa observação do "espectador imparcial" é que se forma o fundamento da conduta, baseada em duas coisas sobre nossas percepções morais: a primeira é a de que definimos nossas ações de acordo com a (ou o grau de) simpatia que nutrimos em relação às ações dos outros; a segunda, de que nossos juízos morais sobre nossa própria conduta são apenas aplicações de julgamentos já feitos sobre a conduta dos outros e que, por com ela simpatizarmos/concordarmos, a transformamos em deveres

---

[165] BIANCHI, Ana Maria; ARAÚJO DOS SANTOS, Tiago. "Adam Smith: filósofo e economista". *Cadernos IHU ideias*, São Leopoldo, Universidade do Vale do Rio dos Sinos, ano 3, n° 35, 2005, p. 3.

[166] BIANCHI, Ana Maria; ARAÚJO DOS SANTOS, Tiago. "Adam Smith: filósofo e economista". *Cadernos IHU ideias*, São Leopoldo, Universidade do Vale do Rio dos Sinos, ano 3, n° 35, 2005, p. 3.

## CAPÍTULO II – ADAM SMITH: A ECONOMIA COMO CIÊNCIA...

para com o próximo. A frase de Smith, citada por Ganem,[167] não deixa dúvidas sobre a sua visão a este respeito:

> Cada característica de um ser humano é a medida com a qual se julga a mesma característica do outro; eu avalio sua visão pela minha, sua razão pela minha razão, seu ódio pelo meu ódio, seu ressentimento pelo meu ressentimento, seu amor segundo o meu amor. Não tenho e não posso ter outra forma de julgá-los.

Já na sua obra de economia, *A Riqueza das Nações (RN)*, Smith tomou como base para sua realização, a *noção do autointeresse*. Para ele, como já visto, a riqueza das nações, que é constituída pela soma das riquezas individuais, resulta (é explicada) pela atuação de indivíduos que, movidos inclusive (embora não exclusivamente) por seus próprios interesses (*self interest*), promovem o desenvolvimento econômico e a inovação tecnológica. Por isso, os indivíduos devem contar com ampla liberdade para agir neste sentido, sem as travas colocadas pela ação do Estado, para que a prosperidade possa ser alcançada.

A obra de Smith representou um libelo, de um lado, contra o pensamento mercantilista e a intervenção do Estado na economia, e, de outro, uma defesa apaixonada da liberdade individual e do livre comércio, em oposição a Hobbes, sendo, por isso, considerado o teórico mais importante do liberalismo econômico. Enquanto o sistema mercantilista e o Estado, irmãos siameses que vinham reinando desde os séculos XV e XVI, fossem tidos como entraves para o avanço da produção e para a prosperidade da nação, a liberdade de ação do indivíduo e a do comércio seria decantada

---

[167] GANEM, Ângela. "Adam Smith e a explicação do mercado como ordem social: uma abordagem histórico-filosófica". *Revista de Economia Contemporânea*, Rio de Janeiro, IE/UFRJ, jul/dez. 2000, p. 26.

em sua obra como a porta de entrada e também de chegada para se alcançar a felicidade do desenvolvimento.

Todo o argumento desenvolvido para demonstrar essa tese, se apoia, assim, na *noção de autointeresse*. A hipótese que sustenta este argumento é a de que o indivíduo, agindo em nome de seu próprio interesse, acaba contribuindo, mesmo sem ter isto como propósito, para o bem comum. Tudo se passa como se existisse uma "mão invisível" que concilia, como resultado das interações entre eles realizadas no mercado, o interesse individual e o interesse coletivo. Ou dito em outras palavras, sendo do interesse do indivíduo enriquecer-se, e como cada um sabe o melhor modo de fazê-lo, o indivíduo enriquecerá, e, se todos enriquecerem, o país como um todo enriquecerá, pois a riqueza de uma nação é a *soma* das riquezas individuais dos cidadãos que a compõem. Neste caso, o melhor que ele tem a fazer, guiado pela sua racionalidade, é buscar o seu próprio interesse.[168]

A defesa deste ponto de vista na *A Riqueza das Nações* não se faz, contudo, sem despertar polêmicas e críticas em relação à sua posição retratada na *Teoria dos Sentimentos Morais*, devido a algumas passagens em sua obra de economia que suscitam dúvidas e que parecem sugerir ter ocorrido um divórcio entre o Smith filósofo e o Smith economista. Vejamos alguns dessas passagens que costumam ser citadas e que deram origem a esta suposta divergência.

No Livro I, Capítulo II, em que discute as vantagens da divisão do trabalho e do intercâmbio de uma coisa pela outra entre as pessoas: "não é da benevolência do açougueiro, do cervejeiro e

---

[168] BIANCHI, Ana Maria; ARAÚJO DOS SANTOS, Tiago. "Adam Smith: filósofo e economista". *Cadernos IHU ideias*, São Leopoldo, Universidade do Vale do Rio dos Sinos, ano 3, n° 35, 2005, p. 7.

## CAPÍTULO II – ADAM SMITH: A ECONOMIA COMO CIÊNCIA...

do padeiro que esperamos nosso jantar, mas da consideração que eles têm pelo seu próprio interesse".[169]

Ou ainda no Livro IV, Capítulo II, onde menciona a célebre imagem da "mão invisível":

> Geralmente, na realidade, [o indivíduo] não tenciona promover o interesse público nem sabe até que ponto o está promovendo. (...) ele tem em vista apenas sua própria segurança; e orientando sua atividade de tal maneira que sua produção possa ser de maior valor, visa apenas o seu próprio ganho e, neste caso, como em muitos outros casos, é levado como que por uma mão invisível, a promover um objetivo que não fazia parte de suas intenções (...). Ao perseguir seus próprios interesses, o indivíduo muitas vezes promove o interesse da sociedade muito mais eficazmente do que quando tenciona fazê-lo.[170]

Alguns autores enxergaram uma dicotomia ou uma contradição entre o Smith da *Teoria dos Sentimentos Morais (TSM)*, onde a simpatia e empatia (ou compaixão) figuravam como motivação das relações humanas harmônicas e o Smith da *A Riqueza das Nações (RN)*, onde o autointeresse exerce papel dominante nas relações econômicas, enfatizando os conflitos e egoísmo da motivação humana, embora conciliadas por uma *mão invisível* que solda os interesses individuais e coletivos. O *observador imparcial* da *TSM* movido por simpatia seria, assim, mais moral do que o indivíduo da *RN* movido pelo autointeresse, sendo aquele substituído por uma *mão invisível* para conciliar relações econômicas

---

169 SMITH, Adam. *A Riqueza das Nações*: investigação sobre sua natureza e suas causas. Livro I, vol. I. São Paulo: Abril Cultural, [1776] 1983, cap. II, p. 50 (Os Economistas).

170 SMITH, Adam. *A Riqueza das Nações*: investigação sobre sua natureza e suas causas. Livro IV, vol. I. São Paulo: Abril Cultural, [1776] 1983, pp. 379/380 (Os Economistas), *itálicos acrescentados*.

antagônicas e egoísticas, onde a moralidade teria, portanto, um papel menos central para soldar os interesses individuais e coletivos. Ou seja, de acordo com essa visão, o Smith da *TSM* dá ênfase ao altruísmo, enquanto o Smith da *RN* trata do egoísmo, denotando uma suposta inconsistência entre as duas obras ao revelar comportamentos diferentes do homem nas relações não econômicas e nos assuntos econômicos: o primeiro (da *TSM*), seria bondoso e benevolente; o segundo (da *RN*), frio e calculista.

Essa interpretação de uma suposta contradição de Smith que teria origem, de acordo com Bianchi e Araújo dos Santos,[171] em meados do século XIX, na Alemanha, deve-se a uma confusão na leitura de suas duas obras: essa – a confusão – nasce do casamento que é feito entre autointeresse e egoísmo e de simpatia e altruísmo. Ora, para estes autores, o egoísmo é o autointeresse extremado, apenas uma de suas possibilidades que não encontra defesa em nenhuma das obras de Smith, sendo eticamente condenável e, portanto, não é que Smith tenha tratado do primeiro na *TSM* e do segundo na *RN*. A simpatia, por outro lado, representa apenas uma faculdade humana que, por si só, não leva a ação nenhuma, mas apenas baliza julgamentos. Apenas a benevolência (ou altruísmo) seria uma motivação para a ação, mas uma motivação virtuosa, derivada de julgamentos prévios balizados pela simpatia. O autointeresse deve ser visto, assim, como uma motivação básica e genérica, de acordo com estes autores, que põe em curso as ações que podem resultar em consequências boas para a sociedade, se guiada pela *prudência* e *benevolência*, ou prejudiciais, se pelo *egoísmo*.[172]

---

[171] BIANCHI, Ana Maria; ARAÚJO DOS SANTOS, Tiago. "Adam Smith: filósofo e economista". *Cadernos IHU ideias*, São Leopoldo, Universidade do Vale do Rio dos Sinos, ano 3, n° 35, 2005, p. 5.

[172] Ganem (GANEM, Ângela. "Adam Smith e a explicação do mercado como ordem social: uma abordagem histórico-filosófica". *Revista de Economia Contemporânea*, Rio de Janeiro, IE/UFRJ, jul/dez. 2000; GANEM, Ângela. "O mercado como ordem social em Adam Smith, Walras e Hayek". *Economia e Sociedade*, Campinas; IE/Unicamp, vol. 21, n° 1, abr. 2012) faz,

## CAPÍTULO II – ADAM SMITH: A ECONOMIA COMO CIÊNCIA...

Com isso, Smith coloca o autointeresse, que não considera nem vício, nem virtude, como fundamento último do bem-estar econômico geral e da riqueza das nações. É ele que impulsiona a propensão à troca, natural ao ser humano, pelas vantagens que esta apresenta, e à divisão do trabalho que garante, com a especialização, enormes ganhos de produtividade e, como decorrência, o aumento da riqueza das nações. É neste contexto que se deve entender a sua citação anterior de que "não é da benevolência do açougueiro, do cervejeiro e do padeiro que esperamos nosso jantar, mas da consideração que estes têm pelo seu próprio interesse".

Não se trata, aqui, de uma ação egoísta, nem mesmo altruísta, mas de uma ação que, na busca do interesse individual, guiado pela razão, desencadeia consequências não intencionais benéficas (uma ação também pode levar a consequências prejudiciais), por meio de uma mão invisível, conciliando interesses particulares e coletivos. Uma ação que, para conciliar o Smith filósofo da TSM com o Smith economista da RN, seria perfeitamente aprovada pelo "observador imparcial" da TSM, já que é diligente e prudente capaz de gerar felicidade geral.

É claro que para que isso ocorra, o indivíduo deve dispor de plena liberdade para escolher o ofício para o qual se considera mais apto, mais produtivo, assim como o homem de negócios, que Smith considera prudente, campeão da frugalidade e da probidade,

---

em trabalho sobre Smith, um excelente apanhado histórico dos autores que entenderam existir uma ruptura entre o sujeito smithiano da TSM e o da RN, assim também para os que defenderam existir uma unidade entre as duas obras a este respeito. Conclui, de sua análise, ser equivocada essa visão de ruptura entre o Smith filósofo e o Smith economista, assim como a de que o sujeito smithiano seria o prelúdio do "homem econômico racional" da escola neoclássica, e de que a "mão invisível" não passaria de um operador técnico que compatibilizaria automaticamente demandas e ofertas, conduzindo a economia para o equilíbrio, como difundido por essa escola. Para ela, antes que um operador técnico, a mão invisível de Smith é um "operador social", que concilia os interesses particulares com os interesses coletivos, garantindo a harmonia social.

para decidir em que setores considera melhor, mais rentável, aplicar os recursos poupados. Ambos buscam, movidos por seus próprios interesses, a segurança econômica, o principal objetivo da prudência, uma espécie de "aptidão moral", que seria aprovada pelo "observador imparcial". Já o mesmo não ocorreria com os indivíduos preguiçosos e esbanjadores de recursos – leiam-se, na sua crítica, a aristocracia agrária e proprietários de terras vinculados aos padrões feudais e ao estilo de vida ocioso e perdulário – que dilapidariam recursos importantes para o desenvolvimento e o bem-estar geral.[173]

Ao colocar a produção de mercadorias como o fundamento último da riqueza das nações, Smith desfere um golpe mortal ao sistema mercantilista, que atribuía esta medida à quantidade de metais preciosos (ouro/prata) de um país, e, ao enfatizar a liberdade de escolha da ação para o indivíduo como necessária para se atingir uma situação ótima de produção, pelo menos enfraquece a ação do Estado no campo das regulamentações e práticas econômicas tão características do período mercantilista, que vigoravam desde o século XVI. De sua obra, o *laissez-faire* e o indivíduo, livre para fazer suas próprias escolhas, passam a ser dominantes nas relações econômicas para garantir o máximo de bem-estar geral. Mas a grande questão que resta ser respondida é se, de fato, a fórmula defendida por Smith é capaz de conduzir à prosperidade e à harmonia social entre as classes sociais consideradas, e se a ação do indivíduo, em busca de seu próprio interesse, traduz-se em benefício coletivo, ao mesmo tempo em que garante o equilíbrio natural do sistema. Acompanhemos o restante de sua exposição sobre essa questão.

---

[173] SMITH, Adam. *A Riqueza das Nações*: investigação sobre sua natureza e suas causas. Livro II, vol. I. São Paulo: Abril Cultural, [1776] 1983, cap. III (Os Economistas).

## CAPÍTULO II – ADAM SMITH: A ECONOMIA COMO CIÊNCIA...

## 2.8 Prosperidade geral, equilíbrio natural e harmonia social?

No capítulo XI, Smith analisa o comportamento da renda da terra no processo de acumulação. Mas, nessa análise, ele modifica a visão que apresenta deste componente na determinação do preço. Se antes, a renda aparecia como um de seus determinantes, mesmo que sendo previamente negociada com base em médias passadas, podendo, por isso, ser considerada como *dada*, neste capítulo *ela aparece como dependente do nível de preços*, beneficiando-se de seu aumento ou sendo reduzida no caso de declínio da atividade econômica, o que não deixa de revelar uma contradição com sua posição anterior, mesmo por que desmonta a solução que aparentemente havia sido dada para sua equação de preços.[174]

Assim, na análise que faz da renda, neste capítulo, começa observando que a renda da terra entra na composição do preço das mercadorias de forma diferente dos salários e dos lucros. Isso porque, enquanto o preço de uma mercadoria é alto ou baixo em função do nível dos salários e dos lucros (altos ou baixos), a renda da terra é baixa ou alta, ou não se mostra mesmo capaz de gerar qualquer renda que seja, *em função do preço*.[175] Nas suas palavras

> (...) é porque o preço da mercadoria é alto ou baixo, muito mais, pouco mais ou não mais do que o suficiente para pagar

---

[174] No caso de ser previamente negociada com base em médias passadas, como Smith argumenta no Livro I, cap. VII, considerando que a renda da terra pouco é afetada pelos desvios dos preços de mercado (pm) em relação ao preço natural (pn), caso essa negociação ocorra num período em que pm > pn, significando que os proprietários de terra obterão remuneração acima do preço natural, ocorrendo o contrário caso pn > pm, isso trará problemas para a convergência destes preços durante o prazo de vigência do contrato, a menos que seu preço seja renegociado.

[175] SMITH, Adam. *A Riqueza das Nações*: investigação sobre sua natureza e suas causas. Livro I, vol. I. São Paulo: Abril Cultural, [1776] 1983, cap. XI, pp. 152/153 (Os Economistas).

esses salários e esse lucro, que as mercadorias proporcionam uma renda alta, uma renda baixa ou nenhuma renda.[176]

Isso significa que a prosperidade termina sendo benéfica para as categorias que vivem da renda da terra, cujo custo entra na composição do preço natural da mercadoria (ou preço normal). Mas que esta, ao mesmo tempo em que entra na sua composição, se transforma numa variável dele dependente.

No final deste longo capítulo, em que faz um apanhado histórico sobre moeda e preços, Smith procura estabelecer uma relação entre a questão da distribuição da riqueza entre as três classes sociais consideradas e os efeitos que ela produz para conduzir a sociedade a um estado de harmonia social entre os seus membros.

Tendo modificado sua visão sobre o que acontece com a renda da terra, sua argumentação é a de que tanto os proprietários da terra como os trabalhadores, em geral, são claramente beneficiados com o crescimento econômico, à medida que os salários se elevam (aumentando seu poder de compra) e, como consequência, os preços aumentam, favorecendo níveis mais altos também da renda da terra. Não existiria, portanto, discordância, mas apoio destes dois estratos/camadas de renda ao crescimento econômico, ao progresso da acumulação, produzindo-se uma situação de harmonia social, já que o interesse particular de ambos – ter a capacidade de obter a maior quantidade possível de bens para sua satisfação – coincidiria com o interesse geral da sociedade. O mesmo não ocorreria, no entanto, com a classe de proprietários do capital, cujo interesse próprio não apresentaria essa convergência, como se observa no caso dos rendeiros e dos trabalhadores.

---

[176] SMITH, Adam. *A Riqueza das Nações*: investigação sobre sua natureza e suas causas. Livro I, vol. I. São Paulo: Abril Cultural, [1776] 1983, cap. XI (Os Economistas).

## CAPÍTULO II – ADAM SMITH: A ECONOMIA COMO CIÊNCIA...

Aqui descobrimos que, ao contrário do que ocorre com os salários e a renda,

> (...) a taxa de lucro não aumenta com a prosperidade da sociedade e não diminui com o seu declínio (...), sendo naturalmente baixa em países ricos e alta em países pobres [e tanto mais alta], invariavelmente, nos países que caminham para a ruína.[177]

Por isso, como o capital é investido em função do lucro, "(...) o interesse dessa categoria não tem a mesma vinculação com o interesse da sociedade como o das outras duas".[178] Estaríamos, portanto, diante de uma situação de desarmonia social em que, para a categoria (ou classe) mais poderosa, que emprega os trabalhadores e garante o sustento dos donos da terra, a prosperidade é desfavorável para o seu interesse particular?

Aparentemente sim, e Smith aponta em várias oportunidades o aspecto ganancioso dos proprietários do capital para sociedade, mas há uma passagem no final deste capítulo que sintetiza essa sua visão:

> (...) o interesse dos negociantes, em qualquer ramo específico de comércio ou de manufatura, sempre difere sob algum aspecto do interesse público, e até se lhe opõe. (...) seu interesse é sempre ampliar o mercado e *limitar a concorrência*. Ampliar o mercado pode até ser benéfico para o interesse público, mas limitar a concorrência sempre contraria necessariamente o interesse público, *e só pode servir [para*

---

[177] SMITH, Adam. *A Riqueza das Nações*: investigação sobre sua natureza e suas causas. Livro I, vol. I. São Paulo: Abril Cultural, [1776] 1983, cap. XI, p. 228 (Os Economistas).

[178] SMITH, Adam. *A Riqueza das Nações*: investigação sobre sua natureza e suas causas. Livro I, vol. I. São Paulo: Abril Cultural, [1776] 1983, cap. XI (Os Economistas).

*aumentar] seus lucros acima do que seria natural* (...). A proposta de qualquer nova lei ou regulamento comercial que provenha de sua categoria sempre deve ser examinada com grande precaução e cautela, não devendo nunca ser adotada antes de ser longa e cuidadosamente estudada, não somente com a atenção mais escrupulosa, mas também com a maior desconfiança. É proposta que advém de uma categoria de pessoas cujo interesse jamais coincide com o do povo, *as quais geralmente têm interesse em enganá-lo e mesmo oprimi-lo e que, consequentemente, têm em muitas oportunidades tanto iludido quanto oprimido esse povo.*[179]

Mas pode-se entender que a crítica de Smith aos proprietários do capital desta época tem como alvo os capitalistas que ele considerava predatórios para o funcionamento natural do sistema, obstruindo, com legislações e regulamentações perniciosas, a livre concorrência e o curso natural das coisas, capazes de conduzir o país à opulência e garantir a felicidade geral da sociedade, inclusive a dos membros de sua própria categoria, desde que conscientizada deste processo. Os capitalistas da época em que elabora sua visão, e em que a revolução industrial está apenas começando a gerar os primeiros frutos, seriam, assim, herdeiros de um sistema (o mercantilismo) que se opõe às leis objetivas e naturais de funcionamento do sistema e, por isso, *egoístas e mesquinhos*, a ponto de comprometer a felicidade geral para levar vantagem, e que só pensam no seu interesse mais imediato, destoantes do indivíduo *benevolente e altruísta*, que, embora movido pelo interesse próprio, seria capaz de conciliá-lo com o interesse geral. Tudo indica que, para ele, este seria o capitalista que se esperava neste mundo em transformação, o qual seria capaz de perceber que o estado de progresso da acumulação também lhe seria favorável, pois como

---

[179] SMITH, Adam. *A Riqueza das Nações*: investigação sobre sua natureza e suas causas. Livro I, vol. I. São Paulo: Abril Cultural, [1776] 1983, cap. XI, p. 229 (Os Economistas), *itálicos acrescentados.*

## CAPÍTULO II – ADAM SMITH: A ECONOMIA COMO CIÊNCIA...

afirma, em citação já feita, "(...) um capital grande, embora produza lucros pequenos, geralmente aumenta com maior rapidez que um capital reduzido com lucros elevados. Segundo diz o ditado, dinheiro gera dinheiro".[180] E, neste quadro de melhor consciência sobre os resultados que se obteria com o acúmulo do capital, estaria consolidado o espaço para a existência de uma completa harmonia social.

A verdade é que Smith foi excessivamente otimista quanto ao fato de que os frutos da prosperidade beneficiariam todos os membros da sociedade, especialmente os trabalhadores com o aumento dos salários, e que os capitalistas modernos incorporariam o espírito do indivíduo "altruísta" que deixa este curso natural seguir seu rumo sem nele interferir, abrindo mão de sua principal motivação que é a obtenção de um lucro máximo. Se, com isso, pretendeu transformar o homem egoísta, sórdido e cruel de Hobbes, que deveria sofrer a vigilância constante do Estado para coibir atos abomináveis, em um indivíduo que, embora buscando autonomamente seus próprios interesses, promoveria com a sua ação, de forma desprendida, o bem-estar coletivo, guiado por uma mão invisível, fez uma aposta de alto risco que a realidade não confirmou, já que as desigualdades no capitalismo tenderam a se acentuar e a pobreza a aumentar com o avanço do processo de acumulação.

Mas não foi só. No esquema final aqui apresentado, há sérias dúvidas sobre como se chegaria ao "equilíbrio natural" do sistema e como se alcançaria a desejada harmonia social. Se os salários e a renda crescem com o progresso e a taxa de lucros não se modifica, isso significa que os preços estarão também se elevando de acordo com a equação anteriormente apresentada, neutralizando, ainda que parcialmente, os ganhos obtidos por

---

[180] SMITH, Adam. *A Riqueza das Nações*: investigação sobre sua natureza e suas causas. Livro I, vol. I. São Paulo: Abril Cultural, [1776] 1983, cap. XI, pp. 112/113 (Os Economistas).

aqueles dois componentes. E, com o processo seguindo adiante, o aumento da população (a variável de ajustamento de longo prazo na sua estrutura) terminará levando ao barateamento do preço do trabalho (dos salários), reduzindo-o ao seu nível "natural" (o de subsistência), o mesmo ocorrendo com a renda da terra, conduzindo, portanto, todos os rendimentos destes estratos/camadas da sociedade para um estado de repouso (ou de equilíbrio natural), um *estado estacionário*. Mas não é este um *estado de inércia, da dureza*, diferentemente do *estado de progresso*, de acordo com suas próprias análises, que considera ser o único favorável para todas as classes sociais?

## 2.9 Formas do capital, teoria monetária, poupança e juros

Embora pouco agregue à sua estrutura teórica desenvolvida no Livro I, Smith se dedica, no Livro II, a fazer considerações sobre várias questões importantes da teoria econômica – as formas que assume o capital, a teoria monetária e o papel do crédito bancário no desenvolvimento, a poupança e os juros que a remuneram –, as quais terão relevância para o avanço ulterior do conhecimento – e aperfeiçoamento – de seus aspectos. Por isso, para que a leitura de sua obra fique completa, procura-se, nessa seção, analisar, ainda que resumidamente, os pontos por ele abordados neste Livro e, em seguida, também no Livro III.

No Capítulo I do Livro II, Smith apresenta a importante divisão analítica do capital, que posteriormente se tornaria clássica, entre o *capital fixo* e o *capital circulante*, mencionando também uma terceira forma, menos relevante, mas que ele considera que integra o capital geral de um país, que se refere aos bens adquiridos, mas ainda não consumidos ou por consumir, destinada ao consumo (moradias, roupas e mesmo alimentos), mesmo não tendo por característica gerar renda e lucro.

# CAPÍTULO II – ADAM SMITH: A ECONOMIA COMO CIÊNCIA...

Na sua definição, o *capital fixo* é constituído por máquinas e equipamentos úteis que facilitam e abreviam o trabalho; pelas construções que geram renda tanto para o proprietário como para quem as aluga (lojas, depósitos, casas comerciais etc.); pelas melhorias e benfeitorias da terra; e até mesmo pelas habilidades dos trabalhadores adquiridas por meio de treinamento (o que posteriormente seria concebido como capital humano). Sua principal característica seria a de proporcionar renda e lucro para seu proprietário e de aumentar a capacidade do trabalhador de produzir maior quantidade de produto sem necessitar de aumentar seu contingente, ou seja, de aumentar a produtividade da força de trabalho, situando-se, assim, na base do processo de expansão da riqueza.

O *capital circulante*, com uma função diferente, seria composto pelos elementos exigidos para a produção dos bens, como os adiantamentos de salários realizados para os trabalhadores poderem se dedicar a produzi-los, as matérias-primas e outros materiais necessários, os gastos operacionais despendidos com a produção (energia, água etc.), os estoques dos produtos acabados, mas ainda não vendidos, e ainda o *dinheiro*, considerando que estes devem sempre ser repostos periodicamente (ou anualmente), para que o processo de produção não se interrompa e continue sendo reproduzido. A cada período, à exceção do dinheiro, todo o capital circulante é incorporado ao capital fixo da sociedade. Mas, somente quando o produto acabado muda de dono, ou seja, é vendido, considera que o capital circulante proporciona renda ou lucro ao seu proprietário.

Tal classificação não deixa de ser extremamente limitada para se compreender a dinâmica real do processo de produção e reprodução do capital, como apontará Marx em sua análise crítica de Smith.[181] Para ele, o fato de Smith não ter apreendido as diversas formas que

---

[181] MARX, Karl. *O capital*: crítica da economia política: o processo de circulação do capital. Livro II. Rio de Janeiro: Editora Civilização Brasileira, [1885] 1970, pp. 198-225.

o capital assume durante o ciclo de produção e reprodução – capital-dinheiro, capital-produtivo, e novamente capital-mercadoria acrescido de mais-valia e capital-dinheiro ampliado – levou-o a confundir o capital em circulação, em suas várias formas, com o capital circulante e a não perceber que este só se opõe ao capital fixo na fase de produção, razão de sua confusão na classificação destes tipos de capital tomados na esfera da circulação. Sua visão prende-se, assim, mais às formas que assumem estes componentes do capital do que às funções que desempenham no processo produtivo. Além disso, por não perceber as funções que desempenham no processo de produção, reduziu o valor despendido com a força de trabalho ao valor despendido nos meios de subsistência do trabalhador, classificando-o também como capital circulante e, com isso, limitou sua compreensão para entender como o valor é criado, já que alimentos não criam valor, e para compreender a distinção entre capital constante e variável, no que foi seguido pelos economistas que o sucederam nessa análise, incluindo Ricardo.

No capítulo II do Livro II, efetua uma análise do dinheiro como componente específico do capital geral da sociedade, e é, como resultado dessa discussão, que apresenta a sua *teoria monetária e o papel do crédito bancário*, com o surgimento do *papel-moeda* no processo de desenvolvimento.

Para isso, diferencia, inicialmente, a *renda bruta* gerada em uma sociedade de sua *renda líquida*, essa sendo obtida com a dedução, da primeira, das despesas da produção com o capital fixo e circulante, mas apenas dos componentes que se integram ao capital (salários, provisões, materiais etc.), dele retirando, portanto, o dinheiro, que não deve ser considerado como pertencendo a essa renda. O que sobra, a *renda líquida*, que seria o *excedente gerado acima das necessidades de autorreprodução do sistema*, é o que se encontra disponível para o consumo imediato ou para outra finalidade que a ela se queira dar, como a sua destinação para o aumento do volume de capital e para a ampliação das forças produtivas do trabalho.

# CAPÍTULO II – ADAM SMITH: A ECONOMIA COMO CIÊNCIA...

Smith arrola as razões para não se considerar o dinheiro como integrando essa renda: primeiro, por ser ele apenas o instrumento que movimenta a troca de bens e serviços, promovendo sua circulação, não podendo, portanto, ser considerado a riqueza de um país; segundo, porque a sua quantidade é sempre inferior a essa riqueza, constituindo apenas uma proporção desta, o que se explica pela *velocidade* com que o dinheiro gira de mãos em mãos; terceiro, porque, devido a isso, o dinheiro já se encontra devidamente contabilizado no conjunto de bens e serviços, ou seja, na produção anual do país, expressa em valor, que constitui sua verdadeira riqueza.

Mas se não pode ser incluído na medição da riqueza, ou dela não faz parte, ele pode acarretar, assim como ocorre com o capital fixo, alguma diminuição da *renda líquida* da sociedade. Isto porque sua manutenção ou recolhimento sempre acarretam alguma despesa para a sociedade, reduzindo essa renda. Por isso considera que, assim como ocorre com o capital fixo, toda economia, que for feita nas despesas de coleta e manutenção da parte do capital circulante que consiste em dinheiro, será benéfica para a sociedade, pois isso se traduzirá em ampliação de sua renda líquida.

Considerando, por isso, o elevado custo envolvido na movimentação do dinheiro em ouro e prata, Smith vê, com bons olhos, a substituição deste propiciada pelo surgimento do *papel-moeda*, dando ênfase às notas emitidas pelos bancos e banqueiros, já que estas apresentavam custos bem menores, favorecendo a expansão da riqueza líquida, além de apresentarem a vantagem de multiplicar os meios de pagamento, reduzindo a dependência da economia do dinheiro e aumentando a capacidade de geração de riqueza do país. Lançando mão de vários exemplos, Smith procura demonstrar como essa mudança teria sido extremamente importante para impulsionar o desenvolvimento de algumas regiões, com os adiantamentos de crédito que passaram a ser feitos pelos bancos para investidores, comerciantes etc., libertando-os da espera a que teriam de se sujeitar, do início da produção à comercialização e venda do produto, até receberem o seu valor, mas não deixa de enfatizar a necessidade de tais negócios bancários serem conduzidos com a máxima *prudência* para se evitar grandes prejuízos para ambas as partes.

Com o padrão monetário regulado pela quantidade de ouro e prata que o país dispõe, e deve-se chamar a atenção para o fato de que Smith adota *a teoria quantitativa da moeda*.[182] Para ele, "o total de papel-moeda que pode facilmente circular no país jamais pode ultrapassar o valor do ouro e de prata com o qual supre a praça ou que circularia no país (...) se não houvesse o papel-moeda",[183] devendo, por isso, os adiantamentos de crédito bancário ser feitos em bases reais, e os bancos manterem uma reserva mínima em ouro e prata para atender as demandas (ocasionais ou não) por dinheiro, que sempre acontecem. Caso essa prudência não seja observada, ou seja, se o papel-moeda se descolar visivelmente do dinheiro, aquele poderá rapidamente voltar aos bancos, que poderão não dispor de dinheiro suficiente para cobri-lo, com resultados catastróficos de corridas bancárias e falências à vista. Por

---

[182] Há consenso na literatura econômica de que a teoria quantitativa da moeda (TQM) nasceu de dois trabalhos de David Hume, com quem Smith mantinha um estreito relacionamento, intitulados *Of money* e *Of interest*, ambos de 1752 (HUME, David. "Of interest". *In*: MILLER, E. F. (Coord.). *Essays, moral, political and literary*. Indianapolis: Liberty Classics, [1752] 1952), nos quais ele procurou responder à seguinte questão: o que acontece com os preços, o emprego e a produção quando a quantidade de moeda se altera? Sua resposta foi a de que, embora no curto prazo, emprego e produção (variáveis reais) possam ser afetados, os processos de ajustamento que decorrem dessas mudanças numa economia concorrencial, terminam, no longo prazo, produzindo apenas elevação dos preços monetários, com as variáveis reais retornando à condição anterior. Nasce, daí, a tese de que aumentos na oferta de moeda apenas provocam inflação. Tese que, transformada em dogma na teoria econômica, será adotada pelos economistas clássicos e que se incorporará, mesmo com alguns aprimoramentos e também questionamentos, no arcabouço teórico das escolas que os sucederam.

[183] SMITH, Adam. *A Riqueza das Nações*: investigação sobre sua natureza e suas causas. Livro II, vol. I. São Paulo: Abril Cultural, [1776] 1983, cap. II, p. 262 (Os Economistas).

## CAPÍTULO II – ADAM SMITH: A ECONOMIA COMO CIÊNCIA...

essa razão, além de enfatizar a necessidade da prudência, Smith considera mesmo, neste caso, também a necessidade de controle dessas operações, mesmo violando a liberdade individual, pois, neste caso, haveria necessidade de proteger a sociedade destes abusos e inevitáveis prejuízos.

Nos capítulos III e IV, Smith retoma a discussão de temas já abordados, embora mais ligeiramente, no Livro I. No primeiro, volta a tratar do trabalho produtivo e improdutivo, mas associando, de um lado, sua proporção a regiões influenciadas ou por costumes locais, que incentivam a ociosidade e a indolência, ou pela importância do trabalho, que é onde predominam o capital e os homens de negócios. As primeiras caracterizam-se pela dominância da renda da terra, cujos proprietários tendem a ser perdulários com a riqueza e a exercer influências nocivas sobre seus habitantes, prejudicando, de um lado, a geração do excedente (da renda líquida), e, mais grave, dilapidando-o, por meio da esterilização destes recursos, com gastos inúteis e prejudicando, consequentemente, a capacidade de expansão do capital e da riqueza. Nas segundas, em que predomina o capital, tende a prevalecer o trabalho e a operosidade e, como decorrência, o que é mais importante, *a parcimônia, a capacidade de poupança da população, o melhor aproveitamento do excedente, que é a causa imediata do aumento do capital e, portanto, da capacidade do país de aumentar a quantidade real de trabalho e a sua riqueza.* Por isso, considera "(...) todo esbanjador um inimigo público e toda pessoa que poupa um benfeitor público".[184] A associação que faz, neste capítulo, entre a frugalidade (poupança) e o aumento do capital, abre caminho para a discussão que realiza, em seguida, sobre o papel dos juros neste processo.

---

[184] SMITH, Adam. *A Riqueza das Nações*: investigação sobre sua natureza e suas causas. Livro II, vol. I. São Paulo: Abril Cultural, [1776] 1983, cap. III, p. 263 (Os Economistas).

Os juros do dinheiro surgem à medida que um proprietário de capital, tendo recebido sua *quota* de produção anual (da riqueza) e, uma vez tendo dela retirado a parte necessária para sua reprodução, não se mostrar disposto a consumir o excedente (ou a renda líquida), poupando-o, e decide emprestá-lo para outro indivíduo interessado em fazê-lo. Como não existe, em sua teoria, a hipótese de entesouramento, segue-se que a poupança realizada é compensada pelos gastos em investimentos, com algum empresário contratando seus recursos, significando que o sistema não se defrontará com problemas de demanda efetiva. Não enxerga, assim, problemas de mercado, de insuficiência de demanda agregada, da possibilidade de um *déficit* de procura causado pela poupança, supondo que efetivamente tudo que foi poupado será anualmente gasto com a aquisição de capital (bens de investimento), o que está consentâneo com a sua visão do curso natural do desenvolvimento econômico desenvolvida no Livro III.

Para isso, o tomador terá de pagar-lhe uma recompensa (juros) pelo uso de um capital que não é seu, com os ganhos que obterá na produção, além de obviamente garantir o reembolso do *principal* posteriormente, significando que seus lucros serão diminuídos na mesma proporção do pagamento destes juros. Por isso, o nível dos juros é regulado pelo movimento e intensidade do volume de capitais investido na economia, e não na menor ou maior quantidade de ouro e prata que nele se encontra circulando, como o pensamento do sistema mercantil queria crer: à medida que o volume de capitais aumenta, necessariamente diminui o lucro que se pode auferir dos negócios, devido ao aumento da concorrência, levando, assim, à diminuição também do juro; à medida que os capitais diminuem, o lucro cresce, e, com ele, as taxas de juros.

Os juros do dinheiro, dessa forma, sempre acompanham os lucros do capital (nascem e dependem dele) e, por essa razão, medidas proibitivas ou limitadoras de seu nível, ao invés de contribuírem para o país prosseguir em sua trajetória de crescimento e prosperidade, terminam sendo prejudiciais, pois podem destinar

## CAPÍTULO II – ADAM SMITH: A ECONOMIA COMO CIÊNCIA...

estes recursos, arduamente poupados, por pessoas parcimoniosas, para mãos e setores esbanjadores da riqueza, e não para "pessoas prudentes e sóbrias, dispostas a pagar apenas uma parte daquilo que ganharão",[185] mas que o aplicarão, ainda que movidas por seu próprio interesse, em prol do aumento da riqueza e, portanto, em benefício do interesse coletivo.

Realiza, finalizando este Livro II, uma discussão sobre os retornos do capital (inclusive em função de seu giro) na criação de renda e do emprego, destacando a superioridade, neste aspecto, das atividades internas, e nestas, da agricultura, das manufaturas e do comércio, nesta ordem, provavelmente influenciado pela visão da escola fisiocrata sobre a capacidade da mãe-natureza na geração de valor, *vis-à-vis* as atividades do comércio exterior. Conclui deste exame, que

> (...) o capital empregado no comércio interno de um país normalmente estimula e sustenta um contingente maior de mão de obra produtiva naquele país, e aumenta o valor de sua produção anual mais do que um capital empregado no comércio externo de bens de consumo (...).[186]

Por isso, como

> a riqueza e, portanto, o poder de um país (...) devem ser sempre proporcionais ao valor de sua produção anual [com a qual] se pagam impostos [e garante-se também a riqueza do soberano] não se deveria dar maiores estímulos

---

185 SMITH, Adam. *A Riqueza das Nações*: investigação sobre sua natureza e suas causas. Livro II, vol. I. São Paulo: Abril Cultural, [1776] 1983, cap. IV, p. 304 (Os Economistas).

186 SMITH, Adam. *A Riqueza das Nações*: investigação sobre sua natureza e suas causas. Livro II, vol. I. São Paulo: Abril Cultural, [1776] 1983, cap. V, p. 316 (Os Economistas).

ao comércio externo de bens de consumo em relação ao comércio interno.[187]

Obviamente, uma recomendação diametralmente oposta às feitas, naquela época, pelos defensores do sistema mercantil.

## 2.10 O progresso da riqueza e a teoria do desenvolvimento econômico "natural"

No Livro III, Smith apresenta uma síntese histórica da evolução econômica de várias sociedades, tendo, como objetivo, comprovar sua tese sobre o desenvolvimento econômico "natural", examinando como foram se articulando, no tempo, as relações entre o campo e a cidade, ou a agricultura e a manufatura e como, desta interação, abriram-se os caminhos para a preocupação, com a melhor aplicação do excedente, tornar-se central e o capital tornar-se dominante.

Investiga, assim, como, dessa interação, os hábitos e costumes de dissipação do excedente dos habitantes do campo, em geral, até mesmo por falta de opções para sua aplicação produtiva, foram sendo gradativamente modificados com os impulsos irradiados da cidade. Foram estes impulsos que, além de abrirem e ampliarem mercados para seus produtos, modernizaram seu processo produtivo e quebraram a espinha dorsal de suas relações de propriedade, despertando o interesse de seus representantes para as vantagens que obteriam com o crescimento econômico decorrentes do melhor uso do excedente, e também para os benefícios que receberiam, reservando-o, para proveito próprio, em vez de esterilizá-lo com gastos supérfluos e inúteis, seja para sustentar famílias, amigos e

---

[187] SMITH, Adam. *A Riqueza das Nações*: investigação sobre sua natureza e suas causas. Livro II, vol. I. São Paulo: Abril Cultural, [1776] 1983, cap. V (Os Economistas).

## CAPÍTULO II – ADAM SMITH: A ECONOMIA COMO CIÊNCIA...

empregados improdutivamente, seja para satisfazer seus anseios pueris de vaidade, prestígio e poder.

Da análise que realiza, conclui que o progresso natural da riqueza tem início na agricultura, passando posteriormente para a manufatura, que a impulsiona e revoluciona, e prossegue, numa terceira etapa, com o comércio exterior, que complementa e aprofunda essas transformações, com benefícios para todos os membros da sociedade. Desta síntese histórica ele extrai, portanto, a sua teoria do desenvolvimento econômico "natural", que seguiria a sequência lógica agricultura-manufatura-comércio exterior, na qual os mercados externos só teriam importância na última fase do processo, quando passa a existir um excesso de capitais e, neste caso, para evitar problemas de superprodução, eles se tornam vitais para a continuidade do processo, embora apenas consigam retardar, por algum tempo, a chegada inevitável do "estado estacionário" a que a economia será conduzida.

Mas, para ele, a história da evolução econômica dos países da Europa ocidental teria seguido um caminho diferente, inverso mesmo ao deste desenvolvimento "natural", o que explicaria suas maiores dificuldades, diferentemente, por exemplo, da economia norte-americana. Isso se deveria às equivocadas políticas mercantilistas implementadas, que colocou o comércio externo, os mercados exteriores, na busca pela acumulação do ouro e da prata, como termômetros de riqueza de um país, à frente do desenvolvimento da agricultura e da manufatura, lançando-os numa ordem "retrógrada e antinatural".[188] Ou seja, a história dos homens teria sido uma negação das leis da natureza, o que deveria ser corrigido para que se pudesse retornar à trilha segura que conduz o indivíduo ao paraíso.

---

[188] SMITH, Adam. *A Riqueza das Nações*: investigação sobre sua natureza e suas causas. Livro III, vol. I. São Paulo: Abril Cultural, [1776] 1983, cap. I, p. 324 (Os Economistas).

De qualquer forma, cabe aqui apontar, nessa questão do papel do desenvolvimento como promotor da riqueza e da felicidade geral, uma mudança notável no pensamento de Smith em relação à sua posição sobre a questão da pobreza e das desigualdades expressa no livro *Teoria dos Sentimentos Morais*, de 1859, onde parece dar importância maior às satisfações e prazeres não materiais da vida do que àquele, e não considerar o pobre inferior ao rico no que diz respeito à verdadeira felicidade, como na seguinte passagem, onde sugere que o primeiro seria até mais feliz que o segundo:

> todas as ordens da sociedade [classes] estão no mesmo nível quanto ao bem-estar do corpo e à serenidade da alma, e o mendigo que se aquece ao sol ao longo de um tapume possui geralmente essa paz e tranquilidade que os reis sempre procuram.[189]

## 2.11 Uma breve conclusão sobre *A Riqueza das Nações*

Embora muitas das ideias sobre a economia contidas em *A Riqueza das Nações* já estivessem presentes em outros autores de sua época, ou que o antecederam, e Smith não tenha mostrado grande preocupação em conceder-lhes os devidos créditos,[190] não restam dúvidas de que foi ele o grande consolidador da Economia Política e, mais que isso, foi quem conseguiu dar-lhe, com a

---

[189] SMITH, Adam. *Teoria dos Sentimentos Morais*. Tradução Francesa, 1830, p. 341 *apud* DENIS, Henri. *História do pensamento econômico*. Lisboa: Livros Horizonte, 1974, p. 193.

[190] Segundo Cannan, na Introdução que faz de *A Riqueza das Nações*, "Geralmente Smith extrai muito pouco de cada autor citado – às vezes somente um fato, frase ou opinião individual – de sorte que poucos autores haverá que, mais do que Smith, mereçam a censura de haver 'saqueado' a obra de outros".

## CAPÍTULO II – ADAM SMITH: A ECONOMIA COMO CIÊNCIA...

construção teórica realizada, o *status* de ciência. Como diz Barber[191] a este respeito:

> Pouco do conteúdo de *A Riqueza das Nações* pode ser encarado como original a Smith. A maior parte dos argumentos do Livro já estava, de uma forma ou outra, em circulação já há algum tempo. Mas (...) ele foi o primeiro a unir os fios, a colocá-los num sistema coerente, e a comunicar suas descobertas a uma audiência mais ampla. Medido por esses padrões, *A Riqueza das Nações* é, na verdade, um documento formidável.

De fato, ainda que várias questões-chave de sua obra, caso do valor-trabalho, das críticas ao sistema mercantilista, da importância da divisão do trabalho para a produtividade, e até mesmo da filosofia individualista e utilitarista que andava em voga, à época, já tivessem sido abordadas por autores como William Petty (1623-1687), John Locke (1832-1704), Pierre Boisguillebert (1646-1714), Benjamin Franklin (1706-1790), David Hume (1711-1776), Francis Hutcheson (1694-1746), os fisiocratas franceses, François Quesnay (1694-1774), em especial, para ficar com alguns, coube a Smith organizá-las em um sistema, estabelecer relações de causalidade entre os fenômenos investigados, discutir as condições de sua reprodutibilidade, e também das classes sociais engajadas no processo de produção, uma precondição para a ciência, e, também importante, considerar o crescimento econômico como vital para a expansão da riqueza e para se alcançar e estender a felicidade geral a todos os membros da sociedade.

Todavia, a excessiva confiança de que os frutos do crescimento se distribuiriam para todos os membros da sociedade e a crença que depositava na ordem natural das coisas e na figura do indivíduo

---

191 BARBER, William J. *Uma história do pensamento econômico*. Rio de Janeiro: Zahar, 1971, p. 54.

racional e "benevolente", como sendo capaz de promover o interesse coletivo como resultado da busca de seu próprio interesse, levou-o, de acordo com a sua convicção de que o que é natural é justo, a rejeitar qualquer interferência externa a este mundo para correção de problemas que se apresentavam, mesmo percebendo grandes desigualdades na sociedade e conflitos entre o capital e o trabalho decorrentes da existência da propriedade privada – "sempre que há muito propriedade, há muita desigualdade", ou "por cada homem rico haverá pelo menos quinhentos homens pobres"; ou ainda: "a propriedade de uns poucos pressupõe a indigência de muitos", são algumas de suas frases sobre essa questão.[192]

Tal rejeição a qualquer interferência por parte do Estado fica ainda mais evidente na seguinte colocação:

> (...) ferir os interesses de uma classe de cidadãos, por mais evidente que possa ser, sem outro objetivo que não seja o de favorecer outra classe, é uma coisa evidentemente contrária àquela justiça, àquela igualdade de proteção que o soberano deve, indistintamente, aos seus súditos de todas as classes.[193]

É uma atitude que se pode considerar de resignação, conformista, inescapável mesmo, diante desta realidade imutável, natural, e que só poderia ser modificada, para ele, se se concedesse ao

---

[192] SMITH, Adam. *A Riqueza das Nações*. Lisboa: Ed. Fundação Calouste Gulbenkian, 1981, p. 70 *apud* NUNES, António José Avelãs. "A filosofia social de Adam Smith". *PENSAR - Revista do Curso de Direito da Universidade de Fortaleza*, Fortaleza, vol. 12, nº 2, abr. 2007, p. 31; SMITH, Adam. *A Riqueza das Nações*: investigação sobre sua natureza e suas causas Livro V, vol. II. São Paulo: Abril Cultural, [1776] 1983, cap. I, p. 164 (Os Economistas).

[193] SMITH, Adam. *A Riqueza das Nações*: investigação sobre sua natureza e suas causas. Livro III, vol. I. São Paulo: Abril Cultural, [1776] 1983, cap. I, p. 316 (Os Economistas) *apud* NUNES, António José Avelãs. "A filosofia social de Adam Smith". *PENSAR - Revista do Curso de Direito da Universidade de Fortaleza*, Fortaleza, vol. 12, nº 2, abr. 2007, p. 31.

## CAPÍTULO II – ADAM SMITH: A ECONOMIA COMO CIÊNCIA...

indivíduo a liberdade também natural de buscar e lutar por seus próprios interesses, reconectando-o a este mundo natural. Mesmo assim restariam, em sua teoria, os pressupostos da igualdade entre os indivíduos e de condições para que estes pudessem decidir, por si próprio, sobre o seu destino e sobre as atividades que lhes dariam maiores vantagens, o que não correspondia definitivamente à realidade de uma sociedade, onde o surgimento da propriedade privada cerceou essa possibilidade e o capital passou a subordinar crescentemente o trabalhador, em sua luta pela sobrevivência, à sua vontade.

Ao continuar tratando os indivíduos como iguais e não perceber essa crescente subordinação do trabalho ao capital, que limitava a liberdade de escolha do primeiro, Smith manteve-se firme na defesa da tese que dá fundamento à sua obra – a liberdade natural para se alcançar a felicidade geral –, mas que não resiste ao exame da realidade em análise. Para alguns autores, a análise de Smith, ao considerar os distintos interesses das classes sociais (ou "as ordens das pessoas", como ele as denomina), traria o inconveniente de revelar, com maior clareza, o conflito de interesses que existe na sociedade capitalista,[194] mesmo que tenha procurado, por meio dos indivíduos que as compõem, soldar seus interesses particulares e conduzi-los ao paraíso da felicidade. É provável – e alguns autores prosseguiriam nesta senda, enquanto outros procurariam rechaçá-la –, mas não foi este o seu objetivo: nele, enquanto as classes sociais aparecem como mera categoria de análise para se entender as condições de sua reprodução e do sistema (e não o conflito), a teoria do valor-trabalho é importante apenas na medida em que serve de unidade de medida do progresso, por meio dos preços naturais da produção, e não como uma teoria da exploração, vista como uma relação social.

Tendo, por meio de seu método, chegado à superfície dos fenômenos e identificado as categorias econômicas que nele estão

---

194 DENIS, Henri. *História do pensamento econômico*. Lisboa: Livros Horizonte, 1974, p. 208.

presentes, como salário, lucro, renda da terra, tomando-as como leis naturais, universais, e, por não procurar investigá-las em seu desenvolvimento histórico, Smith, mesmo tendo conseguido estabelecer sua unidade interna, não compreende como nasce o capital, nem suas motivações reais. Por isso, não identifica de onde estes rendimentos se originam, considerando o capital, o trabalho e a terra como fontes autônomas de criação do valor, transformando a sua teoria do valor numa teoria do custo de produção, com o que o seu sistema termina indeterminado. Esta será uma questão, cuja solução será buscada por David Ricardo em sua obra *Princípios de Economia Política e de Tributação*.

Como em sua obra identifica-se, mas não há espaço para o conflito – a não ser no seu combate às práticas nocivas mercantilistas –, já que seu compromisso é com a descoberta do caminho da prosperidade para se alcançar a paz e a harmonia social, e nem a economia está sujeita a crises, não estranha, assim, que sua análise da dinâmica lucro/salário no curso do processo de acumulação seja realizada de forma, às vezes contraditória, e que, para entender os movimentos reais dos preços das mercadorias tenha dado ênfase excessiva às forças da demanda e da oferta e pouca atenção a investigar o que ocorre no âmbito da produção, onde as relações conflituosas entre o capital e trabalho se manifestam. De qualquer forma, foi com *A Riqueza das Nações*, que se implantaram as principais bases da economia, enquanto ciência, e de onde partiriam os pensadores dessa área que o sucederiam, com o objetivo de, para o bem ou para o mal, corrigir os problemas que apresentava e aprimorar sua estrutura.

Para alguns, tratava-se de trazer para a luz do sol as contradições apenas sugeridas em Smith, o que permitiria remover suas inconsistências ao se explicitarem as motivações reais do capital, sua verdadeira natureza, para melhor se entender sua dinâmica e contradições, bem como as relações por ele estabelecidas com o trabalho; para outros, retirar de sua estrutura os conflitos que a inclusão dos conceitos de classes sociais e do valor-trabalho trouxe,

## CAPÍTULO II – ADAM SMITH: A ECONOMIA COMO CIÊNCIA...

mesmo que de forma não intencional, tornando a produção um palco de luta entre estes dois agentes, marcado por revoltas e crises latentes, e recuperar, aprimorando, os elementos de sua teoria que a conduziam para um quadro de grande harmonia e paz, garantido pela ação benéfica e benevolente do indivíduo. O primeiro caminho seria percorrido pelos primeiros economistas que se seguiram a Smith, notadamente David Ricardo, que integram o quadro do que é conhecido como "escola clássica", e, posteriormente, por Karl Marx, que fará a crítica da mesma. O segundo, pelos autores da "escola neoclássica", na segunda metade do século XX, que se empenhariam à luz da teoria smithiana, mas com correções na estrutura de seu pensamento, em resgatar os caminhos da felicidade que com ele se descortinaram, com suas teses sobre a liberdade individual, a mão invisível e o papel do desenvolvimento econômico, mas que estavam, naquela época, sendo negados pela realidade do sistema, envolto em crises periódicas e aumento crescente da pobreza e das desigualdades sociais.

# CAPÍTULO III

## DAVID RICARDO: DESFAZENDO A "HARMONIA DE INTERESSES" DE SMITH

### 3.1 Introdução

David Ricardo (1772-1823) representa o melhor exemplo, na ciência econômica, de que, para ser um grande economista, nem sempre há necessidade de se ter formado nas melhores universidades, de ter sido um grande mestre, um filósofo reconhecido, ou mesmo um erudito de história econômica e de cultura, e nem de ser necessário viver longamente ou dedicar a maior parte da vida na construção de uma obra-prima. Ricardo não foi nada disso, mas produziu na sua época, no início do século XIX, a obra que é considerada a matriz teórica de todas as escolas de economia que surgiram posteriormente: os *Princípios de Economia Política e de Tributação*. Fez isso, apenas usando seus conhecimentos e experiência como homem de negócios, seu bom senso e, principalmente, a capacidade considerável do pensamento abstrato e da dedução lógica.

Ricardo não fugiu da regra do método de análise adotado pelos economistas clássicos de *naturalização* do social, o qual considera a economia um campo imune a influências históricas, governada por leis da natureza, universais, que podem ser apreendidas, com base em proposições logicamente conectadas, pelo pensamento abstrato. Segundo Paulani,[195]

> o caráter dedutivo de raciocinar de Ricardo era tão acentuado que incomodava Henry Brougham, seu colega no parlamento inglês, que assim se pronunciou sobre o colega [citação extraída de John B. Davis (1998, p. 423)]: "as concepções do Sr. David Ricardo são na verdade abundantemente teóricas (...), de vez em quando extravagantes, graças à propensão que o Sr. Ricardo tem de levar um princípio até às últimas consequências, como se fosse um ser do outro mundo, ou como se fosse um engenheiro que construísse uma máquina sem levar em conta a resistência do ar em que ela vai operar e a força, o peso e a fricção das partes que a compõem".

Era este caráter absolutamente abstrato de suas formulações, que despertava este tipo de críticas ao seu método, pois destinadas a embasar questões práticas de economia, tratando de realidades idealizadas pelo pensamento, o que Schumpeter viria a denominar, ainda de acordo com Paulani, de "vício ricardiano".[196]

Para Marx, no entanto, se o pensamento de Ricardo é acusado de ser "abstrato demais", a realidade é que lhe falta "poder de abstração", isso porque sua abstração não vai suficientemente longe para apreender a "essência" das categorias econômicas que se esconde por trás de sua aparência, como já vimos na Introdução deste trabalho, pois, para isso, teria de tomá-las como ponto

---

[195] PAULANI, Leda. "Ciência econômica e modelos de explicação científica: retomando a questão". *Revista de Economia Política*, São Paulo, vol. 30, n° 1, jan.-mar. 2010, p. 29.

[196] PAULANI, Leda. "Ciência econômica e modelos de explicação científica: retomando a questão". *Revista de Economia Política*, São Paulo, vol. 30, n° 1, jan.-mar. 2010.

## CAPÍTULO III – DAVID RICARDO: DESFAZENDO A...

de partida para investigar o seu desenvolvimento histórico, o que ele, como os demais economistas clássicos, não faz. Por isso, ao deter sua investigação na superfície dos fenômenos, toma-as como verdades naturais, como representação de leis universais, sem perceber claramente que por trás da taxa de lucro, que é determinada ou resultado da concorrência, se encontra a mais-valia, a taxa de mais-valia, o valor, e que este se manifesta de diversas formas no mundo das aparências, como mercadorias, dinheiro, capital, preço etc., razão das dificuldades teóricas em que se enreda.[197]

Ricardo nasceu em Londres, no dia 18 de abril de 1772, filho de um negociante holandês de religião judaica que havia imigrado para a Inglaterra. Ali, seu pai veio a tornar-se operador da Bolsa de Valores, amealhando uma boa fortuna. Nessa atividade, começou a preparar o filho, o que propiciou a Ricardo, desde muito cedo, familiarizar-se com o mundo das finanças e da economia, em seus aspectos práticos. O convívio com a família, no entanto, não iria longe: tendo se apaixonado por uma jovem da religião *Quaker* decidiu com ela se casar, mesmo contra a vontade do pai, por este não admitir o casamento fora da fé judaica.[198] Por isso, terminou sendo deserdado pela família e, precisando "ganhar a vida", usou os conhecimentos aprendidos com o pai para atuar como corretor de ações e empréstimos, atividade na qual também fez grande fortuna, estimada, à época de seu falecimento, em mais de US$ 100 milhões aos preços atuais.

---

197 MARX, Karl. *Grundrisse*: manuscritos econômicos de 1857-1858: esboços da crítica da economia política. São Paulo: Boitempo; Rio de Janeiro: Ed. UFRJ, 2011; ROSDOLSKY, Roman. *Gênese e estrutura de O Capital de Karl Marx*. Rio de Janeiro: EDUERJ: Contraponto, 2001.

198 Movimento protestante criado na Inglaterra, em 1652, por George Fox, com o objetivo de restaurar a fé cristã, que seus membros acreditavam afastada de seus valores originais. Além da rejeição de qualquer organização clerical, os *quakers* têm, como filosofia de vida, o compromisso com valores como a simplicidade, a pureza moral, o pacifismo e a filantropia.

Sem nunca ter cursado universidades, seu interesse por questões teóricas de economia só parece ter sido despertado depois de ler a obra de Adam Smith aos 27 anos, quando então passou a dedicar atenção a esta matéria, à luz dos conhecimentos práticos que havia absorvido como homem de negócios. Após essa incursão inicial neste campo, dedicou-se ao seu estudo, empreitada que foi favorecida pela fortuna adquirida. Mas foi somente a partir de 1809 (aos 37 anos) que começaria a publicar seus ensaios sobre temas econômicos. Deste ano, até o momento em que viria a falecer, em 1823 (aos 51 anos de idade), construiu, em apenas 14 anos, uma obra perene de Economia Política, que se tornaria a referência principal de seus estudiosos: os *Princípios*.

Ricardo ainda participaria, nos últimos anos de sua vida, como parlamentar na Câmara dos Comuns na Grã-Bretanha, como representante de Portatington, um condado irlandês, direito que adquiriu pagando em dinheiro pela representação, tal como eram as regras da época. Como parlamentar, defendeu posições liberais, como "o sufrágio universal, o voto secreto, o livre câmbio, a liberdade de imprensa e da palavra, a redução da dívida pública por meio de um imposto sobre o capital e a reforma do Banco da Inglaterra".[199] Para W. C. Mitchell, citado por Singer,[200] "muitas das reformas que advogou certamente lhe teriam custado caro, como homem rico que era. Ele era milionário radical". Mas, assim também aconteceu no campo da Economia Política, em que, mesmo sendo proprietário de terras, desvelou a ação perniciosa dessa classe como altamente prejudicial para a acumulação de capital e para a sociedade como um todo e, como resultado de sua análise sobre o sistema capitalista, desfez também o otimismo de Smith de que

---

[199] SINGER, Paulo. "Apresentação (dos princípios de Economia Política e Tributação)". *In*: RICARDO, David. *Princípios da Economia Política e da Tributação*. São Paulo: Abril Cultural, [1817] 1982, p. X (Os Economistas).

[200] SINGER, Paulo. "Apresentação (dos princípios de Economia Política e Tributação)". *In*: RICARDO, David. *Princípios da Economia Política e da Tributação*. São Paulo: Abril Cultural, [1817] 1982, p. X (Os Economistas).

## CAPÍTULO III – DAVID RICARDO: DESFAZENDO A...

este, governado por uma mão invisível, seria capaz de conduzir a sociedade ao paraíso da "harmonia de interesses" entre as classes sociais, ou, o homem, a um estado de "felicidade geral".

## 3.2 O ensaio de 1810: o alto preço do ouro e a inflação

David Ricardo começou a se interessar por temas econômicos a partir de 1799, aos 27 anos, quando leu *A Riqueza das Nações* de Adam Smith. Passou, depois dessa leitura, a dedicar-se com interesse a essa matéria, mas, só em 1809, aos 37 anos, publicaria suas primeiras reflexões neste campo e, mesmo assim, de forma anônima, já que não se identificava no artigo divulgado no diário *Morning Cronicle*, que deu origem a um debate no qual interveio mais duas vezes na mesma condição.[201] Somente no ano seguinte, em 1810, com a publicação do ensaio O *Alto Preço do Ouro, uma Prova da Depreciação das Notas Bancárias,*[202] passaria a assinar seus trabalhos. A repercussão do artigo levou a questão a ser discutida na Câmara dos Comuns, ali se formando uma comissão, o *Bullion Committee*, para investigar as causas da elevação do preço do ouro, à época, cujos resultados deram razão à tese defendida por Ricardo.[203]

O tema do artigo era a inflação e Ricardo, seguindo a trilha aberta por Smith, nele defendeu que esta tinha origem no excesso de emissão de moeda fiduciária (as Notas Bancárias Inconversíveis), que pressionavam o preço do ouro pelo aumento da

---

201 De acordo com Barber (BARBER, William J. *Uma história do pensamento econômico*. Rio de Janeiro: Zahar, 1971, p. 77), nestes primeiros trabalhos sobre a depreciação da moeda, Ricardo se identificava apenas pela assinatura R.

202 RICARDO, David. *The Works and correspondence of David Ricardo*. Livro III, vol. I. Cambridge: Cambridge University Press, [1810] 1962.

203 SINGER, Paulo. "Apresentação (dos princípios de Economia Política e Tributação)". *In*: RICARDO, David. *Princípios da Economia Política e da Tributação*. São Paulo: Abril Cultural, [1817] 1982, pp. XIV-XVIII (Os Economistas).

demanda, e que tal situação era prejudicial para os detentores de dinheiro e de títulos da dívida pública, cujos rendimentos anuais eram fixos, por corroer seus valores em termos reais, penalizando financeiramente essa classe. Ricardo apoiou-se, nessa argumentação, na *Teoria Quantitativa da Moeda* (TQM) para defender sua posição de que a Inglaterra deveria adotar um padrão monetário plenamente conversível – o padrão-ouro, com o qual se garantiria o automatismo do mercado na correção das disfunções inflacionárias –, com o objetivo de proteger os detentores da riqueza e do dinheiro da desvalorização da moeda. A posição de Ricardo nessa questão nada mais era do que a que hoje conhecemos como "monetarismo", escola para a qual todo aumento de preços se explica unicamente pela quantidade – ou excesso – de dinheiro em circulação, desconsiderando outros fatores que os influenciam.

O artigo foi publicado num contexto em que, pressionado por pesadas demandas governamentais para o financiamento de atividades bélicas da Inglaterra, principalmente com a França, nas guerras napoleônicas, e também pelas do setor privado por moeda metálica, o Banco da Inglaterra, sem lastro suficiente para atendê-las, suspendeu, em 1797, o pagamento em ouro a seus clientes privados e adotou, como moeda efetiva, a nota bancária inconversível, só voltando a fazer pagamentos em ouro em 1821. Como consequência deste cenário de conflito, os preços das mercadorias começaram a se elevar e a depreciar o valor do papel-moeda (da libra-papel) *vis-à-vis* o do ouro, causando prejuízos aos detentores de riqueza. Ou seja, assim como Smith, para ele, a ação do Estado degradava as fortunas dos particulares, que haviam se esforçado para obtê-las, e terminava beneficiando devedores ociosos, indolentes e perdulários, que se beneficiariam com a depreciação das dívidas, mas que em nada contribuíam para o avanço da prosperidade do país. Por isso, a necessidade de impedir que esse processo tivesse continuidade, retornando-se a um padrão monetário conversível.

Sua proposta, diante disso, era "diminuir a quantidade de notas bancárias em circulação até que o preço nominal do ouro

CAPÍTULO III – DAVID RICARDO: DESFAZENDO A...

[atingisse o] valor da cunhagem",[204] o que significava baixar em 15% o preço do ouro, independentemente dos prejuízos que seriam acarretados para os tomadores de empréstimos. Apesar dos apoios recebidos no *Bullion Committee*, a proposta de Ricardo não foi aprovada e, mesmo tendo elaborado um novo artigo em 1816 sobre o mesmo assunto, intitulado *Propostas para um Numerário Econômico e Seguro*,[205] somente em 1819, já como membro do parlamento, viu seu plano de conversibilidade plena ser adotado, o que ocorreria efetivamente em 1821 quando a Inglaterra voltou a adotar o padrão-ouro. Mas, diferentemente do que esperava, a economia defrontou-se com uma severa deflação, que causou grandes prejuízos para a atividade produtiva.[206] De qualquer forma, essa posição sobre a moeda, considerada bulionista, Ricardo continuará mantendo-a, inclusive nos *Princípios*, reforçando, no capítulo XXVII (sobre a moeda e os bancos), os argumentos apresentados em 1809-1810, por considerá-la vital para evitar a inflação e não provocar um desequilíbrio na divisão internacional do trabalho que poderia ocorrer com as oscilações de preços.

---

204 RICARDO, David. *The Works and correspondence of David Ricardo*. vol. III. Cambridge: Cambridge University Press, 1962, p. 99 *apud* SINGER, Paulo. "Apresentação (dos princípios de Economia Política e Tributação)". *In*: RICARDO, David. *Princípios da Economia Política e da Tributação*. São Paulo: Abril Cultural, [1817] 1982, p. XVI (Os Economistas).

205 RICARDO, David *in* SRAFFA, Piero. *The Works and correspondence of David Ricardo* (com a colaboração de M. Dobb). vol. 10. Cambridge: Cambridge University Press, 1962.

206 SINGER, Paulo. "Apresentação (dos princípios de Economia Política e Tributação)". *In*: RICARDO, David. *Princípios da Economia Política e da Tributação*. São Paulo: Abril Cultural, [1817] 1982, pp. XVI-XVII (Os Economistas).

## 3.3 O ensaio de 1815: o alto preço do cereal e a acumulação de capital

Após essa estreia nos debates econômicos, Ricardo daria voos mais altos alguns anos depois. Em 1815 publicaria um alentado *Ensaio acerca da Influência do Baixo preço do Cereal sobre os Lucros do Capital*, com cerca de 30 páginas. Nele defenderia, contra a posição de Malthus, a supressão das restrições às importações de cereais, pelos efeitos danosos que o preço mais alto deste alimento provocava sobre os lucros do capital e, portanto, sobre o crescimento econômico, ao mesmo tempo em que reforçaria sua defesa da doutrina do *laissez-faire* e a condenação da interferência do Estado em assuntos econômicos.

Diferentemente do artigo anterior em que tratava especificamente da questão inflacionária e de seus efeitos perversos sobre a riqueza, neste ensaio Ricardo analisa a dinâmica de uma sociedade capitalista, onde atuam três classes sociais – trabalhadores, capitalistas e proprietários de terra –, que recebem rendimentos, respectivamente, na forma de salários, lucros e renda da terra, e procura investigar como o produto – ou a riqueza nela gerada – se distribui entre elas e quais os fatores que os determinam. Neste ensaio estão contidos, assim, os primeiros alicerces que sustentarão a edificação, alguns poucos anos depois, de sua obra seminal, *Princípios de Economia Política*, a qual se tornará, mais do que a de Smith, a matriz teórica das escolas de economia que surgirão posteriormente. Por isso, antes de abordarmos o conteúdo dos *Princípios*, cabe analisar a visão de Ricardo sobre a dinâmica econômica embrionariamente antecipada neste ensaio.

Da leitura do *Ensaio* fica claro que Malthus era, à época, um fervoroso defensor da política de restrições às importações de alimentos por acreditar que um valor mais baixo dos cereais não seria favorável paras as classes inferiores da sociedade, pois reduziria a remuneração do trabalho e, em decorrência, o seu poder de compra de outros artigos de consumo. Ainda, de acordo com

## CAPÍTULO III – DAVID RICARDO: DESFAZENDO A...

Ricardo, para Malthus a suspensão das restrições às importações beneficiaria apenas aqueles que se ocupam diretamente do comércio exterior, sendo prejudicial para todas as demais classes: industriais, comerciais, trabalhadores.[207] Ricardo coloca-se frontalmente em oposição à tese de Malthus e procura demonstrar, neste ensaio, sem deixar de, volta e meia, estender elogios e afagos à competência e inteligência deste autor, que o sistema de proteção então vigente, na forma da *Corn Laws*, era benéfico apenas para os proprietários de terra, prejudicando as demais classes, ao aumentar a renda da terra em detrimento dos lucros do capital, enfraquecendo, com isso, as forças do crescimento econômico, e obstaculizando o progresso da riqueza e da população do país.[208] Para isso, Ricardo estrutura um sistema em que os lucros do capital aparecem com centralidade, dada sua importância para a acumulação (ou para o crescimento econômico), mas dependentes do comportamento da renda que remunera os proprietários de terra. Em seu sistema, capitalistas e proprietários de terra se tornam, assim, adversários na captura do excedente econômico, sendo a acumulação prejudicada pelo avanço da participação da renda no produto gerado. Vejamos como isso acontece.

Ricardo assume algumas hipóteses para o desenvolvimento de seu sistema, nem todas admissíveis, como ele próprio reconhece, embora sirvam para o objetivo a que se propõe. Com elas, estabelece o princípio de que a taxa de lucro geral da economia é regulada pela taxa de lucro na agricultura. São elas:

---

207 RICARDO, David. "Ensaio acerca da influência do baixo preço do cereal sobre os lucros do capital". *In*: NAPOLEONI, Claudio. *Smith, Ricardo, Marx*: considerações sobre a história do pensamento econômico. Rio de Janeiro: Edições Graal, [1815] 1978, p. 219.

208 RICARDO, David. "Ensaio acerca da influência do baixo preço do cereal sobre os lucros do capital". *In*: NAPOLEONI, Claudio. *Smith, Ricardo, Marx*: considerações sobre a história do pensamento econômico. Rio de Janeiro: Edições Graal, [1815] 1978, pp. 214-225.

a) O capital consiste de meios de subsistência antecipados ao trabalhador;

b) A concorrência entre os capitalistas determina (ou conduz o sistema a) uma taxa uniforme de lucro;

c) O trabalhador se mantém de cereais;

d) Os salários são considerados constantes, em termos reais, sendo expressos em termos de cereais;

e) Inexiste progresso técnico que aumente a produtividade dos fatores de produção.

O princípio de que a taxa de lucro de todos os setores da economia é regulada pelos ganhos do setor agrícola, posição que nada tem a ver com o enfoque fisiocrático, já que Ricardo tem as mesma opiniões de Smith sobre a riqueza, decorre do fato de o produto gerado, expresso em termos de cereais, integrar também o capital (os meios de subsistência adiantados ao trabalhador, também na forma de cereais). Em vista disso, torna-se possível estabelecer uma taxa de lucro, em termos físicos, sem que haja a necessidade de se preocupar com o problema do valor. Dessa maneira, considerando p o produto gerado na agricultura, e c o capital necessário empregado para obter aquele produto, teríamos a taxa de lucro (r) representada pela relação:

$$r = (p - c)/c$$

Sendo determinada fisicamente na agricultura, a taxa independe do valor de troca dos bens. Na realidade, os valores destes bens é que terão de se ajustar a ela para que se obtenha uma taxa uniforme de lucro, um dos pressupostos enunciados. Além disso, como a indústria emprega também como capital (c) os cereais, parece evidente que a uniformidade da taxa de lucro para ambos os setores (agricultura e indústria) engendra uma relação definida entre o preço do tecido e o preço do cereal. Ora, dada essa relação, é claro que se a taxa de lucro, em se tratando de cereais, se altera,

## CAPÍTULO III – DAVID RICARDO: DESFAZENDO A...

aumentando ou diminuindo, o resultado será idêntico com o preço do tecido em termos de cereais. Mas que fatores podem alterar a taxa de lucro e como os efeitos na taxa de lucro da agricultura se transmitem para a indústria e demais atividades econômicas?

Ricardo destaca dois fatores que podem afetá-la: o nível de salários e a produtividade do trabalho. Os lucros podem aumentar caso a população aumente a um ritmo mais rápido que o capital, reduzindo os salários. Ou em decorrência de melhorias que aumentem a produtividade, reduzindo os custos de produção. Assim como podem cair se o contrário ocorrer.[209] Mas, na construção de seu sistema, adota as hipóteses de que os salários são considerados constantes, em termos reais, sendo expressos em termos de cereais e que o trabalho e o capital se combinam em proporções fixas, desconsiderando, portanto, o progresso técnico. Com isso, ele se considera em condições de avaliar o que ocorre com os lucros em face do aumento do capital, da população e da extensão do cultivo até as terras mais distantes e menos férteis para dar respostas a essas questões.[210]

De acordo com as hipóteses de seu sistema, fica claro que a indústria é marcada por rendimentos constantes de escala (proporções fixas entre o capital e o trabalho), mas o que ele pretende demonstrar é que o mesmo não ocorre na agricultura, onde se manifestam rendimentos decrescentes da terra, afetando os lucros agrícolas, num primeiro momento, cujos efeitos se transmitirão para os demais setores.

---

[209] RICARDO, David. "Ensaio acerca da influência do baixo preço do cereal sobre os lucros do capital". *In*: NAPOLEONI, Claudio. *Smith, Ricardo, Marx*: considerações sobre a história do pensamento econômico. Rio de Janeiro: Edições Graal, [1815] 1978, p. 197.

[210] RICARDO, David. "Ensaio acerca da influência do baixo preço do cereal sobre os lucros do capital". *In*: NAPOLEONI, Claudio. *Smith, Ricardo, Marx*: considerações sobre a história do pensamento econômico. Rio de Janeiro: Edições Graal, [1815] 1978, p. 198.

Segundo os argumentos que apresenta, no curso do processo de acumulação, impulsionado pelo aumento do capital e da população, ocorrerá, como consequência, um aumento da demanda por alimentos. Enquanto houver terras férteis, da mesma qualidade, sem apresentarem diferenciais nos custos de transportes para o atendimento dessa demanda adicional, o produto gerado será distribuído apenas entre os trabalhadores, na forma de salários, e os capitalistas, na forma de lucro, nada restando para os proprietários de terra nessa distribuição, pois nenhuma renda diferencial estará sendo criada. À medida, no entanto, que essas terras de igual qualidade se esgotam e tem-se de avançar em terras menos férteis e/ou mais distantes do mercado de consumo, será necessária maior aplicação de capital para gerar o mesmo produto, pois, devido à sua menor produtividade e maior distância do mercado, os custos de produção inevitavelmente se elevarão.[211]

Supondo, no primeiro caso, é o exemplo dado por Ricardo, que o capital investido (em cereais) tenha sido de 200 unidades de cereais e de 100 as despesas de produção (reposição do capital fixo e custos do capital circulante), o lucro líquido do proprietário seria de 50% (100/200). No segundo, quando mais capital é exigido para gerar o mesmo produto (200), em decorrência da maior dificuldade de produção, a taxa de lucro inevitavelmente cairá: supondo que este aumento de capital seja de 10 unidades de cereais, o capital total aplicado passaria para 210, mas o produto gerado continuará sendo, como no primeiro caso, de 200. Como 100 unidades, acrescidas de 10, serão destinadas para a reposição do capital fixo e circulante, restará para o capitalista um lucro

---

[211] Deriva deste raciocínio, a lei da produtividade marginal decrescente, que seria incorporada nos trabalhos teóricos posteriores de economia, a qual nos diz que quanto mais recursos são combinados com um recurso fixo – no caso, a terra –, os acréscimos adicionais obtidos na produção deverão ir diminuindo. Formulada para o caso específico da agricultura, os economistas neoclássicos a estenderão para todos os setores econômicos, inclusive para a indústria.

CAPÍTULO III – DAVID RICARDO: DESFAZENDO A...

líquido de 90 (200 – 110), ou uma taxa de lucro de 43% (90/210) e não mais de 50%.

Esse diferencial da taxa de lucro entre o primeiro e o segundo caso não ficará, contudo, nas mãos (ou no bolso) do capitalista, pois, através do processo de concorrência (pelo uso da terra mais fértil, neste caso) aparecerá um personagem que dele se apropriará: o proprietário de terra, que irá cobrar uma renda diferencial pelo aluguel para exploração da terra mais produtiva, fazendo com que a taxa de lucro geral na agricultura se uniformize, sendo esta regulada pela aplicação do capital no emprego menos produtivo, que corresponde, no segundo caso, a 43%. Assim, o lucro líquido do primeiro caso, que antes era de 100, cairá para 86 unidades (86/200 = 43%), enquanto os proprietários de terra passarão a se apropriar, na forma de renda, de 14 unidades. Se se continuar avançando em terras menos férteis para a produção adicional de alimentos, fica fácil perceber que os custos de produção continuarão crescentes, reduzindo ainda mais a taxa de lucros na agricultura e aumentando a renda da terra, podendo-se, tendencialmente, chegar a um ponto em que a primeira seja zerada e o produto líquido integralmente destinado para os proprietários de terra, desaparecendo qualquer motivação para o investimento e para o avanço do processo de acumulação, com prejuízos para toda a sociedade, já que estarão cerceados os caminhos para a criação da riqueza e para a geração de empregos no país.

O gráfico 1, extraído do trabalho de Blaug[212] ilustra bem essa situação. Nele, apresenta-se o produto total menos a renda, mas pode-se notar como os lucros se reduzem no curso da acumulação, passando de PR para P' R' até se tornarem iguais a zero, quando se atingirá o chamado "estado estacionário". Chama-se a atenção, no entanto, que no sistema construído por Ricardo, considera-se

---

212 BLAUG, Mark. *La teoría económica actual*. Barcelona: Luis Miracle, 1968, p. 131.

que todos os ajustes se tenham dado, ainda que o processo de acumulação não tenha chegado ao seu final.

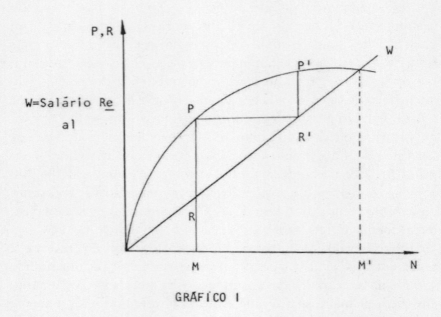

GRÁFICO I

Mas como o declínio da taxa de lucro agrícola afeta a taxa de lucro da indústria (e das demais atividades), marcada por rendimentos constantes de escala e onde não existe a figura do proprietário de terras? Essa é a questão que Ricardo se propôs a demonstrar, como expressa no início deste ensaio em nota de pé de página:

> (...) desejo demonstrar simplesmente que os lucros do capital agrícola não podem materialmente ser alterados sem ocasionar uma variação similar nos lucros do capital empregado na manufatura e no comércio.[213]

---

[213] BLAUG, Mark. *La teoría económica actual*. Barcelona: Luis Miracle, 1968, pp. 198/199, nota de rodapé nº 2.

CAPÍTULO III – DAVID RICARDO: DESFAZENDO A...

Sua resposta é de que essa conexão se estabelece por meio do aumento do preço dos alimentos. Isso porque, como os salários são considerados em termos reais, quando o preço do cereal aumenta aqueles terão de ser corrigidos na mesma proporção, visando preservar seu poder de compra necessário para garantir a subsistência do trabalhador. Este não obtém, com isso, nenhum ganho, em termos reais, mas os capitalistas que exploram atividades fora da agricultura terão de abrir mão de parte de seus ganhos líquidos para os salários, com a taxa de lucro, que obtêm, tendencialmente se igualando à daquele setor. Caso as taxas entre estes setores se mantenham distintas, o processo de concorrência, com a transferência de capitais para as aplicações mais rentáveis, se encarregará de conduzi-la à uniformização ou à taxa de lucro "normal" (natural). Por essa razão, segundo Ricardo, "os lucros gerais do capital dependem totalmente da última parcela do capital empregado na terra",[214] a terra menos fértil que está sendo explorada, onde não há renda.

Considerando ter demonstrado que "o interesse do proprietário de terras é sempre oposto ao interesse de todas as demais classes da sociedade",[215] à medida que o alto preço do cereal aumenta a renda e reduz os lucros do capital, enfraquecendo a acumulação e a criação da riqueza e do emprego, Ricardo compara, no final do ensaio, os benefícios da importação de alimentos ao progresso técnico na agricultura: ambos fazem a renda cair e os lucros aumentarem, removendo os obstáculos para o progresso da riqueza e da população do país. E lança um desafio aos que defendem os interesses dos proprietários de terra: sendo contra a importação de alimentos deveriam também ser a favor de uma lei que proibisse os

---

[214] BLAUG, Mark. *La teoría económica actual*. Barcelona: Luis Miracle, 1968, p. 207.

[215] BLAUG, Mark. *La teoría económica actual*. Barcelona: Luis Miracle, 1968, pp. 206/207.

progressos da agricultura e dos implementos agrícolas, pois estes gerariam os mesmos resultados.

Não deixa de ser irônico que Ricardo que condenou como prejudicial para a sociedade a ação dos proprietários de terra tenha, posteriormente, aplicado parte substancial de sua fortuna exatamente em terras, como anota Barber.[216] E recebido, por isso, um comentário de certa forma queixoso de seu adversário nessa questão, o Sr. Malthus:

> Ele, [Ricardo], tornou-se agora, por seus talentos e indústria, um grande proprietário de terra (...). Não deixa de ser curioso que o Sr. Ricardo, grande recebedor de rendas, tenha subestimado tanto sua importância nacional; enquanto eu, que nunca as recebi, nem espero receber nenhuma, provavelmente serei acusado de superestimar sua importância.[217]

O que apenas parece demonstrar que, em Ricardo, o interesse pessoal não influenciou sua análise da economia nem se sobrepôs ao interesse da sociedade como um todo.

Apesar de ter se saído bem nessa empreitada, a simplificação feita por Ricardo de reduzir tanto o capital como a cesta de consumo de trabalhador aos cereais, colocou problemas para a determinação da taxa de lucro, a variável por ele situada no centro da teoria econômica. De acordo com Sraffa,[218] Malthus se oporia a essa formulação de Ricardo, em carta de 5 de agosto de 1814, nos seguintes termos:

---

[216] BARBER, William J. *Uma história do pensamento econômico*. Rio de Janeiro: Zahar, 1971, p. 78.

[217] MALTHUS, Thomas Robert. *Principles of Political Economy*. Boston: Wells and Lilly, 1821, p. 186 *apud* BARBER, William J. *Uma história do pensamento econômico*. Rio de Janeiro: Zahar, 1971, p. 78.

[218] SRAFFA, Piero. "Introducción". *In*: RICARDO, David. *Principios de economía política y tributación*. México: Fondo Cultura Económica, 1973, p. 14.

## CAPÍTULO III – DAVID RICARDO: DESFAZENDO A...

> Em nenhum caso de produção o produto é exatamente da mesma natureza que o capital adiantado. Portanto, nunca podemos nos referir adequadamente a uma taxa material de produção... Não são os lucros particulares ou a taxa do produto da terra que determina os lucros gerais do capital nem os juros do dinheiro.

O que deve tê-lo levado a se preocupar em encontrar uma solução melhor para este problema apontado em seu sistema. Para resolvê-lo teria, necessariamente, de deixar de lado a simplificação que havia feito no *Ensaio* e enfrentar a questão dos determinantes do valor de troca dos bens e dos preços para ver o que ocorre com os lucros quando aqueles se alteram. Isso porque o capital compõe-se, além de cereais, cujos preços são determinados na agricultura, por meio do processo analisado – a formação da renda fundiária –, também de outros meios de produção originários da indústria, recebendo impactos diferentes sobre os lucros: no primeiro caso, eles cairão devido ao aumento do preço do cereal em relação aos preços dos demais meios de produção; mas como os preços relativos destes meios de produção caem em relação aos preços dos cereais, isso termina exercendo um efeito favorável sobre os lucros, mesmo que possam não compensar aquela queda. Sem levar em conta a questão do valor não é possível, em virtude disso, saber de fato o que acontece com os lucros.

Situação semelhante pode se verificar com relação aos salários. Se a elevação do preço do cereal exige um aumento do salário para preservação de seu poder de compra real, reduzindo o lucro, a queda do preço relativo dos demais bens que compõem a cesta de consumo do trabalhador atua em direção contrária. Por tudo isso, apenas no caso em que os preços em geral se mantivessem constantes, o que é improvável, o sistema de Ricardo poderia ser determinado. Por isso, encontrar uma solução para a questão do valor e do preço se tornaria um grande desafio para dar consistência ao seu sistema.

De acordo com Napoleoni,[219]

> (...) Ricardo já possuía ciência destes problemas durante a redação do *Ensaio*. Entretanto, a reflexão completa a esse respeito pertence ao período imediatamente posterior à publicação dessa obra, e seus frutos se encontrarão, mais tarde, nos *Princípios* de 1817 (...).

De fato, como observa Sraffa,[220] "inicialmente, a intenção de Ricardo (por sugestão de James Mill) consistia apenas em escrever uma versão ampliada do *Essay*", propósito que terminou resultando "em uma obra independente [*Os Princípios*] precisamente em virtude do amadurecimento dado àqueles problemas".[221]

---

[219] NAPOLEONI, Claudio. *Smith, Ricardo, Marx*: considerações sobre a história do pensamento econômico. Rio de Janeiro: Edições Graal, 1978, p. 90.

[220] SRAFFA, Piero. "Introducción". *In*: RICARDO, David. *Principios de economía política y tributación*. México: Fondo Cultura Económica, 1973, p. 1.

[221] (NAPOLEONI, Claudio. *Smith, Ricardo, Marx*: considerações sobre a história do pensamento econômico. Rio de Janeiro: Edições Graal, 1978, p. 90). Como observa Sraffa (SRAFFA, Piero. "Introducción". *In*: RICARDO, David. *Principios de economía política y tributación*. México: Fondo Cultura Económica, 1973, pp. 15/16), essa preocupação já estava, de fato, contida em várias passagens do Ensaio. Por exemplo, quando Ricardo afirma que "o valor de troca de todas as mercadorias se eleva na medida em que aumentam as dificuldades para sua produção. Se ocorrerem novas dificuldades na produção do trigo por ser necessário mais trabalho, ao passo que maior quantidade de trabalho não é requerida pela produção de ouro, prata, tecido, linho etc., o valor de troca do trigo necessariamente aumentará, se comparado com as outras coisas". E mais adiante: "uma redução no preço do trigo, em consequência de aperfeiçoamentos na agricultura ou de importações, reduzirá o valor de troca somente do trigo sem afetar o preço dos demais produtos. Se, portanto, o preço do trabalho diminui – o que deve ocorrer quando baixa o preço do trigo – aumentarão os lucros reais de todas as atividades".

CAPÍTULO III – DAVID RICARDO: DESFAZENDO A...

## 3.4 Os *Princípios de Economia Política e da Tributação*, de 1817

Ricardo parece ter penado para concluir sua obra-prima em economia, os *Princípios de Economia Política*. Pelo menos, é o que transparece de sua correspondência mantida com seus principais parceiros da época, principalmente com James Mill, que foi seu principal incentivador.

De acordo com Sraffa,[222] Ricardo colocaria em dúvida, em carta a J. B. Say, de agosto de 1815, sua capacidade de levar a bom termo a revisão do *Ensaio* sugerida por Mill: "temo que essa tarefa esteja acima de minhas forças", sem deixar, no entanto, de dar continuidade ao trabalho. Em novembro do mesmo ano, Mill responde a uma carta desanimada de Ricardo, incentivando-o. Em fevereiro de 1816, Ricardo queixa-se a Malthus sobre as dificuldades que encontra para expressar-se: "não avanço na difícil arte da redação". Em relação ao tema central e essencial de sua obra – o valor e o preço – manifesta, volta e meia, as dificuldades que enfrenta no seu tratamento: "sei que em breve serei detido pela palavra preço" (30/12/1815, em carta a Mill); ou "se conseguisse superar os obstáculos que me impedem de dar uma ideia mais clara da origem e da lei do valor relativo ou de troca teria ganho a metade da batalha" (07/02/1816, em carta a Malthus). Depois de passar um período em Londres, entre fevereiro e julho de 1816, onde não obteve progressos em sua obra, retornou a Gatmond, mas não se via em condições de "concentrar-se". Apesar de tudo isso, encaminhou a Mill, em 14 de outubro de 1816, segundo Sraffa, "o tema dos primeiros sete capítulos, ou a totalidade dos *Princípios de Economia Política*, propriamente ditos" e começou a dedicar-se ao tema da tributação. No fim de fevereiro de 1817 teve início a impressão dos *Princípios*, enquanto ainda lapidava as partes finais

---

222 SRAFFA, Piero. "Introducción". *In*: RICARDO, David. *Principios de economía política y tributación*. México: Fondo Cultura Económica, 1973, p. 3.

da obra e acrescentava novas ideias sobre algumas questões. Em 19 de abril do mesmo ano, e é essa a data considerada por Sraffa, o trabalho saiu publicado.[223]

Ricardo, em carta a Malthus, atribuiu principalmente às dificuldades que encontrou no tratamento dos temas do valor e do preço, a demora na sua conclusão. Considerando, no entanto, que o *Ensaio* foi publicado em fevereiro de 1815 e que Ricardo dele partiu para construir os *Princípios*, que se tornaria uma obra independente da anterior e a de maior referência na economia, não se pode considerar que dois anos tenham sido um prazo longo, especialmente quando comparado ao tempo despendido por outros autores com sua obra-prima.

### 3.4.1 A estrutura dos *Princípios*

A obra-prima de Ricardo compõe-se, em sua 3ª edição, de trinta e dois capítulos, dispostos em cerca de 250 páginas. Os sete primeiros capítulos, encaminhados a James Mill no final de 1816, com aproximadamente 70 páginas, compõem o que Sraffa designou como os *Princípios* propriamente ditos, a parte mais importante da obra, onde ele realiza uma discussão crítica e apresenta suas ideias renovadas sobre a questão que o angustiava nessa investigação, ou seja, as relações e conexões estabelecidas entre os lucros, os salários e a renda da terra e o processo de acumulação. O tema da tributação, também com cerca de 70 páginas, ocupa os capítulos VIII a XVIII, e refere-se ao segundo grupo, que Ricardo desenvolveu do final de 1816 ao início de 1817. Os demais capítulos (XIX a XXXII) constituem um diálogo crítico com Smith sobre questões com as quais não concordava, especialmente as relativas às confusões por ele feitas entre valor e preços, e de defesa de sua teoria do valor de troca e da determinação da taxa de lucro,

---

[223] SRAFFA, Piero. "Introducción". *In*: RICARDO, David. *Principios de economía política y tributación*. México: Fondo Cultura Económica, 1973, pp. 3-7.

## CAPÍTULO III – DAVID RICARDO: DESFAZENDO A...

devidamente incorporadas à primeira parte do trabalho, à exceção do capítulo XXXI (sobre a maquinaria), onde faz uma revisão de suas opiniões anteriores de que a introdução da maquinaria (do progresso tecnológico) seria benéfica para todas as classes sociais – capitalistas, trabalhadores e proprietários de terra.[224]

A ordenação lógica dos capítulos não parece ter sido motivo de preocupação de Ricardo, que foi desenvolvendo-os "de acordo com a sequência de suas próprias ideias, sem outro plano que o sugerido pelos títulos Renda, Lucro e Salários", o que chamou a atenção de Mill no final de 1816, quando questionou-o "se iria incluir [nele] uma visão de toda a ciência [ou] se contentar com aquelas partes da ciência que você mesmo aperfeiçoou". Ao que Ricardo respondeu "que seria mais fácil (...) publicar aquelas partes sobre as quais havia voltado particularmente sua atenção", acrescentando que "se fossem favoravelmente recebidas, mais tarde poderia considerar toda a ciência".[225]

Não se pode esperar encontrar, assim, nos *Princípios* de Ricardo, um trabalho que dê conta de toda a ciência da economia e nem de que todos os capítulos sigam uma ordem lógica, como em outros autores. Sua ênfase consiste em encontrar respostas para as questões que o angustiava desde o *Essay*, que era a conexão estabelecida entre os lucros, os salários e a renda da terra e os seus efeitos sobre a acumulação, que considerava a questão central da teoria econômica. Por isso, a leitura feita em seguida segue a disposição de sua obra, mas mesclando a primeira com a terceira parte, já que os temas nela tratados estão correlacionados com o conteúdo daquela, ao mesmo tempo em que modifica algumas de suas posições iniciais, especialmente no caso dos efeitos da

---

[224] SRAFFA, Piero. "Introducción". *In*: RICARDO, David. *Principios de economía política y tributación*. México: Fondo Cultura Económica, 1973, pp. 9-13.

[225] SRAFFA, Piero. "Introducción". *In*: RICARDO, David. *Principios de economía política y tributación*. México: Fondo Cultura Económica, 1973, p. 9, notas de rodapé 56 a 59.

maquinaria sobre o emprego e salários, enquanto a segunda parte relativa ao Estado e impostos é tratada separadamente.

### 3.4.1.1 O valor nos *Princípios*

No *Prefácio*, com o qual abre os *Princípios*, Ricardo deixa claro que

> a principal questão da Economia Política consiste em determinar as leis que regulam (...) a distribuição [do produto] entre as três classes da sociedade, ou seja: os proprietários da terra, os capitalistas e os trabalhadores (...).[226]

Sua ênfase na distribuição como objeto de investigação dessa ciência difere da de Smith, como visto no capítulo II, para quem a ciência econômica deve se ocupar em definir os melhores meios para prover uma renda farta para a população atender suas necessidades e para o Estado (o soberano) poder a ela oferecer serviços públicos. Em outras palavras, a *Economia Política* deve ter como objetivo a produção da riqueza tanto para o povo como para o soberano. Suas percepções sobre o objeto desta ciência eram, assim, distintas, porque distintas suas preocupações neste processo de investigação.

Em Smith, é por meio do crescimento econômico que se cria a riqueza e a abundância de bens e serviços, conduzindo o país a uma situação de prosperidade, cabendo, portanto, à ciência econômica contribuir para que isso ocorra, escolhendo e definindo melhores métodos de produção. Mas, provavelmente por se tratar de uma economia capitalista ainda em transição, sua abordagem é enfraquecida por considerações econômicas com vieses também fisiocráticos que, às vezes, dizem mais respeito às sociedades mercantis do que

---

226 RICARDO, David. *Princípios da Economia Política e da Tributação*. São Paulo: Abril Cultural, [1817] 1982, p. 39 (Os Economistas).

## CAPÍTULO III – DAVID RICARDO: DESFAZENDO A...

a uma sociedade capitalista plenamente constituída. Em Ricardo, que viveu o período em que o sistema se encontrava mais consolidado, e, portanto, com sua natureza mais plenamente desvelada, o crescimento econômico, como em Smith, continua como a chave que abre as portas do paraíso da riqueza e da prosperidade, mas, para garanti-lo torna-se necessário ter maior clareza sobre o que acontece com a grandeza fundamental que determina seu movimento, no curso do processo de acumulação: a taxa de lucro.[227] E, sendo o lucro, a fonte de rendimentos do capital, é por meio da investigação dos fatores que influenciam e determinam a distribuição do produto entre as classes que participam do processo produtivo – proprietários de terra, capitalista e trabalhadores –, que poderá obter respostas para suas preocupações.

No *Essay* de 1815, com as simplificações e hipóteses anteriormente mencionadas – o trigo constitui ao mesmo tempo produto e capital; os salários são constantes; inexiste progresso técnico etc. –, Ricardo conseguiu demonstrar como os lucros se comportam à medida que o montante do capital e o tamanho da população se modificam, afetando a dimensão da terra cultivada e da quantidade de alimentos produzidos. Mas percebeu neste processo, que, tanto o capital como a cesta de consumo dos trabalhadores, não continham apenas cereais e deles faziam parte outros produtos, cujos preços, se alterados, afetariam toda a estrutura da distribuição, tornando indeterminado o seu sistema. Para resolver este problema, teria de encontrar (ou reduzi-los) a um denominador comum, que

---

[227] É importante na leitura de Ricardo ter claro que ele raciocina sempre em termos de valor relativo, ou seja, com o valor de uma coisa comparado ao de outra, e que o valor não pode ser confundido com o conceito de riqueza, que se refere, como em Smith, à quantidade de bens e mercadorias produzida para atender as necessidades do homem. Assim, a riqueza pode até crescer com o aumento da quantidade produzida, mas o valor cair com o barateamento do custo de produção. Como o valor pode aumentar, caso se elevem os custos de produção, e a riqueza diminuir. (RICARDO, David. *Princípios da Economia Política e da Tributação*. São Paulo: Abril Cultural, [1817] 1982, cap. XX, pp. 189-195 (Os Economistas).

FABRÍCIO AUGUSTO DE OLIVEIRA

antes coubera ao trigo (cereal), que lhe permitisse comparar essas variações e avaliar o que ocorreria com essa estrutura quando isso ocorresse, ou seja, identificar os impactos produzidos sobre os lucros decorrentes de variações tanto nos preços dos produtos consumidos pelo trabalhador quanto nos preços dos próprios meios de produção. Assim, da consideração apenas em termos físicos do produto no *Essay*, passaria à consideração do valor destes bens, determinado por um insumo imanente a todos eles. Com esse raciocínio elegeria, como medida do valor, o trabalho, o único insumo que se encontra contido, em todos os tempos e lugares, em todos os produtos. Com isso, substituiria o trigo, em seu sistema de 1815, pela quantidade de trabalho nos *Princípios*, como a medida e fonte de valor dos produtos.

É importante assim ressaltar, como enfatizaria Belluzzo,[228] que ao fazer a substituição do "trigo" pelo "valor" em sua estrutura teórica, o valor se reduz, para Ricardo, ao problema unicamente de encontrar/determinar uma medida de valor, que lhe permitiria identificar, no curso do processo de crescimento, como estes se comportam e como os lucros são afetados com essas mudanças.

Logo na abertura do primeiro capítulo de sua obra, ele enuncia sua tese, afirmando que

> o valor de uma mercadoria, ou a quantidade de qualquer outra pela qual pode ser trocada, depende da quantidade relativa de trabalho necessário para sua produção, e não da maior ou menor remuneração que é paga por esse trabalho.[229]

---

[228] BELLUZZO, Luiz Gonzaga de Mello. *Valor e capitalismo*: um ensaio sobre a economia política. São Paulo: Brasiliense, 1980, p. 39.

[229] RICARDO, David. *Princípios da Economia Política e da Tributação*. São Paulo: Abril Cultural, [1817] 1982, p. 43 (Os Economistas).

## CAPÍTULO III – DAVID RICARDO: DESFAZENDO A...

Essa tese, além de conferir a base teórica de sua teoria do valor, representa, ao mesmo tempo, uma crítica à teoria do valor de Adam Smith.

Ricardo diferencia, assim como Smith, o valor de uso (a utilidade do bem) do valor de troca, que deriva: i) da escassez do bem; ii) da quantidade de trabalho necessário para obtê-lo. Mas argumenta que embora algumas mercadorias tenham o seu valor de troca determinado somente pela escassez (obras de arte, Livros, vinhos de qualidade peculiar etc.) e seu valor seja independente da quantidade de trabalho nelas contido, essas constituem um caso à parte, e seu valor não tem como ser reduzido pelo aumento da oferta, que é limitada, o que as diferencia da maioria dos bens demandados e que podem ser produzidos ilimitadamente pelo trabalho. Por isso, delimita, de saída, sua tese, às "mercadorias cuja quantidade pode ser aumentada pelo exercício da atividade humana e em cuja produção a concorrência atua sem obstáculos".[230] É, portanto, nessas, e apenas nessas mercadorias, que a quantidade de trabalho nelas contida determina o seu valor de troca, com este variando, para mais ou para menos, em função da maior necessidade de trabalho para sua produção. Este não pode ser confundido, contudo, com a remuneração que é paga ao trabalho, ou seja, com o salário. E lamenta que Smith, depois de ter enxergado com nitidez a fonte de todo o valor de uma mercadoria numa sociedade mercantil, a tenha abandonado para uma sociedade capitalista, criando outra teoria, a da quantidade de mercadorias que o trabalhador pode *comprar (comandar)* com o seu salário, como esta fosse equivalente ao valor. Segundo ele:[231]

---

[230] RICARDO, David. *Princípios da Economia Política e da Tributação*. São Paulo: Abril Cultural, [1817] 1982, p. 44 (Os Economistas).

[231] RICARDO, David. *Princípios da Economia Política e da Tributação*. São Paulo: Abril Cultural, [1817] 1982, pp. 44/45 (Os Economistas).

Adam Smith, que definiu com tanta exatidão a fonte original do valor de troca, e que coerentemente teve que sustentar que todas as coisas se tornam mais ou menos valiosas na proporção do trabalho empregado para produzi-las, estabeleceu também uma outra medida-padrão de valor, e se refere a coisas que são mais ou menos valiosas segundo sejam trocadas por maior ou menor quantidade dessa medida-padrão. Como medida-padrão ele se refere algumas vezes ao trigo, outras ao trabalho; não à quantidade de trabalho empregada na produção de cada objeto, mas à quantidade que este pode comprar no mercado, como se ambas fossem expressões equivalente e como se, em virtude de se haver tornado duas vezes mais eficiente o trabalho de um homem, podendo este produzir, portanto, o dobro da quantidade de uma mercadoria, devesse esse homem receber, em troca, o dobro da quantidade que antes recebia.

Se isso fosse verdadeiro, se a remuneração do trabalhador fosse sempre proporcional ao que ele produz, a quantidade de trabalho empregada numa mercadoria e a quantidade de trabalho que essa mercadoria compraria seriam iguais, e qualquer delas poderia medir com precisão a variação de outras coisas. Mas não são iguais. A primeira é, sob muitas circunstâncias, um padrão invariável, que mostra corretamente as variações nas demais coisas. A segunda é sujeita a tantas flutuações quanto as mercadorias que a ela sejam comparadas (...).

Deve-se chamar a atenção para o fato de que Ricardo está, aqui, à procura de uma *medida invariável de valor* que lhe permita, quando comparada a ela, identificar a causa e em que produtos ocorreu a variação dos valores de troca (ou dos preços relativos), pois isso modificará toda a estrutura de distribuição, ao afetar os salários reais e os lucros. Por isso, considera incorreto o caminho trilhado por Smith nessa questão, por considerar que tanto o ouro e a prata, assim como o trigo e o valor do trabalho (a remuneração do trabalho), que é afetado não somente pela proporção entre a oferta e a demanda, mas também pela alteração no preço dos alimentos e

## CAPÍTULO III – DAVID RICARDO: DESFAZENDO A...

de outros gêneros de primeira necessidade, os exemplos sugeridos por Smith como medida de valor, *variam no tempo*.

Por essa razão, discorda da afirmação de Smith de que "como o trabalho muitas vezes poderá *comprar* maior quantidade e outras vezes menor quantidade de bens, o que varia é o valor deles [dos bens] e não o do trabalho que o adquire", e que, "portanto, o trabalho, *não variando jamais de valor*, é o único e definitivo padrão real pelo qual o valor de todas as mercadorias pode ser comparado e estimado em todos os tempos e lugares". Para ele, Ricardo, é

> a quantidade comparativa de mercadorias que o trabalho produzirá (...) que determina o valor relativo delas, presente e passado, e não [como a tese de Smith pressupõe] as quantidades comparativas de mercadorias que são entregues ao trabalhador em troca de seu trabalho[232]

ou seja, do salário que recebe. Não é, portanto, o valor do trabalho (ou a remuneração deste, na forma de salário), a medida do valor relativo de troca das mercadorias, já que este pode variar de acordo com as maiores dificuldades ou facilidades de produção dos bens, ou com o aumento ou diminuição da população, *mas a quantidade de trabalho necessário empregada neste processo, ou o valor do produto do trabalho*. Com essa medida pode-se, por meio de comparações em termos de poder de compra com as demais mercadorias, identificar em qual (ou em quais) ocorreu a variação que alterou o seu valor relativo de troca *vis-à-vis* a outra (ou outras), enquanto na medida de Smith tal identificação não seria possível, já que, por ser variável, poderia conduzir a enganos sobre a origem dessa variação.

---

232 RICARDO, David. *Princípios da Economia Política e da Tributação*. São Paulo: Abril Cultural, [1817] 1982, p. 46 (Os Economistas).

Para Ricardo, parece claro, portanto, que duas mercadorias não são trocadas em proporção ao trabalho retribuído nelas contido, senão em proporção à quantidade de trabalho, retribuído ou não, nelas incorporado.[233] Mas e quanto ao capital, que dá origem ao lucro na sociedade capitalista, que levou Smith a modificar sua teoria do valor, não é ele fonte autônoma, independente de valor? Para Ricardo, não, porque o capital deve também ser medido em termos de quantidade de trabalho despendido para sua produção: "(...) o valor (...) deveria ser regulado não apenas pelo tempo e pelo trabalho necessários à [produção], mas também pelo tempo e pelo trabalho necessários à produção do capital (...)".[234] O capital nada mais é, assim, que trabalho acumulado, que entra no cômputo do valor.

Na verdade, o que ocorre aqui é uma ruptura nos termos do valor de troca, com o surgimento do capital, que não foi percebida por Smith e nem Ricardo conseguiu explicá-la satisfatoriamente, o que só Marx posteriormente faria. Quando se raciocina em termos dos valores de troca e se considera como fundamento do valor a quantidade de trabalho, reduzindo-se também o valor do capital à mesma, fica claro que se se ignora o valor que é transmitido pelo segundo ao produto, por meio do trabalho, deixa-se de trocar equivalentes justamente no intercâmbio que se realiza entre o trabalho e o capital e a lei do valor não se verifica. Smith resolveu isso atribuindo ao capital o poder de gerar valor numa sociedade capitalista, mantendo a fratura entre trabalho contido

---

[233] Tal como em Smith, o preço ou o valor de troca da mercadoria é reduzido, assim, aos salários (o valor que é pago ao trabalhador) e ao trabalho excedente apropriado pelo capital, ou nos conceitos marxistas, ao valor da força de trabalho e à mais-valia por este produzida. (MARX, Karl. *O capital*: crítica da economia política: o processo de circulação do capital. Livro II. Rio de Janeiro: Civilização Brasileira, [1885] 1970, pp. 198-225).

[234] MARX, Karl. *O capital*: crítica da economia política: o processo de circulação do capital. Livro II. Rio de Janeiro: Civilização Brasileira, [1885] 1970, p. 49.

## CAPÍTULO III – DAVID RICARDO: DESFAZENDO A...

na mercadoria, que corresponde ao salário, e o trabalho vivo, que inclui o capital neste processo, com o que Ricardo não concordou, mas sem explicitar a capacidade deste de criar um valor excedente acima de suas necessidades, um sobretrabalho (que Marx chamaria de mais-valia), que seria apropriado pelo capital para sua remuneração.[235] Guindada à posição de medida de valor, a quantidade de trabalho difere do valor que o trabalhador recebe como salário daquele que este entrega como produto, não ocorrendo, assim, uma troca de equivalentes nessa perspectiva. A este respeito,[236] é enfático:

> Ricardo se dá conta de que a quantidade de mercadorias que o trabalhador recebe sob a forma de salário é inferior àquela que entregou ao capitalista. Registra o fato, mas abandona a discussão nesse ponto.

Para Marx, Ricardo se atrapalha nessa explicação por não ter conseguido, assim como Smith, distinguir corretamente as formas que assume o capital no processo de produção e como o valor é transmitido ao produto. Na classificação deste, Ricardo segue o mesmo *script* de Smith, classificando-o apenas como capital fixo e circulante, considerando apenas a natureza aparente que apresentam na esfera da circulação e não o papel que desempenham no processo de produção. Segundo Marx, Ricardo "alude à diferença entre capital fixo e circulante apenas para expor as exceções à regra do valor, ou seja, os casos em que o nível de salários influi sobre os preços".[237] Os tipos de capital, se circulante ou fixo, só

---

235 NAPOLEONI, Claudio. *Smith, Ricardo, Marx*: considerações sobre a história do pensamento econômico. Rio de Janeiro: Edições Graal, 1978, pp. 98-101.

236 BELLUZZO, Luiz Gonzaga de Mello. *Valor e capitalismo*: um ensaio sobre a economia política. São Paulo: Brasiliense, 1980, p. 40.

237 MARX, Karl. *O capital*: crítica da economia política: o processo de circulação do capital. Livro II. Rio de Janeiro: Civilização Brasileira, [1885] 1970, p. 226.

se distinguem, assim, pelo tempo de sua duração e não pelo papel que desempenham na criação do valor, na valorização do capital. Com isso, considera o capital circulante como o capital destinado a sustentar o trabalho, os meios de subsistência, ao que se somam os materiais do trabalho (os objetos do trabalho: matérias-primas e auxiliares), confundindo-o com o capital variável, situando o processo de valorização na esfera da circulação e não da produção, assim como Smith. E o capital fixo pela sua durabilidade, sem perceber que este transfere valor ao produto pela ação da força de trabalho. Todo o segredo da mais-valia fica oculto sem essa visão e todos os componentes do capital se distinguem pelo modo de circulação. O mero reaparecimento dos valores dos capitais utilizados no preço final dos produtos com valor acrescido torna-se um mistério.

Mas, vejamos como Ricardo, ao se deparar com essa ruptura que ocorre em sua teoria do valor pelos impactos provocados por alterações nos salários e nos lucros sobre os valores de troca quando leva em conta as diferenças existentes na composição e na durabilidade do capital e a que conclusões chega nessa análise.

Neste capítulo I, em que trata especificamente do valor, Ricardo abstrai, em seu sistema, da renda da terra, conduzindo sua argumentação com o objetivo de analisar os impactos sobre ele provocados por alterações nos salários e nos lucros. Erige, assim, uma estrutura analítica em que as mudanças nos valores relativos de troca ocorrem apenas em virtude das quantidades de trabalho contidas nas mercadorias, e seu propósito consiste em investigar em que medida as modificações nos salários e nos lucros os afetam.

Supõe, inicialmente, que os períodos de produção sejam iguais nos distintos setores da economia e uniformes as composições do capital (fixo e circulante), assim como a durabilidade do capital fixo. Com essas hipóteses, constata ser tecnicamente determinada a relação de preços relativos, não sendo afetada por modificações quer nos salários ou nos lucros, à medida que essas variações ocorrem

## CAPÍTULO III – DAVID RICARDO: DESFAZENDO A...

da mesma forma e com a mesma intensidade, pelo processo de concorrência, para todos os setores da economia. Sendo tecnicamente determinada, a distribuição do produto entre lucros e salários não influi, assim, no valor relativo das mercadorias. O exemplo dado em seguida, ajuda a esclarecer melhor este argumento.

Supondo a produção de dois bens: A e B. O *valor absoluto* de cada um seria dado por:

$$A = r.CF + CC + r.CC$$

$$B = r.CF + CC + r.CC$$

Onde CF representa o capital fixo; CC o capital circulante; e r a taxa de lucro. Ora, sendo determinado o *valor absoluto* de cada bem, o valor de troca entre eles aparece imediatamente: se A tem um valor de duas unidades de trabalho incorporado e B de uma, isso significa que A vale o dobro que B, e que serão necessárias duas unidades de B para adquirir uma de A, enquanto uma de A adquirirá duas de B.

Supondo, agora, que haja um aumento ou diminuição dos salários ou dos lucros. Considerando as hipóteses anteriores – períodos de produção idênticos; proporções fixas do capital fixo e circulante; igual durabilidade do capital fixo –, essas mudanças impactariam os setores que produzem estes bens da mesma forma e com a mesma intensidade, não alterando, consequentemente, os preços relativos, mesmo que modificando a relação lucro/salários, a menos que fosse exigida uma maior ou menor quantidade de trabalho para sua produção. Como ele afirma neste caso: "os salários podem aumentar 20% e os lucros, consequentemente, diminuir numa proporção maior ou menor, sem ocasionar a menor alteração no valor relativo daquelas mercadorias".[238] Ora, se isso é verdadeiro, a determinação do valor – e da taxa de lucro – continuaria

---

[238] RICARDO, David. *Princípios da Economia Política e da Tributação*. São Paulo: Abril Cultural, [1817] 1982, p. 52 (Os Economistas).

como havia sido feito no *Essay*, apenas substituindo o trigo pela quantidade de trabalho, ambos como medida material, física, apenas continuando a considerar a parte que cabe ao trabalhador e ao capital na distribuição do produto. Mas algumas dificuldades começam a surgir para que Ricardo mantenha essa teoria.

Logo em seguida, Ricardo chama a atenção para as hipóteses arbitrárias que estão por trás deste primeiro enunciado. Nem os períodos de produção são coincidentes (o tempo que se leva para produzir e lançar o bem produzido no mercado difere entre os setores e atividades), nem é igual a durabilidade do capital fixo, e nem a composição do capital (proporção entre o capital fixo e circulante) nos distintos setores. O capital empregado numa padaria, por exemplo, cujos produtos são rapidamente vendidos, pode ser recuperado no prazo de uma semana, o mesmo não acontecendo com o plantio da semente do trigo, cuja colheita, por exigir maior tempo, manterá retidos o capital e os lucros, significando que a durabilidade do capital fixo (o trigo para ambas as atividades) é maior no segundo do que no primeiro caso. Mesmo que dois capitalistas empreguem o mesmo montante de capital fixo e circulante, a durabilidade de seus capitais fixos pode ser diferente, o que levará um a levar mais tempo para recuperá-lo em relação ao outro. Ainda, de acordo com seu exemplo, um fabricante de cerveja, que necessita de edificações e maquinaria para a produção desta mercadoria empregará mais capital fixo do que um sapateiro, cujo capital será, em sua maioria, aplicado no pagamento de salários, ou seja, com capital circulante predominante, mais rapidamente recuperado, com uma composição, portanto, diferente.

As dificuldades começam a surgir, assim, ao passar a fazer considerações dinâmicas, contemplando variações no capital fixo e nos salários monetários, e perceber que o valor transmitido pelo capital fixo para o produto, mesmo com este sendo medido em termos de quantidade de trabalho, difere de acordo com o período de produção, com sua durabilidade e com a proporção com que participa o capital fixo no total do capital aplicado, diante

CAPÍTULO III – DAVID RICARDO: DESFAZENDO A...

da necessidade de assegurar, em regime de livre concorrência, a igualdade da taxa de lucro. Isso porque percebe que, neste caso, essas diferenças interferem e modificam os valores de troca e, aí, a quantidade de trabalho já não tem como explicá-los inteiramente. Vejamos a razão disso.

Quando se considera essas diferenças na durabilidade do capital e na proporção entre o capital fixo e circulante, a regra anterior de que o valor relativo de uma mercadoria é determinado pela quantidade de trabalho nela contida, conhece uma modificação. Isso porque, mesmo presumindo-se que a mesma quantidade de trabalho seja aplicada na produção de duas mercadorias, seus valores relativos (de troca) se alterarão para compensar essas diferenças. Através de vários exemplos, Ricardo demonstra como, considerando essas diferenças no emprego do capital, os preços relativos das mercadorias se modificam, sob a hipótese do emprego da mesma quantidade de trabalho, de forma a produzir a mesma taxa de lucro para os seus proprietários. Por isso, se na situação anterior, a quantidade de trabalho era considerada como o único determinante do valor relativo, ao se levar em conta essas diferenças, passa a considerá-la como "quase exclusiva"[239] desta determinação, com essa alteração ocorrendo "para compensar o tempo em que os lucros permanecem retidos".[240]

O que Ricardo não percebeu nessa questão, foi que, para produzir a mesma taxa de lucro, hipótese do regime de livre concorrência, os preços de produção têm de se ajustar para compensar essas diferenças do capital e, com isso, necessariamente eles deixam de coincidir com os valores medidos em termos de quantidade de trabalho. E mais: que isso, independe do que ocorre

---

239 RICARDO, David. *Princípios da Economia Política e da Tributação*. São Paulo: Abril Cultural, [1817] 1982, p. 48 (Os Economistas).

240 RICARDO, David. *Princípios da Economia Política e da Tributação*. São Paulo: Abril Cultural, [1817] 1982, p. 57 (Os Economistas).

com os salários, o caminho que ele percorrerá para explicar essas variações nos preços relativos.

O argumento desenvolvido por Ricardo, nessa direção, é o de que com o relaxamento dessas hipóteses o aumento ou a diminuição do salário afetam os preços relativos, impactando sobre o lucro, e alterando, portanto, a distribuição, o que não acontecia quando o capital era considerado em condições idênticas em termos de proporções e durabilidade. Segundo Ricardo,

> essa diferença no grau de durabilidade do capital fixo, e a variedade nas proporções em que se podem combinar os dois tipos de capital, introduzem outra causa, além da maior ou menor quantidade de trabalho necessário à produção de mercadorias, das variações do valor relativo das mesmas: esta causa é o aumento ou a redução do valor do trabalho.[241]

Ou, em outras palavras, do salário.

Vejamos com um exemplo numérico, como, sendo fixas as proporções de capital nos distintos setores, os valores de troca não se modificam quando aumentam ou diminuem os salários. Supondo a produção de três mercadorias, A, B e C, com dotações distintas de capital, mas com a mesma composição entre o capital fixo e circulante, como retratado no quadro abaixo,[242] remunerado a uma taxa de lucro de 10%.

---

[241] RICARDO, David. *Princípios da Economia Política e da Tributação*. São Paulo: Abril Cultural, [1817] 1982, p. 53 (Os Economistas).

[242] Exemplo adaptado do trabalho de Napoleoni (NAPOLEONI, Claudio. *O valor na ciência econômica*. Portugal: Editorial Presença; Brasil: Martins Fontes, 1977, pp. 37/38), que, por sua vez, o extraiu do estudo de BOFFITO, C. *Teoria della moneta*. Torino: Einaudi, 1973, pp. 47-52.

## CAPÍTULO III – DAVID RICARDO: DESFAZENDO A...

| Setor | Capital fixo | Capital circulante | Capital total | Lucro | Produto | Taxa de lucro | Valor de troca |
|---|---|---|---|---|---|---|---|
| A | 1.000 | 2.000 | 3.000 | 300 | 3.300 | 10 | 1 |
| B | 500 | 1.000 | 1.500 | 150 | 1.650 | 10 | 1 |
| C | 300 | 600 | 900 | 90 | 990 | 10 | 1 |
| Total | 1.800 | 3.600 | 5.400 | 540 | 5.940 | 10 | 3 |

Supondo que devido às dificuldades na produção de alimentos e ao encarecimento de seus preços, os salários aumentem 10%, afetando todos os capitalistas. Neste caso, os lucros terão de ser reduzidos na mesma proporção em todos os setores. O quadro seguinte mostra que a taxa de lucro cairá para 3,1% nessa nova situação, mas sem alterar o valor de troca. Caso se decida por uma elevação do preço para compensar o aumento do salário, isso em nada modificará os valores de troca nem a taxa de lucro, pois todos estarão fazendo o mesmo e se colherá, apenas, um aumento dos preços monetários.

| Setor | Capital fixo | Capital circulante | Capital total | Lucro | Produto | Taxa de lucro | Valor de troca |
|---|---|---|---|---|---|---|---|
| A | 1.000 | 2.200 | 3.200 | 100 | 3.300 | 3,1 | 1 |
| B | 500 | 1.100 | 1.600 | 50 | 1.650 | 3,1 | 1 |
| C | 300 | 660 | 990 | 30 | 990 | 3,1 | 1 |
| Total | 1.800 | 3.960 | 5.760 | 180 | 5.940 | 3,1 | 3 |

O problema surge quando se começa a deixar de lado essas hipóteses, pois aí já não se podem explicar as variações nos valores relativos somente pela quantidade de trabalho, uma vez que o período de produção, a composição do capital e a durabilidade do capital fixo também influenciam na sua determinação. Como ele afirma, os preços relativos são determinados exclusivamente pela quantidade de trabalho somente quando essas condições do capital são coincidentes em todos os setores. E, quando isso não ocorre, mudanças nos salários (aumento ou diminuição) alteram, necessariamente, a relação de preços e, portanto, a grandeza (magnitude) do produto social, bem como sua distribuição.

As mudanças nos valores relativos das mercadorias decorrentes do aumento (ou diminuição) dos salários dependerão, no entanto, da composição do capital empregado na produção: quando se tratar de bens produzidos com maior proporção do capital empregado em trabalho (capital circulante) em relação ao capital fixo, os valores relativos aumentarão, reduzindo, em contrapartida, os valores dos bens produzidos com capital-intensivo. Nas suas palavras:

> (...) todo aumento de salário – ou o que é a mesma coisa, toda queda nos lucros – reduzirá o valor relativo das mercadorias produzidas com capital durável (fixo) e elevará proporcionalmente o valor relativo das produzidas com capital mais perecível [circulante]. Uma redução nos salários terá precisamente o efeito contrário.[243]

Mas por que razão isso acontece? Porque se temos a quantidade de trabalho como medida de valor, eles se elevarão mais naqueles setores que empregam proporcionalmente mais trabalhadores do que máquinas e equipamentos, e menos nos últimos, porque estes setores serão afetados com intensidade diferente pelo aumento (ou diminuição) dos salários, modificando, portanto, os *preços relativos* em favor dos setores que empregam mais trabalho intensivo, de forma a que se produza a mesma taxa corrente de lucro

---

[243] RICARDO, David. *Princípios da Economia Política e da Tributação*. São Paulo: Abril Cultural, [1817] 1982, p. 57 (Os Economistas).

## CAPÍTULO III – DAVID RICARDO: DESFAZENDO A...

para todos os setores. Outro exemplo numérico ajuda a entender melhor essa questão.

Supondo, inicialmente, a produção de três bens, A, B e C, obtidos com composições diferentes de capital (fixo e circulante), gerando a mesma taxa de lucro de 10% sobre o mesmo montante de capital aplicado, conforme discriminado no quadro em seguida:[244]

| Setor | Capital fixo | Capital circulante | Capital total | Lucro | Produto | Taxa de lucro | Valor de troca |
|-------|------|------|------|-----|------|----|---|
| A | 800 | 400 | 1.200 | 120 | 1.320 | 10 | 1 |
| B | 600 | 600 | 1.200 | 120 | 1.320 | 10 | 1 |
| C | 400 | 800 | 1.200 | 120 | 1.320 | 10 | 1 |
| Total | 1.800 | 1.800 | 3.600 | 360 | 3.960 | 10 | 3 |

Suponhamos, agora, que ocorra um aumento de 5% nos salários. Considerando que o produto real obtido será o mesmo (só houve elevação dos salários) e que os valores de troca serão mantidos, existirão taxas de lucro diferentes para cada setor, de acordo com a composição de seu capital, como se pode ver no próximo quadro: os que possuem maior participação do capital fixo obterão uma taxa de lucro mais elevada do que os que contam com mais trabalho intensivo. A taxa média de lucro do sistema só equivale, neste caso, à do setor que mantém uma composição média em relação à dos demais. Por se tratar de um regime de livre concorrência, essa situação, no entanto, se modificará.

---

[244] O mesmo exemplo pode ser construído para a questão da durabilidade do capital.

| Setor | Capital fixo | Capital circulante | Capital total | Lucro | Produto | Taxa de lucro | Valor de troca |
|---|---|---|---|---|---|---|---|
| A | 800 | 420 | 1.220 | 100 | 1.320 | 8,19 | 1 |
| B | 600 | 630 | 1.230 | 90 | 1.320 | 7,31 | 1 |
| C | 400 | 840 | 1.240 | 80 | 1.320 | 6,45 | 1 |
| Total | 1.800 | 1.890 | 3.690 | 270 | 3.960 | 7,31 | 3 |

Na verdade, diante dessas discrepâncias entre as taxas de lucro, haverá um deslocamento de capitais de um para outro setor até que a taxa média do sistema, de 7,31% se iguale. Chama-se a atenção, como mostrado no quadro em seguida, que, neste processo, apenas o setor que opera com uma composição média, o B, não é afetado pela concorrência, pois obtém a taxa média de lucro do sistema, que corresponde à taxa geral de lucro. Mas, que para que essa taxa média seja atingida, os valores de troca se modificarão: cairão para os que contam com maior proporção de capital fixo e aumentarão para os que apresentam maior participação do trabalho em relação à média, como se pode confirmar na última coluna do quadro.

| Setor | Capital fixo | Capital circulante | Capital total | Lucro | Produto | Taxa de lucro | Valor de troca |
|---|---|---|---|---|---|---|---|
| A | 800 | 420 | 1.220 | 89 | 1.309 | 7,31 | 0,99 |
| B | 600 | 630 | 1.230 | 90 | 1.320 | 7,31 | 1,00 |
| C | 400 | 840 | 1.240 | 91 | 1.331 | 7,31 | 1,01 |
| Total | 1.800 | 1.890 | 3.690 | 270 | 3.960 | 7,31 | 3 |

CAPÍTULO III – DAVID RICARDO: DESFAZENDO A...

Essas alterações nos valores de troca decorrentes dessas diferenças no capital trazem dificuldades para a teoria do valor de Ricardo, pois com elas já não se pode considerar ser apenas a *quantidade de trabalho* que determina o valor, mas também o *valor do trabalho*, e que uma mudança na distribuição afeta o valor do produto, tornando indeterminada a taxa de lucro. Como se pode ver no exemplo apresentado, o valor de troca e o valor do produto diminuem para os bens mais intensivos em capital e aumentam para os intensivos em trabalho, mantendo-se invariável apenas para os que apresentam uma composição média do capital. Segundo Barber,[245] por essa razão, Ricardo via, até a segunda edição de os *Princípios*, o desenvolvimento tecnológico como uma bênção, considerando que todas as classes sociais se beneficiariam com as reduções de preços relativos destes bens, resultantes de rendimentos crescentes de escala, e que este fato não acarretaria desemprego para o trabalhador. Tal fato reforçaria suas críticas feitas à tese de Smith de que um aumento de salários resultaria em um aumento geral de preços, com o que não concordava, argumentando que este aumento poderia baixar o preço de alguns deles, os que apresentavam maior proporção de capital fixo.[246] Na terceira edição, no entanto, ele mudaria de opinião sobre essa questão, especificamente em relação aos efeitos da maquinaria sobre o emprego do trabalhador, como será visto mais à frente, passando a considerá-la como fator de desemprego e de pressão baixista sobre o salário.

Mas o que de fato interessa nesses resultados para a questão do valor é que já não se pode restringir sua determinação e a da taxa de lucro à quantidade de trabalho, a menos que se conte com uma mercadoria produzida com uma composição média do capital,

---

245 BARBER, William J. *Uma história do pensamento econômico*. Rio de Janeiro: Zahar, 1971, p. 85.

246 DOBB, Maurice. *Teorias do valor e da distribuição desde Adam Smith*. Lisboa: Editorial Presença, 1973, p. 106.

cujos preços não seriam afetados por mudanças na distribuição. Mas Ricardo procura escapar desse dilema que colocaria também o seu sistema em um círculo vicioso (a taxa de lucro depende dos valores e, ao mesmo tempo, os valores dependem da taxa de lucro, pois dependentes do salário), considerando, inicialmente, que essas variações produzidas nos valores por estes aumentos de salário seriam, neste caso, pequenos, não mais que "6% ou 7%"[247] e que a causa mais importante que o determina continua sendo a quantidade de trabalho necessário para sua produção, o que teria levado um comentarista, segundo Barber[248] a "descrever Ricardo como mantendo uma teoria do valor de 93% trabalho". De qualquer forma, como observou Sraffa: "(...) se uma elevação ou uma queda nos salários provocasse por si mesma uma alteração na magnitude do produto social, seria muito difícil determinar com exatidão os efeitos sobre os lucros".[249]

Para Marx, o fato é que,

> (...) embora Ricardo negue de forma coerente a visão econômica de Adam Smith, segundo a qual o valor se origina de seus principais componentes, Smith – mais precisamente o Smith superficial – consegue envolvê-lo de novo, por meio do *preço natural*.

E, por isso sem conseguir transpor os umbrais da economia burguesa, que se guia pela aparência dos capitais individuais no processo de circulação e não conseguir enxergar o processo global de reprodução, continua, como Smith, a igualar *valor* a *preço de*

---

[247] RICARDO, David. *Princípios da Economia Política e da Tributação*. São Paulo: Abril Cultural, [1817] 1982, p. 55 (Os Economistas).

[248] BARBER, William J. *Uma história do pensamento econômico*. Rio de Janeiro: Zahar, 1971, p. 85, nota de rodapé da página 9.

[249] SRAFFA, Piero. "Introducción". *In*: RICARDO, David. *Principios de economía política y tributación*. México: Fondo Cultura Económica, 1973, p. 29.

CAPÍTULO III – DAVID RICARDO: DESFAZENDO A...

*custo* e este com o *preço natural*, sem explicar a origem do lucro, considerando-o também como um *custo natural* e que, portanto, teria direito a uma participação (remuneração) no valor gerado, especialmente quando abandona as hipóteses simplificadoras das condições materiais do capital, em termos de volume, composição e durabilidade, e confirma o desvio dos preços em relação aos valores, passando a atribuir ao mesmo influência na sua determinação, colocando também problemas para a determinação de seu sistema.

Em segundo lugar, a considerar que se encontrasse uma medida que não fosse afetada por essas mudanças na distribuição, uma mercadoria do tipo B no nosso exemplo, poderia tomá-la como uma unidade de medida invariável, com a qual seria possível identificar, comparando-a às demais mercadorias, onde ocorreram as mudanças e, melhor, determinar a taxa média de lucro com base no setor que a produz, mantendo sua teoria baseada na quantidade de trabalho, com o que o seu sistema estaria determinado. Por isso, a busca por uma medida de valor que permanecesse invariável a alterações na divisão do produto e que permitisse identificar, comparada às demais mercadorias, onde, como e em que intensidade ocorreram as alterações no valor relativo, tornava-se indispensável para a solução de seu problema. Logo na abertura da seção VI, Cap. I, Ricardo assim se expressa sobre essa questão:

> Quando o valor relativo das mercadorias varia, seria importante dispor de meios para averiguar com certeza qual delas diminuiu e qual aumentou em seu valor real. Isso só seria possível pela comparação de cada uma delas com algum padrão invariável de medida de valor que não fosse, ele mesmo, sujeito às flutuações às quais estão expostas as demais mercadorias.[250]

---

[250] RICARDO, David. *Princípios da Economia Política e da Tributação*. São Paulo: Abril Cultural, [1817] 1982, p. 59 (Os Economistas).

Considera, no entanto, em seguida, "impossível obter tal medida, pois (...) não há nenhuma que deixe de requerer mais ou menos trabalho para sua produção" [e que]

> mesmo se essa causa pudesse ser removida [refere-se à quantidade de trabalho] ainda assim (...) estaria sujeita a variações relativas provocadas por aumentos ou quedas dos salários, segundo as diferentes proporções do capital fixo, [a] durabilidade do capital utilizado, [e ao] tempo necessário para colocá-la no mercado (...). Todas essas circunstâncias desqualificam qualquer produto como uma medida perfeitamente precisa de valor.[251]

Sem conseguir encontrar essa medida, objetivo que se tornará uma obsessão em sua vida, Ricardo elege o ouro (dinheiro) como essa medida para a continuidade de sua investigação, por considerá-lo, dentre as mercadorias existentes, a que mais possui as características necessárias de uma medida invariável, supondo que, na sua produção, a principal causa da variação dos valores relativos – o aumento ou a diminuição dos salários – seria inexistente, e que esta poderia ser considerada "como uma mercadoria produzida com os dois tipos de capital mais próxima possível da quantidade média empregada na produção da maior parte das mercadorias".[252] Deve-se ter cuidado, neste caso, chama a atenção, para o fato de que se o valor do ouro (do dinheiro) diminui por alguma razão (maior facilidade de produção; descoberta de novas minas etc.), os salários monetários aumentarão, assim como o preço de todas as mercadorias. Este aumento, no entanto, terá como causa apenas a desvalorização do dinheiro, não provocando nenhum

---

251 RICARDO, David. *Princípios da Economia Política e da Tributação*. São Paulo: Abril Cultural, [1817] 1982, p. 59 (Os Economistas).

252 RICARDO, David. *Princípios da Economia Política e da Tributação*. São Paulo: Abril Cultural, [1817] 1982, p. 60 (Os Economistas).

## CAPÍTULO III – DAVID RICARDO: DESFAZENDO A...

efeito real sobre os valores relativos, nem sobre os salários e os lucros. A distribuição, neste caso, continuará a mesma de antes.

Mas, mesmo que tivesse encontrado essa medida, ainda restariam dificuldades, como aponta Napoleoni,[253] no esquema de Ricardo nessa questão. Isso porque, embora tenha considerado a modificação nos valores dos produtos às mudanças salariais, ele não considerou que essas mudanças afetariam também os elementos que compõem o capital, cuja produção também emprega trabalhadores. Essa questão só seria resolvida bem mais de 100 anos depois pelo economista Piero Sraffa, com a construção de uma mercadoria-padrão com a qual irá demonstrar, com base numa representação do processo produtivo em todas suas etapas, em que a composição média do capital vai sendo considerada, ser possível a determinação simultânea da taxa de lucro e dos valores das mercadorias, sem necessidade de "conceber a taxa de lucro como a taxa conseguida pela mercadoria-tipo" de Ricardo.[254] E isso: "sem qualquer relação necessária com as quantidades de trabalho", ou seja, podendo-se prescindir da teoria do valor.

Antes de darmos prosseguimento à análise de Ricardo sobre os determinantes da renda da terra, dos salários e dos lucros, essencial para melhor compreensão de sua teoria do valor e de como as alterações na distribuição do produto impactam os lucros e o processo de acumulação, é importante apontar algumas diferenças desta sua tese com a de Smith, em *A Riqueza das Nações*.

Em Smith, a busca de uma medida invariável de valor tem como principal objetivo permitir-lhe construir um índice de avanço da prosperidade (de desenvolvimento econômico), enquanto Ricardo está preocupado em encontrar uma medida que lhe permita identificar

---

[253] NAPOLEONI, Claudio. *O valor na ciência econômica*. Portugal: Editorial Presença; Brasil: Martins Fontes, 1977, pp. 41/42.

[254] NAPOLEONI, Claudio. *O valor na ciência econômica*. Portugal: Editorial Presença; Brasil: Martins Fontes, 1977.

as mudanças que impactam a distribuição, prejudicando os lucros e obstando a acumulação. Como Smith opera com a soma (adição) das remunerações dos fatores de produção (ou com os "custos de produção"), as conexões existentes entre a produção e a distribuição não ficam claras, pois aparecem como independentes, enquanto em Ricardo elas são evidentes, entrelaçadas, sendo organicamente interdependentes. Isso, por exemplo, aparece, de forma cristalina, nas críticas feitas a Smith por Ricardo, especialmente a que diz respeito à sua tese de que "um aumento no preço do trabalho seria uniformemente acompanhado por um aumento no preço de todas as mercadorias", em nada alterando, portanto, os valores de troca. Para Ricardo, tal tese carece de fundamento, já que só aumentariam os preços das mercadorias que utilizam menos capital fixo que o da medida-padrão, enquanto os das demais seriam reduzidos. O contrário ocorreria no caso de diminuição dos salários. E isso, inegavelmente, modificaria a distribuição, alterando os valores de troca e a taxa de lucro, afetando o processo de acumulação.[255]

### 3.4.1.2 Os determinantes do valor: a renda da terra, os salários e os lucros do capital

Ao contrário de Smith que tratou da renda da terra no último capítulo (XI), do Livro I, após a análise dos salários e dos lucros do capital, Ricardo antecipa essa discussão nos *Princípios*, com o claro propósito de descartá-la, de seu sistema teórico, como fonte de valor, e poder se dedicar, sem as inconsistências por ele apontadas na obra daquele autor na análise dessa questão, ao exame do que considera os determinantes que efetivamente podem alterar os valores de troca: os salários e os lucros.

Tendo substituído o cereal (o trigo) do *Essay* pela quantidade de trabalho como medida de valor, Ricardo mantém, nos

---

[255] RICARDO, David. *Princípios da Economia Política e da Tributação*. São Paulo: Abril Cultural, [1817] 1982, p. 60 (Os Economistas).

CAPÍTULO III – DAVID RICARDO: DESFAZENDO A...

capítulos 2 e 3 de sua obra, a tese anterior de ser a produtividade na agricultura (e nas minas de metais) decrescente e de que, como na última unidade que está sendo explorada, não existe renda, esta não entra na determinação do valor. Isso significa que a renda da terra só existe por que maior quantidade de trabalho é exigida para produzir uma mesma quantidade de produto em terras (ou minas) de qualidade inferior às que estão sendo exploradas, tratando-se, portanto, de uma renda diferencial, que é apropriada (transferida) para seu proprietário, mas não que seja a terra (ou mina), por si só, geradora de valor. Como o valor de troca de todas as mercadorias é regulado pela produção de um produto nas condições mais desfavoráveis, caso contrário, pelo processo de concorrência, capitais migrariam para as atividades mais rentáveis, derrubando e conduzindo à uniformização da taxa de lucros, na terra (ou mina) de pior qualidade não existiria renda, mas apenas lucros e salários, não sendo ela, portanto, causa da riqueza, mas apenas sua consequência, não podendo ser incluída entre os determinantes do valor, devendo ser considerada apenas como uma apropriação de parte do produto, por seu proprietário, "mas sem nenhuma referência a seu valor de troca".[256]

Por isso, não dá nenhuma razão a Smith que a incluiu como um componente do preço:

> Adam Smith, portanto, não pode ter razão ao supor a regra fundamental que determina o valor de troca das mercadorias, isto é, a quantidade comparativa do trabalho pelo qual são produzidas, possa ser de qualquer modo alterada pela apropriação da terra e pelo pagamento da renda. Matérias-primas entram na composição de muitas mercadorias, mas o valor delas, assim como o trigo, é regulado pela produtividade da última porção de capital empregada na terra e que não

---

[256] RICARDO, David. *Princípios da Economia Política e da Tributação*. São Paulo: Abril Cultural, [1817] 1982, p. 73 (Os Economistas).

FABRÍCIO AUGUSTO DE OLIVEIRA

paga renda; portanto, a renda não é parte componente do preço das mercadorias.[257]

Após descartar, também, no capítulo 4, qualquer confusão que possa ser feita, na sua análise, entre o preço natural e o preço de mercado tanto das mercadorias, como dos salários e dos lucros, resultante de desvios acidentais e temporários do segundo, como resultado de desequilíbrios na oferta e demanda de produtos e dos fatores de produção, os quais serão corrigidos no ambiente da livre concorrência, questão que considera suficientemente discutida no capítulo VII de *A Riqueza das Nações*, Ricardo deixa claro que restringirá sua análise ao exame "das leis que regulam os *preços naturais, os salários naturais e os lucros naturais*, pois são efeitos completamente independentes daquelas causas acidentais".[258]

No desenvolvimento de sua teoria do valor, Ricardo constatou, como visto anteriormente, que a quantidade de trabalho contida em uma mercadoria e a quantidade de trabalho que o trabalhador pode adquirir com o salário recebido não são iguais. Percebeu, assim, a existência de uma ruptura no processo de troca, um momento em que a lei do valor não se verifica. Ainda que em várias passagens de sua obra essa questão seja enunciada de forma enfática, o fato, entretanto, é que em nenhum momento se dispôs a dar-lhe uma solução satisfatória. Por isso, restringe-se, no capítulo V, onde trata dos salários, à análise de seus determinantes.

A bem da verdade, existiam dois caminhos que poderia ter percorrido para dar uma resposta a essa questão: aprofundar no seu exame, o que poderia levá-lo a fazer a distinção entre *trabalho* e *força de trabalho*, com o que identificaria a causa desta ruptura; ou seguir por outro caminho menos sinuoso e comprometedor, sem

---

[257] RICARDO, David. *Princípios da Economia Política e da Tributação*. São Paulo: Abril Cultural, [1817] 1982, p. 70 (Os Economistas).

[258] RICARDO, David. *Princípios da Economia Política e da Tributação*. São Paulo: Abril Cultural, [1817] 1982, p. 79 (Os Economistas), *itálicos acrescentados*.

CAPÍTULO III – DAVID RICARDO: DESFAZENDO A...

ter de investigar a causa dessa ruptura, que foi o por ele escolhido, deixando em aberto essa questão. Só décadas mais tarde, Marx, ao fazer a correta distinção entre trabalho e força de trabalho em sua obra, *O Capital*, demonstrará que o trabalhador vende ao capitalista não o seu trabalho (que entende como o resultado da aplicação de sua capacidade de trabalho), mas a sua força de trabalho, cujo valor é determinado pelo tempo de trabalho necessário à sua reprodução. Mas essa mercadoria especial, a força de trabalho, é capaz de criar um valor acima do que necessita para atender suas necessidades. Este valor excedente, que Marx denominou de *mais-valia*, que é apropriado pelo capitalista, a quem o trabalhador alienou sua força de trabalho, corresponde ao lucro no esquema ricardiano, responsável pela ruptura que ocorre no processo de troca, que ele, apesar de ter claramente identificado, não se dispôs (ou não se viu em condições) a dar uma resposta satisfatória.

A respeito disso, lê-se em Marx:[259]

> Ricardo não se preocupa com a origem da mais-valia. Trata-a como uma coisa inerente ao modo capitalista de produção, o qual é, a seus olhos, a forma natural de produção social. Quando fala de produtividade do trabalho, não procura nela a causa da existência da mais-valia, mas a causa que determina a magnitude dela. Por outro lado, sua escola proclama a produtividade do trabalho como a causa geradora do lucro (leia-se mais-valia). (...) Apesar disso, a escola de Ricardo limitou-se também a contornar o problema sem resolvê-lo.

Ou ainda sobre a confusão feita por Ricardo, em seu sistema, entre a taxa de lucro e a taxa de mais-valia:

---

259 MARX, Karl. *O capital*: crítica da economia política: o processo de produção do capital. Livro I. 2ª ed. Rio de Janeiro: Civilização Brasileira, [1867] 1971, p. 592.

Ricardo, alegando estudar a taxa de lucro, estudava, na verdade, a taxa de mais-valia e, além disso, considerando apenas a hipótese de ser a jornada intensiva e extensivamente magnitude constante.[260]

Apesar disso, Ricardo consegue formular, com justeza, sua teoria de determinação dos salários (ou do valor da força de trabalho, na linguagem marxista), logo na abertura do capítulo, quando afirma:

> o trabalho, como todas as outras coisas que são compradas e vendidas e cuja quantidade pode ser aumentada ou diminuída, tem seu preço natural e seu preço de mercado. O preço natural do trabalho é aquele necessário para que os trabalhadores em geral subsistam e perpetuem sua descendência, sem aumento ou diminuição.[261]

Descarta, em seguida, qualquer possibilidade de confusão entre o que entende por salário real e salário monetário, afirmando que:

> a capacidade do trabalhador para sustentar a si e à família, que pode ser necessária para conservar o número de trabalhadores, não depende da quantidade de dinheiro que ele possa receber como salário, mas da quantidade de alimentos, gêneros de primeira necessidade e confortos materiais que, devido ao hábito, se tornaram para ele indispensáveis e que aquele dinheiro poderá comprar.[262]

---

[260] MARX, Karl. *O Capital*: crítica da economia política: o processo global de produção capitalista. Livro III. Rio de Janeiro: Civilização Brasileira, [1894] 1974, pp. 277/278.

[261] RICARDO, David. *Princípios da Economia Política e da Tributação*. São Paulo: Abril Cultural, [1817] 1982, p. 81 (Os Economistas).

[262] RICARDO, David. *Princípios da Economia Política e da Tributação*. São Paulo: Abril Cultural, [1817] 1982 (Os Economistas).

CAPÍTULO III – DAVID RICARDO: DESFAZENDO A...

Tendo determinado o valor do trabalho e feita a distinção entre salário real e salário monetário, Ricardo procura, em seguida, identificar as causas que engendram alterações nos salários, buscando uma solução lógica para o problema com que se defronta. Com isso em vista, afirma ainda neste parágrafo:

> o preço natural do trabalho (...) depende do preço dos alimentos, dos gêneros de primeira necessidade e das comodidades exigidas para sustentar o trabalhador e sua família. Com um aumento no preço dos alimentos e dos gêneros de primeira necessidade, o preço do trabalho aumentará. Com uma queda no preço daqueles bens, cairá o preço natural do trabalho.[263]

Reconhece que no processo de desenvolvimento, o preço natural do trabalho tende sempre a crescer, à medida que os custos de produção de alimentos são crescentes, devido à *produtividade decrescente na agricultura*. Mas que tal tendência pode ser contida ou até mesmo mais do que compensada com os aperfeiçoamentos na agricultura e a descoberta de novos mercados de onde se pode importar esses bens a preços mais baixos. Já no caso dos demais bens produzidos pela *indústria*, seu preço natural tende a cair com o desenvolvimento, como resultado dos avanços técnicos da maquinaria, "da melhor divisão do trabalho e da crescente qualificação científica e técnica dos produtos".[264] Ou seja, no caso da indústria, contar-se-ia com *rendimentos crescentes de escala*, ao contrário do que ocorre na agricultura, contribuindo para a queda do preço natural do trabalho.

---

263 RICARDO, David. *Princípios da Economia Política e da Tributação*. São Paulo: Abril Cultural, [1817] 1982 (Os Economistas).

264 RICARDO, David. *Princípios da Economia Política e da Tributação*. São Paulo: Abril Cultural, [1817] 1982 (Os Economistas).

## FABRÍCIO AUGUSTO DE OLIVEIRA

Além do preço das mercadorias nos quais os salários são gastos na determinação do preço natural do trabalho, Ricardo introduz uma segunda causa: a oferta e a demanda de trabalhadores. Com isso, estabelece a distinção entre o preço natural e o preço de mercado do trabalho:

> o preço de mercado do trabalho é aquele realmente pago por este, como resultado da interação natural das proporções entre a oferta e a demanda. O trabalho é caro, quando escasso, e barato quando abundante.[265]

Identificando o trabalho com as demais mercadorias, assegura que, por várias razões, o preço de mercado do trabalho pode desviar-se de seu preço natural, temporariamente, beneficiando o trabalhador com maior poder de compra, mas isto desencadeará forças que o levarão novamente a igualar-se àquele. O mesmo ocorreria no caso de o preço de mercado situar-se abaixo do preço natural. Para o caso de uma mercadoria comum, tal tese é perfeitamente correta, pois, pelo processo de concorrência entre os capitais, estes migrarão para as atividades em que o preço de mercado se situe acima do preço natural, gerando um sobrelucro, o que, ao aumentar a oferta dessa mercadoria, reconduzirá o sistema, como consequência, à uniformização da taxa de lucro. Mas, no caso especial da *mercadoria-trabalho*, considerando que não existe uma indústria que produza trabalhadores, como Ricardo encontra uma solução para igualar o preço de mercado do trabalho com o seu preço natural?

Ricardo recorre para dar uma solução a este problema, ou seja, o de estabelecer um mecanismo de articulação entre o preço de mercado e o preço natural do trabalho, à Lei Malthusiana da População. De acordo com essa, os salários, ao se fixarem no

---

[265] RICARDO, David. *Princípios da Economia Política e da Tributação*. São Paulo: Abril Cultural, [1817] 1982 (Os Economistas).

## CAPÍTULO III – DAVID RICARDO: DESFAZENDO A...

mercado a um nível superior ao que é necessário para os trabalhadores atenderem suas necessidades, melhoram sua situação de vida, o que os torna propensos a aumentar o número de membros da família, fazendo com que, no longo prazo, a população e o número de trabalhadores aumentem, reduzindo os salários pela ampliação da oferta de mão de obra, levando, tendencialmente, o preço de mercado a se igualar ao preço natural. O mesmo ocorreria, em sentido inverso, caso o preço de mercado se situasse abaixo do preço natural, quando diante de maior penúria e miséria, a procriação seria desestimulada, ocasionando a diminuição da população e da oferta de mão de mão de obra. Ou seja, Ricardo, como já o fizera Smith, antecipando-se a Malthus, e o fará mais tarde John Stuart Mill, estabelece uma clara conexão entre alimentos e procriação, como se a vida, à época, se resumisse à garantia do sustento: quanto maior a quantidade de comida, maior o número de filhos, e vice-versa.

Alguns comentários são necessários para se entender melhor essa Lei da População de Malthus, que terminou seduzindo os economistas da época e levando-os a incorporá-la em seus arcabouços teóricos. Embora, em sua origem, a análise do movimento populacional não tenha por paternidade o pastor Thomas Robert Malthus (1766-1834), foi ele quem primeiro a sistematizou e deu-lhe um tratamento lógico. Formulou-a a partir da constatação do rápido crescimento da população nas cidades que ocorria à época, mas sem contar com um conjunto de dados extensos e variados que lhe permitissem comprová-la.[266]

---

[266] Em sua obra *Teorias da mais-valia*, Marx atribui a James Anderson (1739-1808), um agricultor escocês, jornalista e economista, a paternidade da *teoria da renda diferencial* apresentada no trabalho "Uma investigação sobre a natureza da lei dos cereais", de 1777. Para ele, Ricardo se enganou ao atribuí-la a Malthus, a quem chama de "um plagiário por ofício" e o considera um defensor "profissional da aristocracia fundiária contra o proletariado", que a teria utilizado, em 1815, "para dar fundamento tanto econômico-nacional quanto real (histórico-natural) à sua teoria da população", sem se dignar a citar seu autor (MARX, Karl. *Teorias da mais-valia:* história crítica do

FABRÍCIO AUGUSTO DE OLIVEIRA

O trabalho de Malthus sobre este tema, intitulado *Ensaio sobre a População*, foi publicado em 1798. Em sua obra, tomou como referência o crescimento da população dos Estados Unidos, e concluiu que, mantido o mesmo ritmo de crescimento, ela dobraria a cada 25 anos, por serem, ali, os "(...) costumes do povo mais puros e, consequentemente, [menores] os obstáculos aos casamentos precoces (...)".[267] Sem essas limitações, generalizou a experiência americana, à época, para o restante do mundo, afirmando que "quando não controlada, [a população] cresce numa progressão geométrica".[268] De outro lado, considerou a produção de alimentos na Inglaterra, à época, e estimou que, quando muito, seu aumento se igualaria, no mesmo tempo de 25 anos, à produção da época. Com exemplos numéricos, supôs que a população inicial fosse de 7 milhões de habitantes e que a produção de alimentos fosse suficiente para atender suas necessidades. Nos próximos 25 anos, a população aumentaria para 14 milhões e, como a produção de alimentos também duplicaria, não surgiriam problemas na sua oferta. Mas, nos próximos 25 anos, quando a população aumentasse para 28 milhões, a produção de alimentos seria suficiente para atender apenas 21 milhões, já que seu aumento corresponderia à produção atual de 7 milhões apenas, processo que só tenderia a se agravar no tempo, caso o crescimento da população não fosse controlado. Por isso, para ele, enquanto a população crescia a taxas geométricas, a produção de alimentos crescia a taxas aritméticas.[269]

---

pensamento econômico. vol. II. Rio de Janeiro: Civilização Brasileira, [1861-1863] 1980, pp. 545-547).

[267] MALTHUS, Thomas Robert. *Princípios de Economia política e considerações sobre sua aplicação prática - Ensaio sobre a População*. São Paulo: Abril Cultural, [1820; 1798] 1983, p. 289.

[268] MALTHUS, Thomas Robert. *Princípios de Economia política e considerações sobre sua aplicação prática - Ensaio sobre a População*. São Paulo: Abril Cultural, [1820; 1798] 1983.

[269] MALTHUS, Thomas Robert. *Princípios de Economia política e considerações sobre sua aplicação prática - Ensaio sobre a População*. São Paulo: Abril Cultural, [1820; 1798] 1983, pp. 283-287.

## CAPÍTULO III – DAVID RICARDO: DESFAZENDO A...

Resultado natural deste processo: o aumento excessivo da população à frente do aumento dos alimentos conduziria, de um lado, à diminuição do salário do trabalhador, pelo excesso de oferta de mão de obra, e, de outro, a uma pressão permanente de elevação do preço do alimento, pela sua escassez relativa. Mesmo que o barateamento do preço do trabalho, decorrente do aumento da população e da oferta de mão de obra, com o consequente aumento do lucro do produtor, levasse à contratação de novos trabalhadores para produzir mais alimentos, e, com isso, à recuperação do salário, o processo voltaria a ocorrer, pois, tendo melhorado sua condição, o trabalhador retornaria à sua "natureza" procriadora, com a população voltando a crescer no ritmo anterior, com o processo se repetindo. Como consequência, seriam inevitáveis a fome, a miséria, as epidemias e a morte, principalmente para a população mais pobre, na ausência de mecanismos de controle do crescimento populacional.[270] O trabalhador, e apenas o trabalhador, seria, assim, o único responsável pela sua própria miséria e desgraça, dada a sua "natureza" desatinada e insensata de procriação.

A única saída, nessas condições, para melhorar a condição de vida dos trabalhadores (e também a dos pobres) seria, além dos "freios naturais" que ele chama de "positivos" (inanição, epidemias, pestes, mortes etc.), os "freios preventivos", nos quais não inclui métodos contraceptivos pela sua condição de sacerdote, que consistiriam na tomada de consciência de serem eles os próprios causadores de sua pobreza, casando antes de terem condições de sustentar uma família e gerando filhos acima de sua capacidade financeira de criá-los. Com isso, o excedente econômico que poderia ser destinado para o aumento e a acumulação de capital, perdia-se com o pagamento de alimentos crescentemente caros e insuficientes para toda a população. Mesmo sendo pastor, posicionava-se

---

[270] MALTHUS, Thomas Robert. *Princípios de Economia política e considerações sobre sua aplicação prática - Ensaio sobre a População*. São Paulo: Abril Cultural, [1820; 1798] 1983, pp. 283-287.

radicalmente contra instituições, como a Lei dos Pobres, não somente pelo que representava em termos de impedir a mobilidade do trabalho, ao aprisionar seus beneficiários em uma paróquia, mas, principalmente, por incentivar o casamento e o processo de procriação, ao garantir para eles sustento, e por desincentivar o trabalho e promover a indolência, usando estes mesmos argumentos para condenar, também, o donativo ou auxílio concedido por um indivíduo rico ao pobre.[271] O pensador econômico não se deixava trair, assim, por seus preceitos e compromissos divinos.

Inúmeras críticas já foram feitas à Lei de Malthus e não cabe aqui repeti-las. Algumas mais relevantes devem, no entanto, ser relembradas, pois importantes para compreender o momento histórico em que Ricardo desenvolvia seu sistema, no qual a incorporou. A primeira, o grave erro das estatísticas, ao comparar a taxa de crescimento da população dos EUA com o crescimento da produção de alimentos na Inglaterra e extrapolá-las para o resto do mundo. A segunda, de não ter percebido que o acentuado crescimento das cidades naquela época devia-se à forte migração do campo, onde a taxa de natalidade é mais alta, provocada pela Revolução Industrial, em curso, mas sem provocar de imediato uma redução da taxa de crescimento populacional, o que terminaria ocorrendo posteriormente, já que se leva tempo para que os costumes sejam alterados. Por tudo isso, a Inglaterra vivia um período de *boom* demográfico, tendo a taxa de crescimento de sua população atingido o máximo em 1806, para só depois começar a diminuir lentamente. A terceira, a desconsideração, em sua teoria, dos progressos que vinham ocorrendo na agricultura, como as que diziam respeito, por exemplo, às descobertas de novos adubos químicos e de novas técnicas de cultivo e de tratamento do solo, que propiciariam notável aumento da produtividade agrícola, e que,

---

[271] GALVÊAS, Ernane. "Apresentação". *In*: MALTHUS, Thomas Robert. *Princípios de Economia política e considerações sobre sua aplicação prática - Ensaio sobre a População*. São Paulo: Abril Cultural, 1983, p. XIV.

## CAPÍTULO III – DAVID RICARDO: DESFAZENDO A...

apesar de presentes em seu tempo, Malthus simplesmente ignorou nas reedições da obra que faria até 1826, mantendo suas posições iniciais.[272] A quinta, a de que, ao trabalhar com uma defasagem de 20 a 25 anos para o ajustamento da população e da mão de obra à nova situação, supondo que as condições de demanda do trabalho permanecessem as mesmas (para isso seria necessário que a taxa de acumulação se mantivesse ou que se iniciasse a substituição de trabalhadores por máquinas), sua teoria torna-se completamente irreal.

Apesar de discordar de Malthus em várias questões[273] e também de repetidamente, em seu trabalho, mencionar os progressos técnicos na agricultura e os consequentes aumento de produtividade deles resultantes, Ricardo a incorporou em sua teoria e colocou a população como variável de ajustamento do preço de mercado ao preço natural do trabalho, analisando seu comportamento sob a influência dos movimentos de expansão e de contração do montante de capital aplicado na economia.

Por não fazer distinção entre o que Marx mais tarde denominaria capital constante (capital fixo e insumos) e capital variável (força de trabalho), o entendimento da exposição de Ricardo, dessa parte, exige atenção redobrada para ser entendida. Basicamente consiste no seguinte: enquanto a taxa de crescimento do capital for superior à taxa de crescimento da população, o preço de mercado do trabalho subirá em relação ao seu preço natural. Neste caso, procura responder à seguinte questão: o que ocorrerá com o valor do capital aplicado e em que medida os trabalhadores serão beneficiados? Sua resposta é que tudo vai depender do que ocorre

---

272 GALVÊAS, Ernane. "Apresentação". *In*: MALTHUS, Thomas Robert. *Princípios de Economia política e considerações sobre sua aplicação prática - Ensaio sobre a População*. São Paulo: Abril Cultural, 1983, p. XII.

273 RICARDO, David. *Notas aos Princípios de Economia Política de Malthus*. São Paulo: Abril Cultural, [1928] 1983.

com a outra causa da determinação do preço natural do trabalho: o *preço das mercadorias que eles consomem*.

Com o aumento do capital e da demanda de trabalhadores, o preço dos alimentos tenderá a subir, devido aos rendimentos decrescentes da terra, aumentando, portanto, o preço natural do trabalho (os salários reais) e o valor do capital tenderá a aumentar, pois mais capital circulante será exigido para a produção. Neste caso, os ganhos dos trabalhadores serão menores, à medida que parte do aumento dos salários terá de ser destinada para manter o mesmo consumo de bens, com a renda da terra aumentando, e o ajustamento entre o preço de mercado do trabalho e de seu preço natural será mais rápido, pois a população crescerá a um ritmo menor e menor será a oferta adicional de mão de obra.

No caso do aumento do capital ser destinado a melhorias e progressos técnicos na indústria, por meio da maquinaria, a situação será diferente: com a maior produtividade que será obtida pelo trabalhador, o preço natural do trabalho diminuirá, com o capital podendo até mesmo reduzir o seu valor, com essa queda (exigência de menor dotação de capital por trabalhador), mas os trabalhadores poderão sair ganhando mais do que na situação anterior, à medida que, sem alteração nos preços dos alimentos, contarão com a redução no preço das demais mercadorias (menos trabalho será a elas incorporado), dada a redução dos salários naturais. Neste caso, o ajustamento do preço de mercado ao preço natural levaria mais tempo.

Por outro lado, assim como o aumento do capital eleva os preços de mercado, a redução de seu ritmo de crescimento provoca efeito contrário, o que Ricardo considera uma característica natural do desenvolvimento, já que a população, estimulada pela melhoria ocorrida, manterá sua taxa de crescimento em nível superior àquela. Neste caso, a demanda por trabalhadores diminuirá, derrubando os salários, enquanto os preços dos alimentos continuarão pressionados por algum tempo, podendo aumentar o valor do capital

## CAPÍTULO III – DAVID RICARDO: DESFAZENDO A...

(mais capital-trabalho), reforçando a tendência à redução da taxa de lucro e conduzindo o capital, com o avanço deste processo, a um quadro estacionário a longo prazo, acontecendo o mesmo com os salários "que seriam suficientes apenas para manter o atual número de trabalhadores".[274]

Resumo da análise do salário em Ricardo: mesmo que temporariamente os salários reais dos trabalhadores melhorem pelos efeitos do aumento da demanda de emprego, estes ganhos são transitórios, pois isso despertará forças naturais, que levarão ao aumento do preço dos alimentos e ao consequente aumento do preço natural do trabalho, com queda da taxa de lucro e desestímulo à acumulação, fazendo com que o preço de mercado volte a se igualar àquele, ou seja, ao mínimo para sua subsistência. É esse fenômeno que recebeu a denominação de "lei férrea dos salários" que Ricardo importou da teoria da população de Malthus e que, sinteticamente, diz serem inúteis os esforços para aumentar os salários naturais dos trabalhadores, pois, a longo prazo, o crescimento da população o conduzirá novamente ao nível de subsistência. O salário natural do trabalhador ou o preço natural do trabalho pode ser considerado, portanto, constante em seu sistema, significando que resta ver o que ocorre com os lucros às suas mudanças para que o mesmo seja determinado. Como Denis[275] aponta em sua história sobre o pensamento econômico:

> (...) sendo os salários determinados por certas leis naturais, a questão da repartição encontra-se resolvida. Efetivamente, os lucros não passam do que resta nas mãos dos capitalistas, uma vez pagas as rendas e os salários.

---

274 RICARDO, David. *Princípios da Economia Política e da Tributação*. São Paulo: Abril Cultural, [1817] 1982, p. 85 (Os Economistas).

275 DENIS, Henri. *História do pensamento econômico*. Lisboa: Livros Horizonte, 1974, p. 344.

Neste processo de elevação dos salários, ainda que temporariamente, a taxa de lucro tende a declinar, pois, devido ao aumento do preço dos alimentos e consequente aumento do preço natural do trabalho, maior volume de capital aplicado será exigido (maior quantidade de capital-trabalho) para a obtenção do mesmo produto, dados os rendimentos decrescentes da terra. Mas, no longo prazo, não saem ganhando nem o trabalhador, porque os salários tendem a retornar ao seu mínimo de subsistência, nem o capital, cuja taxa de lucro cai, podendo conduzir a economia a um estado estacionário, onde todos saem perdendo. O beneficiário dessa situação termina sendo o proprietário da terra que, sem dar qualquer contribuição para aumentar o valor do produto (a renda não é fonte de valor), apropria-se de uma parcela crescente do excedente econômico pelo fato de ter sido exigido maior quantidade de trabalho para gerar o mesmo produto. Nessa perspectiva analítica, o conflito entre capitalistas e proprietários de terra aparece com toda clareza, e a possibilidade de se produzir a "harmonia entre as classes sociais", como previa Smith, desaparece. Para deter ou adiar este processo, Ricardo, além de apontar os ganhos que podem derivar do desenvolvimento tecnológico e a redução do valor do capital decorrente da diminuição do preço natural do trabalho, opõe-se, também, a qualquer interferência externa a este mundo natural (leia-se do governo e de leis), que artificialmente eleve os salários, e às instituições, como a Lei dos Pobres, tal como em Smith e Malthus, por manterem alimentos na boca dos indivíduos que não trabalham, pelo que isso representa para inibir a mobilidade e concorrência do trabalho e, portanto, pela sua influência negativa no seu preço real, mantendo-o mais alto que o preço "natural", e, também pelo estímulo que provoca para o aumento populacional.

Tendo determinado o preço natural do trabalho nessas condições e excluída a terra como fonte de valor, os lucros aparecem, no Capítulo VI, como consequência, *sempre como um resíduo*. Considerando que "nem o agricultor que cultiva a quantidade de terra que regula o preço nem o fabricante de manufaturados

## CAPÍTULO III – DAVID RICARDO: DESFAZENDO A...

sacrificam qualquer parcela do produto para pagar renda", Ricardo coloca os lucros dependendo exclusivamente dos salários, ao concluir que, neste caso, "o valor total de suas mercadorias é dividido apenas em duas porções: os lucros do capital e os salários dos trabalhadores".[276] Assim, se os salários naturais aumentam, devido ao aumento do preço natural do trabalho, a taxa de lucro necessariamente cairá, desestimulando a acumulação de capital.

Mas porque os lucros caem e por que o capitalista não os defende elevando o preço do produto na mesma proporção? Por que a quantidade produzida da mercadoria continuará a mesma, apenas exigindo-se maior quantidade de trabalho para sua produção, devido aos rendimentos decrescentes da terra e, portanto, maiores salários para recompor o poder de compra de subsistência do trabalhador. Isso exigiria do produtor agrícola o pagamento de uma renda (diferencial) da terra, que não entra na contabilidade do valor, como já visto, ao mesmo tempo em que, nessa estrutura, o aumento de salários elevaria sua participação no montante do capital aplicado na produção. Vejamos por meio de um exemplo numérico como isso ocorreria.

O quadro apresentado em seguida considera que com 200 unidades monetárias de capital, distribuído em porções iguais (100 unidades de capital fixo e 100 de circulante), remunerado a uma taxa de lucro de 10%, seja produzido, numa primeira terra, um bem com um valor, em termos de unidades monetárias, de 220, propiciando uma massa de lucro de 20, não se pagando, ali, renda da terra.

---

[276] RICARDO, David. *Princípios da Economia Política e da Tributação*. São Paulo: Abril Cultural, [1817] 1982, p. 91 (Os Economistas).

| Período | Capital fixo (1) | Salários (2) | Capital total 3 = (1+2) | Volume de Lucro (4) | Renda da Terra (6) | Taxa de lucro (%) (4/3) | Valor do produto Bruto (5) | Valor produto líquido (5-6) |
|---|---|---|---|---|---|---|---|---|
| 1ªTerra | 100 | 100 | 200 | 20 | 0 | 10 | 220 | 220 |
| 2ªTerra | 100 | 105 | 205 | 15 | 0 | 7,31 | 220 | 220 |

## CAPÍTULO III – DAVID RICARDO: DESFAZENDO A...

Supondo que haja necessidade de dobrar a produção de alimentos em virtude do avanço do processo de acumulação e da necessidade de empregar mais trabalhadores, as maiores dificuldades de produção, dado que se tem de avançar em terras menos férteis, farão com que o preço natural do trabalho se eleve e os salários naturais terão de ser corrigidos, por exemplo, em 5%, aumentando para 105 unidades, com o capital adicional para essa nova produção passando para 205, mas produzindo a mesma quantidade de alimentos como consequência da menor produtividade da terra. Nessa situação, ou seja, na última porção da terra cultivada, não haveria pagamento da renda da terra, e o produto continuaria sendo distribuído entre o capital e os salários, não alterando, portanto, o valor de troca, mas a taxa de lucros se reduziria para 7,31%, já que o produto permaneceria o mesmo, enquanto o capital aplicado aumentaria para 205, reduzindo o volume de seus lucros para 15.

Estaríamos aqui numa situação de desigualdade da taxa de lucro entre os distintos capitais, colidindo com o princípio da livre concorrência, já que o primeiro produtor obteria uma taxa de 10% e o segundo de 7,31%, diante da maior produtividade da terra. Inevitavelmente, contudo, capitais migrarão para a terra mais rentável e, nessa concorrência, os capitalistas se mostrarão dispostos a pagar, ao seu proprietário, na forma de renda, um aluguel pelo seu uso, com esse processo prosseguindo até que a taxa de lucro se iguale nas duas terras, quando então se encerrará essa disputa, já que não haverá mais motivação para tanto. Quando isso ocorrer, o primeiro produtor estará pagando ao proprietário de terra uma renda diferencial de 5 unidades monetárias, com as taxas de lucros se igualando e teríamos o mesmo quadro, mas modificado:

| Período | Capital fixo (1) | Salários (2) | Capital total 3 = (1+2) | Volume de Lucro (4) | Renda da Terra (6) | Taxa de lucro (%) (4/3) | Valor do produto Bruto (5) | Valor produto líquido (5-6) |
|---|---|---|---|---|---|---|---|---|
| 1'Terra | 100 | 105 | 205 | 20 | 5 | 7,31 | 225 | 220 |
| 2'Terra | 100 | 105 | 205 | 15 | 0 | 7,31 | 220 | 220 |

## CAPÍTULO III – DAVID RICARDO: DESFAZENDO A...

Caso todos decidam por aumentar proporcionalmente os preços monetários na proporção do aumento dos salários, uma vez excluída a renda que foi paga pelo uso da terra, que provocou estes movimentos, a correção generalizada e feita na mesma intensidade, em nada modificará os termos do valor de troca do produto e este permanecerá o mesmo. Por isso, os capitalistas terão de abrir mão de parcela de sua taxa de lucros para pagar o custo mais elevado da subsistência do trabalhador. E por isso afirma que "o aumento de salário não eleva o preço das mercadorias, mas invariavelmente reduz os lucros".[277]

Note-se que, neste exemplo, a taxa de lucro cai na segunda porção de terra para 7,31% e que poderá continuar caindo caso se avance neste processo, aumentando progressivamente as dificuldades de produção de alimentos, seguidas de elevações nos salários naturais, conduzindo a economia, inexoravelmente, para um quadro "estacionário", onde não haverá qualquer incentivo para a acumulação, devido à inexistência de motivação para investir, ou seja, de uma taxa de lucro que recompense os esforços do capital.

Para Ricardo, portanto, "a tendência natural dos lucros (...) é diminuir, pois com o desenvolvimento da sociedade e da riqueza, a quantidade adicional de alimentos requerida se obtém com mais e mais trabalho".[278] Enxerga, contudo, no progresso tecnológico, um meio para conter essa tendência, mas não para detê-lo:

> essa tendência, como se os lucros obedecessem à lei da gravidade, é felizmente contida, a intervalos que se repetem, pelos aperfeiçoamentos das maquinarias usadas na produção de gêneros de primeira necessidade, assim como pelas

---

277 RICARDO, David. *Princípios da Economia Política e da Tributação*. São Paulo: Abril Cultural, [1817] 1982, p. 100 (Os Economistas).

278 RICARDO, David. *Princípios da Economia Política e da Tributação*. São Paulo: Abril Cultural, [1817] 1982, p. 97 (Os Economistas).

descobertas da ciência da agricultura, que nos permitem (...) reduzir para o trabalhador o preço daqueles bens[279]

mas, como o aumento do preço do trabalho é limitado ao montante dos lucros,

quando os salários equivalessem às receitas totais do arrendatário [o lucro, neste caso, seria zero], a acumulação terminaria, uma vez que nenhum capital obteria lucro, não haveria demanda de trabalho e, consequentemente, a população teria atingido seu ponto mais elevado. De fato, bem antes dessa fase, a baixíssima taxa de lucro teria detido toda a acumulação, *e quase todo o produto do país, após o pagamento dos trabalhadores, pertenceria aos proprietários de terra e aos cobradores de dízimos e impostos.*[280]

Ressalta, dessa forma, que

bem antes de ser alcançada essa situação (...), não haverá motivo para a acumulação, [pois], assim como o trabalhador não pode viver sem seu salário, o arrendatário e o capitalista não podem viver sem o lucro. A motivação para a acumulação diminuiria a cada redução do lucro, e cessaria totalmente quando os lucros fossem tão baixos que já não compensassem os esforços do arrendatário e do industrial, nem o risco que devessem enfrentar no emprego produtivo do capital.[281]

Ao contrário de Smith que enxergou na tendência decrescente da taxa de lucros indícios de prosperidade de uma nação e de

---

[279] RICARDO, David. *Princípios da Economia Política e da Tributação*. São Paulo: Abril Cultural, [1817] 1982 (Os Economistas).

[280] RICARDO, David. *Princípios da Economia Política e da Tributação*. São Paulo: Abril Cultural, [1817] 1982 (Os Economistas), *itálicos acrescentados*.

[281] RICARDO, David. *Princípios da Economia Política e da Tributação*. São Paulo: Abril Cultural, [1817] 1982, p. 98 (Os Economistas).

CAPÍTULO III – DAVID RICARDO: DESFAZENDO A...

benefício para todas as classes sociais, incluindo a dos capitalistas, que para ele seriam compensados com maior volume global dos lucros devido à expansão do montante do capital aplicado – sua frase, a este respeito: "(...) um capital grande, embora produza lucros pequenos, geralmente aumenta com maior rapidez que um capital reduzido com lucros elevados",[282] Ricardo não comunga com essa posição. Para ele, mesmo este encontra limites de expansão se a taxa de lucro continuar em declínio e seu exemplo sobre isso não deixa dúvidas:

> Suponhamos (...) que a acumulação houvesse alcançado 1 milhão de libras à taxa de 7%, os lucros totais seriam de 70 mil libras. Adicionando-se mais 100 mil libras de capital às 1 milhão de libras anteriores, e caindo a taxa de lucro para 6%, os lucros seriam de 66 mil libras, registrando-se, pois, uma redução de 4 mil libras nos ganhos dos proprietários do capital, embora este, em valor global, houvesse aumentado de 1 milhão de libras para 1,1 milhão de libras.[283]

Por isso, "(...) não pode haver acumulação de capital enquanto este não proporcionar algum lucro, se não proporcionar, além do aumento do produto, também um acréscimo de valor".[284] Os trabalhadores até poderiam ganhar um salário monetário maior resultante do aumento do capital, devido ao aumento da demanda por trabalho resultante da expansão do capital, mas sua situação pioraria, pois somente poderiam comprar uma quantidade menor dos produtos devido ao aumento dos custos do trabalho. Para Ricardo,

---

282 SMITH, Adam. *A Riqueza das Nações*: investigação sobre sua natureza e suas causas. Livro III, vol. I. São Paulo: Abril Cultural, [1776] 1983, cap. I, pp. 112/113 (Os Economistas).

283 RICARDO, David. *Princípios da Economia Política e da Tributação*. São Paulo: Abril Cultural, [1817] 1982, p. 99 (Os Economistas).

284 RICARDO, David. *Princípios da Economia Política e da Tributação*. São Paulo: Abril Cultural, [1817] 1982 (Os Economistas).

os únicos ganhadores seriam os proprietários de terra: eles receberiam maiores rendas, primeiramente porque o produto tem um valor mais alto, e, além disso, porque receberiam uma parte muito maior dessa produção.[285]

E o país tenderá, com isso, para um "estado estacionário", de ruína e miséria. Essa tendência só poderia ser contida, mas não evitada, com o barateamento do preço natural do trabalho como resultado do uso da maquinaria na agricultura e na produção de bens que integram a cesta de consumo do trabalhador, e também na importação destes produtos a preços mais baixos do que os produzidos internamente, o que exigiria maior liberdade de comércio que Ricardo volta a defender com ênfase, como fez no *Essay*, no Capítulo VII dos *Princípios*, onde trata do comércio exterior.

É neste último capítulo da primeira parte dos *Princípios*,[286] que Ricardo realiza a defesa mais consistente da liberdade do comércio, inclusive entre as nações, e formula, para tanto, tendo como referência sua teoria do valor, uma de suas notáveis contribuições para a teoria econômica, conhecida como a *teoria das vantagens comparativas*. Sua ideia básica, que apresenta com vários exemplos numéricos, consiste no seguinte: um país pode ser beneficiado na troca (compra e venda) de um produto que faz com outro país, mesmo que seus *custos absolutos* sejam inferiores na produção dos dois bens, porque o que de fato interessa são os seus *custos comparativos*. Assim, na hipótese de o país A produzir 1 litro de vinho, empregando 10 horas de trabalho, e 100 metros de tecido com 20 horas; e o país B, contando com maior produtividade do trabalho, produzir os mesmos bens, mas gastar apenas 6 horas para obter 1 litro de vinho e 3 horas com o tecido; neste caso, parece não existir,

---

[285] RICARDO, David. *Princípios da Economia Política e da Tributação*. São Paulo: Abril Cultural, [1817] 1982 (Os Economistas).

[286] RICARDO, David. *Princípios da Economia Política e da Tributação*. São Paulo: Abril Cultural, [1817] 1982, cap. VII, pp. 101-112 (Os Economistas).

## CAPÍTULO III – DAVID RICARDO: DESFAZENDO A...

considerando os custos de ambos em termos estritamente absolutos, nenhum ganho para o país B efetuar qualquer intercâmbio com A. Quando se analisam os custos comparativos (relativos) conclui-se, contudo, que ambos saem ganhando neste intercâmbio.

Medido em termos de quantidade de trabalho, o custo da produção de vinho é mais baixo para o país A do que para o B: se deixar de produzir o tecido e empregar todo o trabalho na produção de vinho, ele conseguirá obter 3 litros. Por outro lado, no país B, o custo de produção de vinho é mais alto comparativamente, considerando a mesma medida, ao do tecido: se este abrir mão da produção de vinho, poderá obter mais 200 metros de tecido.

Supondo que ocorra uma troca de equivalentes da produção adicional de cada um destes produtos obtidos nestes países, obtida com a realocação do trabalho: o país B trocaria 2 litros de vinho (retendo 1 para consumo, que seria o que produziria se não se especializasse na produção deste bem) e receberia, em troca, 200 metros de tecidos (o dobro do que teria conseguido produzir). O país B receberia os 2 litros de vinho (antes conseguia produzir apenas 1) e manteria para seu consumo os mesmos 100 metros de tecido. Neste intercâmbio, ambos, portanto, saíram ganhando, e disso, Ricardo extrai recomendações sobre as vantagens de cada país se "especializar" nas atividades que apresentassem maiores ganhos comparativos (ou menores custos relativos) e melhores argumentos para defender o *laissez-faire* e condenar as ações do governo e das leis humanas contra a liberdade do comércio, pelos prejuízos causados para o funcionamento da economia e, em geral, para os países.

O que Ricardo não discute, neste caso das vantagens comparativas, são as diferenças e implicações, para a dinâmica e o crescimento econômico, da especialização de um país na produção de manufaturas, o caso da Inglaterra, cujo setor apresenta maior dinamismo e maiores encadeamentos setoriais, além de ser mais propício para o desenvolvimento tecnológico, em relação a outro país que opte, dada essa recomendação, por especializar-se na produção de bens primários (agrícolas, alimentos etc.), cujos setores irradiam efeitos bem mais tênues para a atividade econômica. Neste caso, embora as vantagens comparativas se apresentem favoráveis com essa especialização, certo é que os países dedicados à atividade industrial tenderão, inequivocamente, a levar vantagem sobre os que restringiram suas atividades à produção primária de bens.

De qualquer maneira, é interessante notar na questão específica da taxa de lucro que, se no *Essay* Ricardo assume que essa é regulada pelo lucro do agricultor, esse princípio, como observa Sraffa[287] "(...) desaparece de vista e não será encontrada nos *Princípios*", provavelmente pelas críticas que lhe foram feitas por Malthus, assinalando que "os lucros do agricultor não regulam mais os lucros de outros ramos industriais do que os lucros de outros ramos regulam os lucros do agricultor".[288] Mas o fato de ter deixado de explicitá-lo nos *Princípios*, não significa que Ricardo o tenha abandonado, pois em toda a sua argumentação a queda da taxa de lucro tem origem na elevação do preço do alimento e, portanto, exatamente na agricultura e, consequentemente, na queda do lucro do agricultor. Ou seja, se não é o lucro agrícola que regula a taxa geral de lucro, é da agricultura, com o avanço sobre terras menos férteis, que nascem as dificuldades que levam à sua queda.

### 3.4.1.3 Observações sobre os *Princípios*

O grande mérito de Ricardo foi, indiscutivelmente, o fato de ter trazido a taxa de lucro para o centro do sistema, considerando-a

---

[287] SRAFFA, Piero. "Introducción". *In*: RICARDO, David. *Principios de economía política y tributación*. México: Fondo Cultura Económica, 1973, p. 14.

[288] SRAFFA, Piero. "Introducción". *In*: RICARDO, David. *Principios de economía política y tributación*. México: Fondo Cultura Económica, 1973.

## CAPÍTULO III – DAVID RICARDO: DESFAZENDO A...

a grandeza econômica fundamental do processo de acumulação, e de ter enfatizado o desestímulo que sua queda representaria para que este pudesse prosseguir. Ao contrário de Smith, que via, neste fato, indícios de prosperidade, Ricardo consegue demonstrar que o esmagamento do lucro que ocorre, neste processo, constitui, na verdade, um óbice à continuidade da criação da riqueza e do avanço da prosperidade, podendo conduzir o país ao leito melancólico do "estado estacionário".

A teoria da distribuição que constrói, com base no valor da mercadoria que é produzido e distribuído entre as classes sociais, que participam do processo produtivo, para avaliar as causas que afetam os lucros neste processo, permite-lhe identificar a existência de conflitos entre as mesmas – primeiramente, entre os capitalistas e proprietários de terra; e posteriormente, com a revisão que fará na terceira edição dos *Princípios* sobre os efeitos da maquinaria, entre o trabalho e o capital –, retirando o processo de produção do leito plácido e harmonioso em que o havia situado Smith, na sua busca por conciliar estes interesses, e colocando-o no centro de disputas que entre elas se trava na apropriação do produto e do excedente gerado. Por isso, a teoria de Ricardo pode ser considerada "revolucionária", pois, ao tratar integradamente, e estabelecer as conexões entre a produção e a distribuição, propiciou a explicitação destes conflitos e as tensões permanentes entre estes atores que se manifestam no seio do próprio sistema.

Embora Ricardo tenha sido um burguês esclarecido e defendido claramente uma política favorável aos lucros em detrimento da renda, bem como sua centralidade no processo de acumulação, sua teoria, ao colocar o trabalho como fundamento do valor, abriu espaços, de um lado, para que fossem deduzidas fortes relações de antagonismo não somente entre os capitalistas e os proprietários de terra como entre o capital e o trabalho, passando a embasar a formulação de teorias por determinados autores, designados como socialistas ricardianos, como Thomas Hodgskin, John Gray, William Thompson, John Francis Bray, Karl Rodbertus e Karl Marlo, como aponta Denis,[289] desvelando a exploração do trabalho e sustentando o direito do último a toda produção. De outro, em reação à discórdia que se acentuava neste cenário, novas teorias também começaram a surgir para justificar o lucro e a remuneração do capital, destacando-se, entre essas, as de Mountifort Longfield e a de Nassau Senior, cujas obras foram publicadas em 1834 e 1836.[290] O primeiro exporia embrionariamente a ideia da produtividade marginal do capital (os lucros deviam-se à produtividade adicional do trabalho obtida com o uso do capital), enquanto para o segundo a remuneração do capital explicava-se pela *abstinência* feita pelo indivíduo poupador, que sacrificava o consumo presente para obter maiores prazeres no futuro, sendo que esta *abstinência* teria, segundo seu autor, a mesma relação com o lucro que o trabalho tem com os salários.[291]

Ao fato de Ricardo não ter conseguido justificar logicamente a existência do lucro em seu sistema, abrindo espaços para as teorias da discórdia nas relações entre o capital e trabalho e também das que procuravam justificar a remuneração do primeiro, somavam-se, ainda, as conclusões a que chegara atribuindo a "causas externas", como é o caso da lei dos rendimentos decrescentes da terra, que dá origem à renda de seu proprietário, a tendência de seu declínio. Isso se devia às hipóteses por ele adotadas e ao fato de não ter feito uma melhor distinção da natureza do capital e de sua distribuição entre os adiantamentos feitos aos trabalhadores para a produção, na forma de salários, e o investimento realizado nas máquinas e equipamentos por eles utilizados, o que Marx denominaria, posteriormente, de capital variável e de capital constante,

---

[289] DENIS, Henri. *História do pensamento econômico*. Lisboa: Livros Horizonte, 1974, pp. 392-396.

[290] DOBB, Maurice. *Teorias do valor e da distribuição desde Adam Smith*. Lisboa: Editorial Presença, 1973, p. 133.

[291] DOBB, Maurice. *Teorias do valor e da distribuição desde Adam Smith*. Lisboa: Editorial Presença, 1973, caps. 4 e 6.

CAPÍTULO III – DAVID RICARDO: DESFAZENDO A...

respectivamente, o que o impediu também de chegar ao conceito de mais-valia e de perceber claramente que a queda da taxa de lucros poderia ocorrer pelas próprias contradições internas do sistema e não como consequência destes conflitos.

Tal conclusão resulta muito de sua desconsideração do progresso técnico, embora em várias passagens de sua obra não deixe de mencionar seus efeitos sobre a produtividade do trabalho, que poderia ser estendido não só à indústria, mas também à agricultura, compensando as perdas decorrentes da exploração das terras menos férteis. Ao ignorar essa possibilidade e atribuir a queda da taxa de lucro à "crescente dificuldade de realizar constantes acréscimos nos alimentos do país", exigindo o aumento dos salários para recuperar o poder de compra do nível de subsistência do trabalhador, Ricardo não conseguiria dar consistência lógica às causas das mudanças e nem apreender as forças reais que afetam o lucro neste processo.

Mesmo quando revê sua posição sobre os efeitos da maquinaria na produtividade, no capítulo XXXI, Ricardo não chega a resultados satisfatórios em sua análise sobre a questão. Nele, abandona suas opiniões anteriores de que o progresso técnico seria benéfico para todas as classes sociais e passa a considerá-la prejudicial para os trabalhadores pelo desemprego que provoca e pela redução que acarreta nos salários, afetando positivamente os lucros. Tal revisão deveu-se à sua percepção de que o aumento do rendimento líquido, que considera a soma dos lucros mais a renda da terra, quando essa é positiva, não se traduzia necessariamente em aumento do rendimento bruto (ao qual se acrescentam os salários), pois, o progresso técnico, ao diminuir o capital circulante em relação ao capital fixo, poderia causar desemprego e reduzir os salários, pela menor demanda de mão de obra, diminuindo, assim, o produto bruto, mesmo diante do aumento do produto líquido, com a elevação do lucro. Mas, mesmo percebendo essa mudança, sua análise continua inconclusiva sobre essa questão. Isso porque, ao aprofundar em seu exame, diz-nos que o aumento do produto líquido, ao aumentar a capacidade de poupança dos capitalistas, dá novo impulso à acumulação, aumentando novamente a demanda de mão de obra e, "portanto, uma parte dos que foram postos fora do trabalho no primeiro momento será empregada em seguida". E, neste caso, se a agricultura conseguir responder ao aumento da demanda por alimentos, todos os trabalhadores terminarão sendo reempregados.

O fato é que as dificuldades de Ricardo se devem principalmente à falta de identificação clara da natureza do capital e das partes que o compõem, e que as mudanças em sua composição, características inerentes do próprio sistema, terminam afetando a taxa de lucro. Assim, mesmo percebendo no capítulo dedicado à maquinaria que a modificação nesta composição (proporção entre capital fixo e circulante) reduz as necessidades de trabalho e a participação dos salários no produto bruto, Ricardo continua insistindo ser o preço do alimento o responsável pela variação dos salários, pois continua mantendo, em seu modelo, a hipótese de inexistência do progresso técnico na agricultura.

De acordo com Marx, este teria sido um pecado original cometido por Smith, no que foi acompanhado por Ricardo e outros economistas "(...) de que a acumulação é apenas consumo do produto excedente por trabalhadores produtivos, ou seja, de que a capitalização da mais-valia é apenas a transformação desta em força de trabalho".[292]

Isso os impediu de enxergar mais claramente a composição do capital e como no processo de acumulação essa se modifica, afetando a taxa de lucro.

Marx, por outro lado, irá demonstrar que o grande problema no sistema de Ricardo, à semelhança do que ocorre em Smith, foi

---

[292] MARX, Karl. *O capital*: crítica da economia política: o processo de produção do capital. Livro I. 2ª ed. Rio de Janeiro: Civilização Brasileira, [1867] 1971, pp. 685-687.

## CAPÍTULO III – DAVID RICARDO: DESFAZENDO A...

o fato de ter circunscrito sua análise às categorias econômicas que aparecem na esfera da circulação, ou à superfície dos fenômenos, sem procurar explicá-las lógica e historicamente e, por isso, não ter compreendido o valor nas várias formas em que ele se manifesta na sociedade capitalista, o que o impediu de chegar à correta identificação das formas que assume o capital, como capital constante (que tanto ele, como Smith, denomina fixo) e o capital variável (circulante, como tanto Ricardo como Smith denominam os gastos diretos envolvidos na produção). Se tivesse feito isso e considerado o progresso técnico, inclusive na agricultura, poderia ter chegado à conclusão de que a queda da taxa de lucro não ocorre por "causas externas" ao sistema, mas sim como resultado de suas próprias contradições internas.

Isso porque, com o avanço da acumulação e o aumento da demanda por mão de obra, os salários tenderão, naturalmente, a aumentar, diminuindo a taxa de lucro. Para defendê-la, os capitalistas procurarão introduzir máquinas poupadoras de mão de obra, liberando trabalhadores para recompor o que Marx chama de "exército industrial de reserva", em substituição à Lei Populacional de Malthus adotada por Ricardo, e que cumpre o mesmo papel de manter rebaixados os salários. Ora, a introdução da maquinaria, ao elevar a produtividade do trabalho, encurta o tempo de trabalho necessário para a produção, significando que o capital poderá se beneficiar dessa mudança, apropriando-se de maior porção do rendimento bruto, de acordo com Ricardo, e que a taxa de lucro aumentará. Isso, no entanto, não necessariamente ocorrerá devido à mudança da composição orgânica do capital provocada por essa substituição, podendo, ao contrário, ser a causa de sua queda.

Como essa questão será tratada mais detalhadamente na análise da obra de Marx, cabe aqui apenas apresentá-la ligeiramente para entender melhor as limitações da análise de Ricardo. De acordo com a sua teoria do valor, o produto, na última unidade de terra cultivada, é distribuído apenas entre os lucros e os salários, estabelecendo-se, portanto, uma relação entre eles, que

Marx denominaria de taxa de mais-valia (m/v), considerando m o montante do rendimento que vai para o capital e v o que é destinado para o pagamento dos salários. Dessa relação, fica claro que a diminuição do salário (v) aumenta m (a massa de lucro) e, consequentemente, a taxa de mais-valia, o que daria razão a Ricardo. Mas, na realidade, a taxa de lucro, diferentemente da taxa de mais-valia, tende a cair devido à mudança ocorrida na composição do capital.

Considerando que a taxa de lucro é determinada pelos rendimentos do capital em relação ao capital total aplicado, teríamos:

$$r = \frac{m}{(c + v)}$$

onde r é a taxa de lucro; m, a massa de lucro; c, o capital constante; e v, o capital variável. Dividindo os termos dessa equação por v, a fórmula pode ser reescrita da seguinte maneira:

$$r = \frac{m/v}{c/v + 1}$$

Como se pode perceber na fórmula, a taxa de lucro depende do resultado entre a taxa de mais-valia e a composição orgânica do capital. Se o aumento da taxa de mais-valia, dado o aumento da produtividade do trabalho, mais do que compensar o aumento da composição orgânica, a taxa de lucro aumentará. Se isso não acontecer, ela cairá. Mas, Marx demonstraria que

> à medida que a composição orgânica se eleva e diminui o número de indivíduos empregados por um *dado volume de capital*, será finalmente alcançado um ponto em que nenhuma concebível elevação na *taxa de mais-valia* (...) poderá impedir a *massa de mais-valia* produzida por um

## CAPÍTULO III – DAVID RICARDO: DESFAZENDO A...

*dado* capital (e, destarte, a taxa de lucro) de cair abaixo do seu nível original.[293]

Marx via essa queda, no entanto, apenas como uma tendência de longo prazo, que poderia ser contida pela existência de forças que a contrabalançasse, entre as quais, figurava também o barateamento do custo do capital constante, mas que manteria o sistema em permanente tensão e ameaçado por crises recorrentes devido a essas contradições. Já para Ricardo, essa tendência poderia ser revertida apenas com o barateamento dos preços dos alimentos, o que poderia ser resolvido com a importação mais barata dos bens consumidos pelo trabalhador, que atuaria como mecanismo protetor do lucro, descartando também a possibilidade de surgimento de crises de outra natureza, no sistema, a não ser a provocada pelo aumento dos salários como afirma na abertura do capítulo XXI;

> daquilo que foi dito sobre os lucros do capital resultaria que nenhuma acumulação de capital pode ocasionar uma queda permanente nos lucros, a menos que haja alguma causa também permanente que determine a elevação dos salários.[294]

Essa crença na impossibilidade de outras causas que poderiam derrubar a taxa de lucro e conduzir o sistema a crises, a não ser pela elevação dos salários, representa outra fraqueza da teoria ricardiana. Tendo incorporado, à mesma, a *Lei da Oferta e da Procura* do economista J. B. Say (1983), conhecida como *Lei de Say*, que estabelece que todos os bens produzidos serão vendidos (*a oferta cria a sua própria procura*), Ricardo descartou também a possibilidade de a taxa de lucro cair como resultado de uma crise

---

[293] MEEK, Ronald L. *Economia e Ideologia*: o desenvolvimento do pensamento econômico. Rio de Janeiro: Zahar, 1971, p. 175, *itálicos acrescentados*.

[294] RICARDO, David. *Princípios da Economia Política e da Tributação*. São Paulo: Abril Cultural, [1817] 1982, p. 197 (Os Economistas).

de superprodução geral, mesmo admitindo que poderia ocorrer uma crise de superprodução parcial, localizada em algum ou alguns setores. Ao afirmar que

> (...) não existem limites para a demanda ou para o emprego de capital, enquanto este proporcionar lucros, e que, por mais abundante que o capital se torne, não há outra razão para a redução dos lucros, a não ser o aumento de salários. E, podemos acrescentar ainda, que a única causa real e permanente da elevação dos salários é a crescente dificuldade na obtenção de alimentos e de gêneros de primeira necessidade para um número crescente de trabalhadores[295]

confinou a possibilidade dessa queda aos aumentos salariais decorrentes dos rendimentos decrescentes da agricultura, contentando-se, portanto, em atribuir a "forças externas" as mazelas do sistema.

Malthus, ao contrário de Ricardo, vislumbrou, no entanto que poderia ocorrer uma ruptura neste processo e que a demanda global poderia ser insuficiente para sancionar a oferta, gerando-se uma crise de superprodução geral. Isso ocorreria não por parte de demanda dos trabalhadores, cujos salários, se encontrando no nível de subsistência, garantiriam a demanda efetiva para os produtos de seu consumo, mas por parte do produto que restava para os lucros e a renda da terra. Caso a avidez pela poupança fosse superior ao desejo do consumo de bens por capitalistas e proprietários de terra, poderia ocorrer uma insuficiência de demanda (ou uma crise de superprodução), destruindo o motivo da produção. Essa crise só poderia ser resolvida pelo aumento dos consumidores improdutivos, o que, de qualquer forma, reduziria os lucros gerais do sistema, por meio da apropriação, por estes,

---

[295] RICARDO, David. *Princípios da Economia Política e da Tributação*. São Paulo: Abril Cultural, [1817] 1982, p. 201 (Os Economistas).

CAPÍTULO III – DAVID RICARDO: DESFAZENDO A...

de maior parcela do excedente gerado. De acordo com Napoleoni, como Malthus não formulou essa tese com consistência, Ricardo, prisioneiro da hipótese smithiana de que toda renda convertida em capital se transforma, no mesmo período, em salários para os trabalhadores produtivos, e também da Lei de Say, não enxergou essa possibilidade.[296] Uma questão que, embora também tratada por Marx, só viria a ter uma solução mais completa com o economista John Maynard Keynes, em sua obra de 1936, *A Teoria Geral do Emprego, do Juro e do Dinheiro*.[297]

Outra questão-chave que permaneceu irresolvida em sua teoria foi a que diz respeito à medida invariável de valor, essencial para identificar a origem e em que intensidade ocorrem as mudanças na distribuição e, portanto, nos lucros, questão que o atormentaria até o final de sua vida. Em manuscrito inacabado escrito em 1823, pouco antes de sua morte, intitulado *Valor Absoluto e Valor de Troca*,[298] encontramos novamente o autor tentando encontrar uma solução para chegar à definição de uma medida invariável de valor, tal como ocorrera nos *Princípios*. A novidade neste texto é que ele introduz o conceito de *valor absoluto*, considerado como causa do *valor de troca* ou do valor relativo das mercadorias. O valor absoluto estaria, portanto, na base do valor relativo e, se fosse possível, para ele, encontrar uma mercadoria cujo valor absoluto não variasse teria sido encontrada uma medida perfeita de valor. Como diz no texto:[299]

---

[296] NAPOLEONI, Claudio. *Smith, Ricardo, Marx*: considerações sobre a história do pensamento econômico. Rio de Janeiro: Edições Graal, 1978, pp. 117-127.

[297] Para este debate entre Malthus e Ricardo sobre a Lei de Say e a insuficiência da demanda, ver também o trabalho de Dobb (DOBB, Maurice. *Teorias do valor e da distribuição desde Adam Smith*. Lisboa: Editorial Presença, 1973, pp. 119-124).

[298] RICARDO, David. "Valor absoluto e valor de troca". *In*: NAPOLEONI, Cláudio. *Smith, Ricardo, Marx*: considerações sobre a história do pensamento econômico. Rio de Janeiro: Edições Graal, [1823] 1978, pp. 226-239.

[299] RICARDO, David. "Valor absoluto e valor de troca". *In*: NAPOLEONI, Cláudio. *Smith, Ricardo, Marx*: considerações sobre a história do pensamento

(...) se dispuséssemos de uma medida perfeita de valor que não estivesse sujeita a aumentos ou diminuições, estaríamos em condições de averiguar, através dela, as variações, tanto reais como proporcionais, das demais coisas, e não poderíamos nunca imputar a variação da mercadoria medida à mercadoria utilizada como medida.

Mas, tal como acontece nos *Princípios*, Ricardo não encontra resposta para essa questão, novamente reconhecendo ter de "(...) confessar que não existe na natureza coisa alguma que constitua uma medida perfeita de valor",[300] e que, só no caso em que as mercadorias fossem produzidas unicamente com trabalho, com o mesmo período de produção e com as proporções entre salários e lucros se mantendo iguais seria possível tomar a quantidade de trabalho empregado como essa medida, considerando que, por exemplo, alterações dos salários, nessas condições, não modificariam os preços relativos, pois todos seriam igualmente afetados. Como, no entanto, não é isso que ocorre no processo de produção, que conta com adiantamentos também de capital fixo, sendo distinta a composição do capital global para cada mercadoria, sua durabilidade e também os períodos de produção, as proporções entre salários e lucros serão também afetadas de forma distinta, em caso de alterações nos salários, não se conseguindo identificar de onde, ou em quais mercadorias, originou-se essa variação. A quantidade de trabalho, ou o valor do trabalho, não pode, nessas condições, desempenhar este papel de medida perfeita de valor, a mesma conclusão a que havia chegado nos *Princípios*.

A questão da medida invariável de valor, cuja importância será negada por John Stuart Mill, e simplesmente ignorada pela

---

econômico. Rio de Janeiro: Edições Graal, [1823] 1978, p. 228.

[300] RICARDO, David. "Valor absoluto e valor de troca". *In*: NAPOLEONI, Cláudio. *Smith, Ricardo, Marx*: considerações sobre a história do pensamento econômico. Rio de Janeiro: Edições Graal, [1823] 1978, p. 232.

## CAPÍTULO III – DAVID RICARDO: DESFAZENDO A...

escola neoclássica, que substituiria o valor-trabalho pelo valor-utilidade, e cujo enigma dos desvios entre valores e preços seria desvendado por Marx ao fazer essa transformação, se tornaria motivo de acirradas polêmicas e disputas entre distintas escolas de economia após a década de 1930, e somente na década de 1960, o economista Piero Sraffa (1966) conseguiria dar uma solução considerada satisfatória para o problema, com a construção de sua mercadoria-padrão, uma solução que dispensava, inclusive, a noção do valor como Ricardo pensara. Para Sraffa, o efeito resultante de uma alteração salarial no movimento de preços relativos dos produtos dependerá, não como Ricardo havia assegurado, não só

> das "proporções" (entre a mão de obra e os meios de produção pelos quais são respectivamente produzidos), mas também das "proporções" pelas quais esses próprios meios foram produzidos, e também das "proporções" pelas quais os meios de produção desses meios de produção foram produzidos, e assim por diante.

Segundo argumenta, Ricardo não teria considerado, nessa investigação, as modificações que ocorrem no valor dos meios de produção, quando essas alterações salariais acontecem. Mas, essa é outra história, que, para ser mais bem entendida, deverá merecer maior discussão e detalhamento em outro estudo.

### 3.4.2 Estado e impostos

Ao contrário de Smith, Ricardo não dedica muito espaço nos *Princípios* para discutir o Estado e nem as funções que a ele caberia desempenhar. O que é compreensível dada sua concepção de um organismo econômico regulado por leis naturais, universais, e que, neste mundo, a intervenção do Estado representa um câncer capaz de destruir a harmonia com que opera. Apenas sugere que algumas atividades, quando necessárias, deveriam ser por ele realizadas, mas reconhecendo que essas, mesmo que contribuindo para o aumento do capital – construção de portos, abertura de canais, por exemplo – não deixam de representar perdas para o país, considerando que este aumento "seria muito maior se não fossem os impostos",[301] à medida que, para ele "não há imposto que não tenda a reduzir o ímpeto da acumulação".[302]

Ricardo, assim como Smith, considera os gastos do governo (ou, pelo menos, a maioria) como improdutivos, que são sempre pagos pelo capital ou pelos rendimentos do país (lucros, salários, renda da terra) e que, por meio de sua cobrança, parte do excedente gerado, que poderia ser destinado para a acumulação, termina sendo perdido com a sua esterilização. Para ele, os impostos, assim como a renda da terra, prejudicam a acumulação e, por isso, concorda plenamente com o que chama de princípio de ouro de J. B. Say que, em seu *Tratado de Economia Política*, de 1814, considerou que "o melhor de todos os planos financeiros [do governo] é gastar pouco, e o melhor de todos os impostos é o que for o menor possível".[303]

Sua preocupação nos capítulos em que discute a tributação está voltada, por isso, mais para identificar os impostos que menos mal causam ao funcionamento natural da economia do que para apontar ações ou atividades passíveis de serem realizadas pelo Estado. Sua análise sobre essa questão não destoa, em suas conclusões, da que foi efetuada por Smith, embora dele divirja no tocante à incidência econômica de alguns impostos e sobre os contribuintes que de fato arcarão com o seu ônus e também de seus impactos sobre os preços. Seu ponto de partida é de que, assim como

---

301 RICARDO, David. *Princípios da Economia Política e da Tributação*. São Paulo: Abril Cultural, [1817] 1982, p. 114 (Os Economistas).

302 RICARDO, David. *Princípios da Economia Política e da Tributação*. São Paulo: Abril Cultural, [1817] 1982 (Os Economistas).

303 RICARDO, David. *Princípios da Economia Política e da Tributação*. São Paulo: Abril Cultural, [1817] 1982, p. 169 (Os Economistas).

## CAPÍTULO III – DAVID RICARDO: DESFAZENDO A...

> um imposto sobre o trigo elevaria seu preço, um imposto sobre qualquer mercadoria faria também com que seu preço se elevasse [pois, se isso não ocorresse] seu produtor não obteria o mesmo lucro que antes e transferiria o capital para outra atividade.

Para Ricardo, tanto os impostos sobre o capital como sobre os rendimentos são prejudiciais para a acumulação, pois o primeiro enfraquece o fundo destinado à manutenção do trabalhador e a produção futura, enquanto o segundo, dependendo de sua incidência econômica, afeta o lucro, a poupança e o consumo, desencorajando também a produção e os investimentos. Por isso, à luz de sua teoria desenvolvida nos *Princípios*, examina os vários tipos de impostos existentes e os impactos que provoca sobre os salários e sobre os lucros, considerando que o "imposto, qualquer que seja sua forma, não significa nada mais que uma escolha entre diferentes males",[304] seja cobrado sobre os lucros ou sobre as despesas.

Sua conclusão, do exame que realiza, é a de que devem ser evitados impostos incidentes sobre a propriedade, que reduzem o capital da economia, sobre os lucros, pois diminuirão a motivação para a acumulação e também o fundo de manutenção do trabalho, e os impostos cobrados, direta ou indiretamente, sobre os salários, já que elevarão o preço natural do trabalho, deslocando seu ônus real para os lucros, à medida que geram os mesmos efeitos provocados pelo aumento do preço dos alimentos, além de reduzirem a competitividade externa da produção nacional com a elevação dos preços dos produtos. Por isso, não considera recomendável a tributação incidente sobre o capital, sobre os lucros, os produtos agrícolas, sobre os salários e também sobre os produtos que compõem a cesta de consumo dos trabalhadores, por considerar, no último caso, que "a elevação do salário será pago por uma redução

---

304 RICARDO, David. *Princípios da Economia Política e da Tributação*. São Paulo: Abril Cultural, [1817] 1982, p. 123 (Os Economistas).

dos lucros, e [que], portanto, um imposto sobre os salários é, na verdade, um imposto sobre os lucros",[305] já que o empresário não dispõe de condições de repassá-lo.

Como se percebe, não sobram também, na análise de Ricardo, grandes espaços para a tributação e, consequentemente, para o Estado. Para ele, os impostos que menos interfeririam nessa ordem natural seriam os impostos sobre o uso da terra, que recairiam exclusivamente sobre os proprietários que recebem renda, a qual não entra na formação do valor e nem é parte componente do preço, o que não ocorre com o lucro do agricultor; o imposto territorial sobre a terra, segundo graus de fertilidade, visando evitar penalizar a menos fértil em exploração, pois o agricultor não poderia pagá-la, já que não há renda em seu sistema; os impostos cobrados sobre mercadorias de luxo, que não fazem parte do consumo dos trabalhadores e que, por isso, não terão efeito sobre o preço natural da mão de obra e sobre os lucros, recaindo exclusivamente sobre os que os consomem; e os cobrados sobre a renda gerada em terrenos onde são construídas casas/habitações. Não é muito, mas como considera o imposto um mal que "se transforma em um novo encargo para a produção e aumenta o preço natural dos produtos",[306] prejudicando o comércio exterior (pelo menor poder de concorrência da produção nacional) e refreando a acumulação, mantém-se coerente com sua teoria sobre as limitações que devem ter as ações do Estado neste mundo natural.

Mas quando introduz uma discussão, no capítulo XVII (Impostos sobre os produtos não agrícolas) a respeito de alternativas de financiamento de despesas públicas pela cobrança de impostos ou pela contratação de dívida, Ricardo sugere que elas

---

[305] RICARDO, David. *Princípios da Economia Política e da Tributação*. São Paulo: Abril Cultural, [1817] 1982, p. 161 (Os Economistas).

[306] RICARDO, David. *Princípios da Economia Política e da Tributação*. São Paulo: Abril Cultural, [1817] 1982, p. 135 (Os Economistas).

## CAPÍTULO III – DAVID RICARDO: DESFAZENDO A...

se equivaleriam em termos dos efeitos que engendrariam para a economia. Nas suas palavras:[307]

> Quando se obtém 20 milhões por meio de um empréstimo para as despesas de um ano de guerra são 20 milhões que se retira do capital produtivo de um país. O milhão anual que é arrecadado pelos impostos para pagar os juros desse empréstimo é simplesmente transferido daqueles que o pagam para aqueles que o recebem, do contribuinte para o credor do país. A despesa real é constituída pelos 20 milhões e não pelos juros que devem ser pagos por ele. O país não ficará nem mais rico nem mais pobre se os juros forem ou deixarem de ser pagos. O governo poderia obter imediatamente os 20 milhões sob a forma de impostos. Nesse caso, não seria necessário arrecadar impostos anuais no montante de 1 milhão. No entanto, isso não alteraria a natureza da operação.

O que Ricardo quis dizer com isso? Que a dívida, ao ser contratada para pagar uma despesa, destrói capital, que poderia ter sido aplicado produtivamente, reduzindo, assim, o ímpeto da acumulação. Que os juros que serão pagos anualmente não afetarão a procura de bens, pois representarão apenas transferências dos contribuintes de impostos do Estado para os seus credores que manterão sua compra, o que em nada modificará a situação (de riqueza ou pobreza) do país. A perda de capital que ocorreu com a dívida contratada de 20 milhões poderia, portanto, ser feita por meio de impostos, que, da mesma forma, acarretaria, neste mesmo montante, perda de capital, mas com a vantagem de não manter, de forma permanente ou por um longo tempo, a cobrança de 1 milhão de impostos para o pagamento de juros anuais. Isso significa que as duas operações – dívida e impostos – geram, aparentemente, os

---

[307] RICARDO, David. *Princípios da Economia Política e da Tributação*. São Paulo: Abril Cultural, [1817] 1982, p. 172 (Os Economistas).

mesmos efeitos, ou seja, são equivalentes. Uma leitura mais atenta sugeriria que o déficit em que o governo incorreu representou uma perda para o país, pois reduziu seu capital produtivo, enquanto os gastos governamentais são improdutivos, e que a forma de seu financiamento – se com a cobrança de impostos ou contratação de dívida – não modificará essa situação, ou seja, as perdas não serão revertidas.

Válida para o governo, o mesmo ocorre para um indivíduo:

> um indivíduo que tenha 10 mil libras, rendendo-lhe 500 libras das quais é obrigado a pagar 100 libras anuais como juros da dívida, só dispõe realmente de 8 mil libras e seria igualmente rico tanto se continuasse a pagar 100 libras por ano ou se, imediatamente e de uma só vez, sacrificasse 2 mil libras.[308]

Ou seja, visto pelos dois lados, é indiferente se essa despesa será paga de uma só vez por meio da cobrança de impostos ou pela contratação de uma dívida que, de qualquer forma, terá de ser paga no futuro exatamente... com a cobrança de impostos. Mas, na realidade, as coisas são realmente assim para Ricardo?

Depois de apresentar argumentos de que pode interessar mais ao contribuinte a mitigação do pagamento dessa dívida com a cobrança anual de impostos ou até mesmo que ele considere mais vantajoso efetuar um empréstimos cujo montante reterá consigo, para ir efetuando o pagamento anual dos juros, já que isso poderá fazê-lo sentir-se mais rico do que realmente é, Ricardo emite sua opinião sobre essa questão:[309]

---

[308] RICARDO, David. *Princípios da Economia Política e da Tributação*. São Paulo: Abril Cultural, [1817] 1982, p. 173 (Os Economistas).

[309] RICARDO, David. *Princípios da Economia Política e da Tributação*. São Paulo: Abril Cultural, [1817] 1982, p. 173 (Os Economistas).

CAPÍTULO III – DAVID RICARDO: DESFAZENDO A...

Do que acabo de dizer, não se deve deduzir que considero o sistema de empréstimos como o melhor meio de cobrir as despesas extraordinárias do Estado. É um sistema que tende a tornar-nos menos poupadores e a cegar-nos sobre a nossa real situação. Se as despesas com a guerra somarem 40 milhões por ano, e a contribuição de cada indivíduo para essas despesas for de 100 libras, uma vez chamados a efetuar o pagamento os contribuintes seriam induzidos a poupar logo 100 libras de seus rendimentos. Pelo sistema de empréstimos, eles são obrigados a pagar apenas os juros dessas 100 libras, ou 5 libras anuais, considerando que lhes bastaria poupar 5 libras de seus gastos, iludindo-se com a ideia de que são todos ricos como antes. Raciocinando e atuando dessa maneira, a nação inteira somente poupa os juros dos 40 milhões, ou 2 milhões e, portanto, não somente perde todos os juros ou lucros que os 40 milhões de capital proporcionariam se empregados produtivamente, mas também 38 milhões correspondentes à diferença entre suas poupanças e suas despesas.

Com isso quer dizer que o financiamento da despesa contraída por meio da dívida e sua mitigação com o pagamento dos juros anuais, além de tornar os indivíduos menos poupadores – pagarão menos anualmente –, cria a ilusão de que detém maior riqueza, podendo torná-los menos econômicos em seus gastos de consumo, com prejuízos para a acumulação, além do que a permanência por longo tempo da cobrança do imposto para o pagamento dos encargos anuais pode incentivar a fuga de capitais para outro país onde esse ônus não existe. Por essas razões, sua preferência é que a dívida seja rapidamente paga por meio de impostos para que mais rapidamente se retorne a uma situação de normalidade, mesmo que com o sacrifício da venda de suas propriedades:

> (...) deve-se admitir que durante a paz os nossos constantes esforços deveriam se orientar para o pagamento de parte da dívida contraída durante a guerra, e nenhuma tentação

de aliviar esse encargo e desejo de escapar às presentes dificuldades – e creio que passageiras – deveriam induzir-nos a desviar a atenção deste grande objetivo.[310]

E ainda que a maneira mais eficaz para isso, ou seja, para reduzir ou liquidar a dívida, seria a de o Estado contar com um "excedente das receitas públicas sobre as despesas públicas".

Diferentemente de teorias que surgirão no futuro, apoiadas em uma suposta "equivalência ricardiana" entre impostos e dívida para o financiamento da despesa pública, embora a questão do *déficit* e dos prejuízos que provoca para a economia possa ser daí deduzida, a preferência claramente manifestada por Ricardo, neste capítulo, é por impostos, onde também aponta várias desvantagens nos empréstimos, e, desejavelmente, que os recursos tivessem origem em um fundo formado com excedentes orçamentários para garantir, no tempo, seu pagamento. Seria um exagero afirmar, diante disso, que ele tenha enxergado uma equivalência perfeita – por isso, indiferente – entre essas duas fontes de financiamento dos gastos públicos, a não ser pelos seus impactos na economia e na forma que os agentes envolvidos neste processo encaram essa situação.

De fato, este argumento de Ricardo sobre a inocuidade dos déficits públicos financiados por meio da dívida pública para impulsionar o crescimento, já que considera improdutivos os gastos governamentais, servirá de munição para os economistas do pensamento neoliberal no século XX condenarem o aumento da dívida pelo governo para a implementação de políticas expansivas de demanda agregada pelos efeitos deletérios que este aumento acarreta para as expectativas dos agentes econômicas sobre a capacidade de solvência do Estado, para os custos inúteis e desnecessários que

---

[310] RICARDO, David. *Princípios da Economia Política e da Tributação*. São Paulo: Abril Cultural, [1817] 1982, pp. 173/174 (Os Economistas).

## CAPÍTULO III – DAVID RICARDO: DESFAZENDO A...

representam o pagamento de seus encargos e pela sua transferência para as gerações futuras.[311]

---

[311] Ver a este respeito os trabalhos de Barro (BARRO, Robert J. "Are Government bonds net wealth?" *Journal of Political Economy*, Chicago, University of Chicago Press, vol. 82, 1974; BARRO, Robert J. "Reply to Feldstein and Buchanan". *Journal of Political Economy*. Chicago, University Chicago Press, vol. 84, 1976).

# CAPÍTULO IV

## JOHN STUART MILL E OS PRINCÍPIOS DE ECONOMIA POLÍTICA: O AMOR DE HARRIET E O ENSAIO DE CONSTRUÇÃO DO *HOMO ECONOMICUS*

### 4.1 Introdução: vida e obra

John Stuart Mill nasceu em Londres em 1806 e faleceu em Avignon, pequena cidade do sul da França em 1873. Durante toda a sua vida foi um incansável defensor da liberdade individual, da liberdade de expressão, da igualdade entre os homens e as mulheres, do direito destas à liberdade, à autonomia e ao trabalho, do voto feminino, do direito à contracibção, da justiça social e um ferrenho abolicionista, posições, em boa medida, justificadas por uma análise utilitarista, doutrina com a qual, embora tenha vindo a criticar posteriormente e contribuído para seu aprimoramento, havia se identificado na sua formação e que o acompanhou ao longo de toda a sua vida, que foi, sinteticamente, a história de um homem guiado pela razão e a racionalidade. No campo econômico, foi adepto do *laissez-faire*, a doutrina que mais se ajustava ao seu pensamento.

As áreas de atuação de Mill foram várias: filosofia, história, política, economia, tendo sido, inclusive, eleito em 1865, já na idade madura, parlamentar na Câmara dos Comuns, na Inglaterra, pelo Partido Liberal, onde defendeu o governo representativo, a extensão do direito de voto às classes trabalhadoras e às mulheres, não conseguindo, no entanto, ser reeleito devido às suas posições tidas, à época, como antipopulares. Nessa trajetória, seu pensamento evoluiria e se aprimorado em muitas dessas questões, não sendo possível saber como se deu essa "transformação" sem conhecer os vários Mill que compuseram sua vida, de acordo com o ensinamento do filósofo espanhol, José Ortega Y Gasset (1883-1955), de que "o homem é o homem e sua circunstância". E as circunstâncias de Mill não foram poucas.

Mill nunca frequentou uma escola ou qualquer universidade, mas já, aos treze anos, possuía o equivalente a uma completíssima educação universitária. Seu pai, James Mill, um filósofo utilitarista e economista importante da época, amigo íntimo de Jeremy Bentham, pai da doutrina utilitarista, e de David Ricardo, expoente da Economia Política, se encarregou de sua instrução, com a ajuda de amigos. O objetivo era o de transformá-lo numa "máquina de conhecimento", sendo sua vida pessoal colocada num plano secundário. Aos três anos começou a estudar grego e matemática; aos oito, já havia lido Heródoto, os diálogos de Platão e muita história; aos doze, dominava Euclides, Álgebra, havia lido os poetas gregos, os latinos e ingleses e iniciara os estudos de Lógica; aos treze, iniciou os estudos na área de Economia Política, lendo Smith e Ricardo, supervisionado por seu pai e, posteriormente, pelo próprio Ricardo. Isso fez dele um pequeno sábio, mas em sua vida não havia espaço nem para a música nem para a poesia: só história, matemática, economia, clássicos e Bentham!

As opiniões de Mill sobre sua vida sem infância são contraditórias. De um lado, viu-a como uma grande vantagem de 25

## CAPÍTULO IV – JOHN STUART MILL E OS PRINCÍPIOS...

anos sobre a maior parte de seus contemporâneos.[312] De outro, com reservas, considerando que sua instrução fez dele "um homem manufaturado, tal que eu só conseguia reproduzir opiniões".[313] E, após ter lido o Tratado de Legislação Civil e Penal de Bentham, que muito influenciaria seu pensamento utilitarista, sentiu que ele lhe proporcionou "um credo, uma doutrina, uma filosofia... uma religião" e "fez de mim outro indivíduo".[314] Com Bentham, a "máquina do conhecimento" estava completa e preparada para operar como almejara seu pai.

O tempo que era necessário para que isso acontecesse, Mill conseguiu empregando-se na *East Indian Company* (Cia. Oriental da Índia), em 1823, aos 17 anos, levado por seu pai, da qual era funcionário, tendo ali permanecido até 1858, quando o Parlamento retirou da companhia suas responsabilidades políticas e administrativas. Garantindo seu sustento por conta própria, Mill encontrou, neste emprego, tempo suficiente (uma espécie de sinecura) para se dedicar aos seus estudos, ao mesmo tempo em que obtinha experiência em problemas governamentais, como ele próprio reconhece em sua autobiografia: "não conheço nenhuma ocupação remunerada ou mais adequada do que esta, para quem,

---

312 BARBER, William J. *Uma história do pensamento econômico*. Rio de Janeiro: Zahar, 1971, p. 93.

313 MILL, John Stuart. *Princípios de Economia Política*: com algumas de suas aplicações à filosofia social. São Paulo: Abril Cultural, [1848] 1983 (Os Economistas) *apud* EKERMAN, Raul. "Apresentação [dos Princípios de Economia Política]". *In*: MILL, John Stuart *Princípios de Economia Política*: com algumas de suas aplicações à filosofia social. São Paulo: Abril Cultural, 1983, p. VIIII (Os Economistas).

314 MILL, John Stuart. *Princípios de Economia Política*: com algumas de suas aplicações à filosofia social. São Paulo: Abril Cultural, [1848] 1983 (Os Economistas) *apud* EKERMAN, Raul. "Apresentação [dos Princípios de Economia Política]". *In*: MILL, John Stuart *Princípios de Economia Política*: com algumas de suas aplicações à filosofia social. São Paulo: Abril Cultural, 1983, p. VIII (Os Economistas).

não estando em circunstâncias independentes, deseje devotar parte das 24 horas a estudos intelectuais particulares".[315]

Até 1826, então com apenas 20 anos, a atividade intelectual de Mill foi intensa. Tornou-se um escritor popular nos jornais e revistas da Inglaterra e colunista e diretor da *Westminter Review*, fundada por Benhtham, na qual se reuniram os defensores da doutrina utilitarista, ao mesmo tempo em que esta atuava como contraponto do pensamento conservador da época, razão por que este grupo era rotulado de "radical", embora seus membros não fossem mais do que liberais. No entanto, a "máquina do conhecimento", que não soubera o que havia sido infância e nem encontrara ainda prazer fora dos livros científicos, conheceu, então, uma séria avaria naquele ano e Mill viu-se mergulhado numa profunda depressão que duraria dois longos anos.

De acordo com Ekerman,[316] Mill identifica a causa dessa depressão na leitura que fez do trabalho *Mémoires de Marmontel*, que o levou a indagar-se – e, estranhamente a dar-se como resposta um sonoro "não!" – se seria feliz se todos os seus objetivos sociais fossem atingidos e se as instituições funcionassem como desejava. Diante dessa negativa, enxergou, finalmente, que a formação que lhe foi dada por seu pai levara-o a ignorar muitas coisas belas e importantes da vida e que, além de existir alegria fora dos livros científicos, essas coisas mereciam ser vividas: a poesia, a música, as artes, as viagens pelo mundo, o amor de uma mulher. E isso trouxe à cena um novo Mill, um Mill transformado, "cantando

---

[315] MILL, John Stuart. *Autobiography of John Stuart Mill*. Nova York: Columbia University Press, [1873] 1944, p. 58 *apud* BARBER, William J. *Uma história do pensamento econômico*. Rio de Janeiro: Zahar, 1971, p. 94.

[316] EKERMAN, Raul. "Apresentação [dos Princípios de Economia Política]". *In*: MILL, John Stuart *Princípios de Economia Política*: com algumas de suas aplicações à filosofia social. São Paulo: Abril Cultural, 1983, p. VIII (Os Economistas).

## CAPÍTULO IV – JOHN STUART MILL E OS PRINCÍPIOS...

suas próprias canções e escutando seus próprios versos".[317] E não mais somente os de Bentham, cuja doutrina passaria a questionar, ou mesmo os de seu pai, que o preparara, entre outras coisas, para fazer a defesa de seu pensamento e de suas posições.

A libertação, contudo, de ideias arraigadas no tempo, não são feitas em velocidade, mesmo porque seu pai, que ainda viveria até 1836, e a quem admirava, continuava esposando-as. Por isso Mill, embora tenha começado a romper com o utilitarismo estreito de Bentham, à essa época, julgou poder aprimorá-lo, mantendo sua defesa. Neste campo, rejeitaria a *valoração quantitativa dos prazeres*, como medida da felicidade individual proposta por Bentham, e introduziria, nessa avaliação, o *aspecto qualitativo da utilidade*, considerando que existiam diferentes ordens de prazer, revisão que resultaria numa concepção altruísta da moral utilitarista. Nessa revisão, o princípio da utilidade apresentado em seu livro sobre o tema, *Utilitarismo*, de 1861, *vincularia a felicidade individual* – egoísta – ao *interesse social geral*, pois aquela se assentaria, na sua concepção, em prazeres superiores, como as que dizem respeito às realizações do espírito, ou à cultura, à inteligência e à sensibilidade, afastando-se das posições de Bentham, que a reduzira ao indivíduo, acreditando ser possível sua quantificação. Com isso, abalaram-se, de acordo com Barber[318] "os alicerces da confiança benthamiana no cálculo da felicidade como guia para as políticas sociais". Nessa busca de um novo mundo e novas ideias, a influência de Harriet Taylor, que viria a ser o grande amor de sua vida, teria importância considerável.

Harriet foi como um raio de luz que se projetou em sua vida cercada e protegida por livros. Harriet era casada com John Taylor

---

317 LORES, Francisco Xavier. *John Stuart Mill*. Bruxelas: Europa Liberal Fórum, 2012, p. 6. Disponível em: https//silo.tips/download/john-stuart-mill-european-liberal-fórum-asbl-bruxelas-belxica. Acessado em: 25.11.2022.

318 BARBER, William J. *Uma história do pensamento econômico*. Rio de Janeiro: Zahar, 1971, p. 92.

e mãe de dois filhos, mas isso não impediu que vivessem, à época, uma verdadeira história de amor, e que Mill, assim como o personagem de Gabriel Garcia Marquez no romance *O amor nos tempos do cólera*,[319] tivesse de aguardar por longuíssimos anos a morte de seu marido para conquistá-la. Enamorados, passaram a trabalhar juntos e andavam por toda a parte, despertando intrigas na sociedade londrina vitoriana sobre o seu relacionamento, o que terminou nele provocando fissuras. Mas, como aponta Lores,[320] para testar seu grande amor, Harriet, depois de algum tempo, convidou Mill para passar uma temporada em Paris e, em seguida, o marido, resultando, dessa experiência, que Harriet "estabeleceu uma programação que alternaria entre a casa de John Taylor e a de Mill". Segundo este autor, "embora Mill negue em suas memórias ter mantido relações sexuais com Harriet antes do casamento, a correspondência entre eles sugere o contrário".[321] Somente depois da morte de John, em 1849, Mill se casaria com ela, em 1851, mas Harriet viria a falecer sete anos depois, em 1858, vítima de tuberculose.

Harriet era membro da Sociedade Kensigton, que produziu a primeira petição requerendo votos para as mulheres e ativa militante na defesa de seus direitos, causa, entre outras neste campo, que Mill abraçaria a partir de seu relacionamento, a ela dedicando seu pensamento nos trabalhos que publicaria após a sua morte, como *A Sujeição das Mulheres*, de 1869.[322] A ela, Mill atribui uma influência muito positiva em sua obra, tendo ela se tornado sua "fonte de inspiração" e despertado seu pensamento para uma

---

[319] MARQUEZ, Gabriel Garcia. *O amor nos tempos do cólera*. 3ª ed. Rio de Janeiro: Editora Record, 1985.

[320] LORES, Francisco Xavier. *John Stuart Mill*. Bruxelas: Europa Liberal Fórum, 2012, p. 6. Disponível em: https//silo.tips/download/john-stuart-mill-european-liberal-fórum-asbl-bruxelas-belxica. Acessado em: 25.11.2022.

[321] LORES, Francisco Xavier. *John Stuart Mill*. Bruxelas: Europa Liberal Fórum, 2012, p. 6. Disponível em: https//silo.tips/download/john-stuart-mill-european-liberal-fórum-asbl-bruxelas-belxica. Acessado em: 25.11.2022.

[322] MILL, John S. *A sujeição das mulheres*. São Paulo: Escala, [1869] 1985.

CAPÍTULO IV – JOHN STUART MILL E OS PRINCÍPIOS...

melhor compreensão do lado humano das *reformas abstratas* que advogava e ainda que a mesma foi

> crucial em sua reformulação dos postulados clássicos e em suas tentativas de modificar a Economia Política em torno de linhas que oferecessem perspectivas menos sombrias para a maior parte da humanidade.[323]

Avaliação que Barber acha exagerada.

Assim como o relacionamento com Harriet iluminou sua nova trajetória, também a morte de seu pai, em 1836, precedida da de Bentham, em 1832, ofereceu-lhe, por mais dolorosa que essa perda tenha sido, uma oportunidade de afastar-se mais em definitivo das ideias benthamianas do utilitarismo e de abrir frestas em seu pensamento para a interpretação científica da realidade que passava a levar em conta os fatos humanos. É este novo Mill que vai produzir e publicar, em 1848, na área da economia, sua principal obra intitulada *Princípios de Economia Política*, que pretendia ser uma *síntese da economia política clássica*, mas que foi além e se tornou o Livro de referência, por um bom tempo, à época, desta matéria. Depois dessa obra, cuja revisão realizou várias vezes, suas publicações foram dedicadas mais a temas da filosofia, das ciências políticas, da história e dos direitos humanos.

## 4.2 O método de análise dos *Princípios de Economia Política*: a ciência abstrata, o *homo economicus* e a história

Para entender os caminhos metodológicos e analíticos percorridos por Mill na construção dos *Princípios*, é preciso retroceder no tempo e ver como o seu pensamento evoluiu, a partir da

---

[323] BARBER, William J. *Uma história do pensamento econômico*. Rio de Janeiro: Zahar, 1971, pp. 94/95.

década de 1830, em relação ao tratamento a ser dado à economia, enquanto ciência, e no que diz respeito à análise da compreensão dos fenômenos econômicos.

Em trabalho de 1836, intitulado *Da Definição de Economia Política e do Método de Investigação próprio a ela*, Mill critica a confusão feita por alguns autores, no seu exame, em considerá-la como um conjunto de regras práticas (que ele chama de "arte") e não como uma coleção de verdades (a verdadeira ciência). Embora as regras práticas resultem da ciência, esta tem, como objeto, investigar e compreender as leis de funcionamento do sistema, o que, no caso da Economia Política, diz respeito às "leis que regulam a produção, distribuição e consumo da riqueza",[324] mas considera insuficiente este enunciado para dar conta deste objeto, pois a Economia Política inclui, além dos fenômenos da *natureza*, que fornece os objetivos necessários para a produção da riqueza, os fenômenos da *mente* que realiza essa produção e a distribuição desta riqueza. Por isso, considera mais completa e correta a definição da Economia Política como "a ciência que trata da produção e distribuição da riqueza, na medida em que elas dependam das leis da natureza humana"[325] ou como "a ciência relacionada às leis morais ou psicológicas da produção e distribuição da riqueza".[326]

O homem ocupa, assim, o centro das preocupações da Economia Política, mas existem duas condições para que a ciência

---

[324] MILL, John Stuart. "Da definição da Economia Política e do método de investigação próprio a ela". *In: Bentham, Stuart Mill*. São Paulo: Abril Cultural, [1836] 1974, p. 293 (Os Pensadores).

[325] MILL, John Stuart. "Da definição da Economia Política e do método de investigação próprio a ela". *In: Bentham, Stuart Mill*. São Paulo: Abril Cultural, [1836] 1974, p. 293 (Os Pensadores).

[326] Mill justifica a retirada do consumo de seu objeto de estudo, pois não vê nele nenhuma lei como objeto de uma ciência precisa (MILL, John Stuart. "Da definição da Economia Política e do método de investigação próprio a ela". *In: Bentham, Stuart Mill*. São Paulo: Abril Cultural, [1836] 1974, p. 298 (Os Pensadores).

## CAPÍTULO IV – JOHN STUART MILL E OS PRINCÍPIOS...

possa ser edificada: a primeira é a de que, devido ao seu próprio objeto – a produção e a distribuição – ela se restringe ao que ele denomina estado social, estado em que os indivíduos estabelecem contato entre si e passam a viver em sociedade; a segunda é a de que ela depende, nessa construção, de apenas parte das leis da natureza humana, as que tenham caráter universal neste estado social, e não de todas elas, pois somente assim se torna possível reunir os elementos necessários para sua constituição e para capacitá-la a descobrir as leis universais que regem a vida econômica.

Isso significa que o homem deve ser reduzido ao elemento que é comum a todos neste estado social (o que o torna um ser "abstrato" necessário para a construção da ciência econômica), despojado de sua historicidade (não importa, portanto, sua conduta global na sociedade, que envolve vários outros aspectos), e que guia e orienta sua ação, sendo este elemento que constitui sua motivação comum na vida econômica e do qual se pode partir para identificar as leis que explicam o seu comportamento e suas consequências, comportamento que pode ser entendido como "o desejo de possuir riqueza [e de ser] ele capaz de julgar a eficácia comparativa dos meios para obter aquele fim".[327] Reduzido a essa característica comum (universal), a Economia Política

> prediz unicamente aqueles fenômenos do estado social que ocorrem em consequência da busca da riqueza [e] faz total abstração de toda outra paixão ou motivo humano, exceto aqueles que podem ser tidos como princípios perpetuamente antagonistas ao desejo de riqueza, notadamente a aversão ao trabalho e o desejo de satisfação presente de indulgências dispendiosas.[328]

---

327 MILL, John Stuart. "Da definição da Economia Política e do método de investigação próprio a ela". *In*: *Bentham, Stuart Mill*. São Paulo: Abril Cultural, [1836] 1974, p. 300 (Os Pensadores).

328 MILL, John Stuart. "Da definição da Economia Política e do método de investigação próprio a ela". *In*: *Bentham, Stuart Mill*. São Paulo: Abril Cultural,

Sua investigação se faz, portanto, uma vez identificado este ser abstrato, universal,

> (...) sob a suposição de que o homem é um ser que é determinado, pela necessidade de sua natureza, a preferir uma maior porção da riqueza, ao invés de uma menor em todos os casos, sem qualquer outra exceção, além daqueles mencionados [a aversão ao trabalho e o desejo de satisfação presente].[329]

Com essa hipótese fundamental para a Economia Política, é este o procedimento que deve adotar, como ciência, abstraindo-se de todas as outras questões relativas ao comportamento humano.

Reduzido o homem a um ser "abstrato", a-histórico, que tem como motivação única a aquisição de riqueza, a premissa fundamental que balizará as hipóteses da Economia Política, Mill faz, em seguida neste trabalho, uma discussão sobre o método filosófico desta ciência, ou seja, "da natureza do processo pelo qual suas investigações devem ser conduzidas, suas verdades devem ser alcançadas".[330]

Para ele, dos dois métodos existentes, o da *indução* e o *dedutivo*, o primeiro guiado pela observação de uma experiência específica que será generalizada e o segundo pelo raciocínio a partir de uma hipótese assumida sobre o fenômeno investigado, também chamados, respectivamente, de método *a posteriori* e método *a priori* (dedutivo), Mill considera que, dadas as características anteriormente discutidas da Economia Política como uma *ciência*

---

[1836] 1974 (Os Pensadores).

[329] MILL, John Stuart. "Da definição da Economia Política e do método de investigação próprio a ela". *In: Bentham, Stuart Mill*. São Paulo: Abril Cultural, [1836] 1974, p. 301 (Os Pensadores).

[330] MILL, John Stuart. "Da definição da Economia Política e do método de investigação próprio a ela". *In: Bentham, Stuart Mill*. São Paulo: Abril Cultural, [1836] 1974, p. 302 (Os Pensadores).

# CAPÍTULO IV – JOHN STUART MILL E OS PRINCÍPIOS...

*abstrata*, ser o método *a priori* o único adequado para ser por ela adotado. Isto porque, em suas palavras,

> ela raciocina e (...) deve necessariamente raciocinar a partir de hipóteses e não de fatos. É construída sobre hipóteses análogas às que sob o nome de definições são o fundamento de outras ciências abstratas [como a geometria].

Assim,

> de modo análogo, a economia política pressupõe uma definição arbitrária do homem como ser que invariavelmente realiza aquilo através do qual pode obter a maior soma de coisas necessárias, de conveniências e de luxos com a menor quantidade de trabalho e abnegação física exigida para obtê-los.

E, concluindo sobre essa questão:

> a economia política raciocina, portanto, a partir de premissas [que podem ou não ter fundamento nos fatos] e suas conclusões, como as da geometria, são verdadeiras somente enquanto a expressão comum é no *abstrato*, isto é, elas somente são verdadeiras sob certas suposições nas quais nenhuma, a não ser as causas gerais – causas comuns à *classe total* de casos em consideração [por exemplo, o desejo comum de riqueza do homem] – são levados em conta.[331]

Para ele, portanto, sendo a Economia Política, uma *ciência abstrata*, o método *a priori* é o único modo de análise, enquanto o *a posteriori*, que se vale da observação e da experiência de casos

---

[331] MILL, John Stuart. "Da definição da Economia Política e do método de investigação próprio a ela". *In: Bentham, Stuart Mill.* São Paulo: Abril Cultural, [1836] 1974, p. 304 (Os Pensadores).

específicos, "é totalmente ineficiente [nas ciências sociais] para se chegar às verdades valiosas, embora possa ser útil se aplicado em auxílio do método *a priori*".[332]

Ao defender, neste ensaio, o caráter dedutivo e abstrato da Economia Política e ignorar a importância dos fatos econômicos – ou da história –, na sua construção –, Mill está, na verdade, construindo uma ciência econômica "pura", descontaminada de influências políticas, sociais, ideológicas, como se a economia tivesse o mesmo *status* das ciências da natureza e os fenômenos econômicos não fizessem parte dos fenômenos sociais. E, ao reduzir o indivíduo unicamente a uma "máquina" de produzir e adquirir riqueza, capaz de realizar os melhores e mais difíceis cálculos para avaliar os ganhos e perdas em que incorreria nessa busca, para definir sua ação, tal como o fez Bentham, despojou-o de sua historicidade e de sua vida em sociedade, igualando desiguais, e fornecendo os elementos e características para a construção do *homo economicus* ("homem econômico"), o agente racional que se tornaria, nas mãos dos economistas neoclássicos, a pedra fundamental de seu edifício teórico.

Em relação a este método, a *priori* ou dedutivo da Economia Política, Mill terminaria revendo-o posteriormente em seu trabalho, *Um Sistema de Lógica* de 1843. De acordo com Ashley (1983), as maiores influências nessa questão vieram de Samuel Taylor Coleridge (1772-1834), ainda no final da década de 1820, e, predominantemente, de Auguste Comte (1798-1855), o filósofo positivista, na década de 1840, cujo sistema Mill admirava e com quem manteve correspondência entre 1841 e 1847.

O primeiro ajudou-o a perceber a importância da história na construção das Ciências Morais (ou sociais, atualmente) e as

---

[332] MILL, John Stuart. "Da definição da Economia Política e do método de investigação próprio a ela". *In: Bentham, Stuart Mill*. São Paulo: Abril Cultural, [1836] 1974, p. 305 (Os Pensadores).

CAPÍTULO IV – JOHN STUART MILL E OS PRINCÍPIOS...

limitações do *laissez-faire* em muitas questões que a Filosofia do Interesse de Bentham não era capaz de dar conta. O segundo foi quem, efetivamente, o levou a suavizar o método que havia defendido em 1836, abrindo nele espaço para os fatos históricos.

Em Comte, o tratamento segmentado e estanque das várias áreas das ciências da sociedade, como ocorria, por exemplo, no caso da Economia Política, tratada isoladamente do restante das demais áreas sociais como uma ciência abstrata, adotando o método dedutivo, produzia resultados irreais, metafísicos, não somente pelo fato dos aspectos gerais se encontrarem interligados, sem que um pudesse ser explicado sem a consideração dos demais, mas também por não se apoiar na verificação destes fatos para comprovação da teoria. Por isso, além de uma visão integrada para essa ciência, o método de análise para ela defendido por Comte era primordialmente o da arte da observação em três modalidades: a observação direta, a experimentação e a comparação. Ora, estes procedimentos estavam completamente distantes do sistema defendido no trabalho de Mill de 1836.

A partir da influência sobre ele exercida pela obra de Comte, Mill passou a revisar algumas de suas posições anteriores em seu trabalho de *Lógica* de 1843. Usando as citações contidas em Ashley, por exemplo, em relação à interdependência dos vários campos das ciências humanas:

> é contrário à Filosofia construir uma ciência com base em algumas das instâncias que determinam os fenômenos, deixando o resto à rotina da prática ou à sagacidade da conjuntura. Deveríamos ou deixar de pretender fórmulas científicas, ou então estudar todas as instâncias determinantes de maneira igual, e procurar, na medida do possível, inclui-las todas no âmbito da ciência.[333]

---

[333] MILL, John Stuart. *Sistema de lógica dedutiva e indutiva.* 2ª ed. São Paulo: Abril Cultural, [1843] 1979 (Os Pensadores) *apud* ASHLEY, W. J.

FABRÍCIO AUGUSTO DE OLIVEIRA

Mas Mill não abriria mão do que já havia sido feito em termos de Economia Política até à época, especialmente da teoria de Ricardo, e, mesmo reconhecendo essa interdependência, dos vários campos das ciências sociais, consideraria que, apesar do

> consenso universal dos fenômenos sociais de que nada do que ocorre em um setor de operações da sociedade deixa de ter sua parte de influência em cada um dos demais setores (...) não é menos verdadeiro que tipos diferentes de fatos sociais dependem no essencial (...) de tipos diferentes de causas, e, por conseguinte, [estas] não somente podem, como devem ser estudadas à parte, com vantagem (...).[334]

E exemplificando em defesa de sua posição sobre a motivação na busca da riqueza para justificar a construção da Economia Política como ciência retirada do corpo geral da ciência social:

> existe, por exemplo, uma grande classe de fenômenos sociais, cujas causas determinantes imediatas são principalmente aquelas que agem mediante o desejo de riqueza, e nas quais a lei psicológica que mais atua é o conhecido princípio de que a um ganho menor se prefere um ganho maior (...). Pode-se, pois, construir uma ciência que recebeu o nome de Economia Política.[335]

---

"Introdução [aos Princípios de Economia Política]". *In*: MILL, John Stuart. *Princípios de Economia Política*: com algumas de suas aplicações à filosofia social. *São* Paulo: Abril Cultural, 1983, p. 10 (Os Economistas).

[334] ASHLEY, W. J. "Introdução [aos Princípios de Economia Política]". *In*: MILL, John Stuart. *Princípios de Economia Política*: com algumas de suas aplicações à filosofia social. São Paulo: Abril Cultural, 1983, p. 10 (Os Economistas).

[335] ASHLEY, W. J. "Introdução [aos Princípios de Economia Política]". *In*: MILL, John Stuart. *Princípios de Economia Política*: com algumas de suas aplicações à filosofia social. São Paulo: Abril Cultural, 1983, p. 10 (Os Economistas).

## CAPÍTULO IV – JOHN STUART MILL E OS PRINCÍPIOS...

Tendo feito a defesa da visão "departamental" da Economia Política separada do corpo da ciência social, Mill também introduziria, neste seu Livro sobre a *Lógica*, uma revisão de seu método para essa ciência, procurando conciliar sua visão com a de Comte, na qual a observação ocupara papel central. Ainda de acordo com Ashley,[336]

> passou então a descrever o "método histórico", [mas] em termos tais que lhe permitissem designar até mesmo esse método como um "método dedutivo", ainda que na verdade fosse um "método dedutivo inverso". Dessa forma, a evidente contradição de métodos foi suavizada e transformada na simples diferenciação entre dedução "direta" e dedução "inversa".[337]

Em essência, este novo método significava observar os fatos, colher os elementos mais essenciais do objeto pesquisado e formular as hipóteses de investigação pelo método dedutivo.

Foi com essa nova visão da ciência que Mill se propôs a fazer a revisão de suas ideias sobre a Economia Política, com o objetivo de retirá-la da condição de uma ciência abstrata na qual Ricardo, e ele próprio, a colocara, e de integrá-la aos outros campos das ciências sociais, ao mesmo tempo em que procuraria fazer considerações práticas sobre sua aplicação. É dessa forma que ele se expressa, em sua *Autobiografia*, publicada em 1873, sobre o seu *Princípios* que apareceria em 1848, considerando que o seu sucesso ocorreu não apenas por

> (...) não ser um Livro de *ciência abstrata*, mas também de *aplicação*, e porque tratava a Economia Política não como

---

336 ASHLEY, W. J. "Introdução [aos Princípios de Economia Política]". *In*: MILL, John Stuart. *Princípios de Economia Política*: com algumas de suas aplicações à filosofia social. São Paulo: Abril Cultural, 1983, p. 10 (Os Economistas).

337 ASHLEY, W. J. "Introdução [aos Princípios de Economia Política]". *In*: MILL, John Stuart. *Princípios de Economia Política*: com algumas de suas aplicações à filosofia social. São Paulo: Abril Cultural, 1983, p. 11 (Os Economistas).

algo isolado, mas como um fragmento de um todo mais vasto – um ramo da Filosofia Social, tão interligado com todos os demais ramos (...).[338]

Mas a maior influência nesta sua obra, que ele aponta como o grande diferencial em relação aos trabalhos dos autores clássicos, que diz respeito à distinção que faz entre as leis da produção (naturais) e as da distribuição (dependentes da vontade humana), Mill atribui principalmente a Harriet, sua mulher que, na sua visão, despertou sua sensibilidade para as questões sociais:

> não foi dela que aprendi a parte puramente científica da Economia Política, mas foi, sobretudo, a sua influência que deu a este Livro esse tom geral que faz com que a obra se distinga de todas as exposições anteriores da Economia Política (...). Na verdade, aprendi essa visão das coisas dos pensamentos que em mim despertaram as especulações da escola de Saint-Simon; entretanto foi graças à inspiração e ao estímulo da minha mulher que essa visão se transformou em um princípio vital que permeia e anima a obra.[339]

Uma homenagem apaixonada que revela o poder do amor na transformação da mente. De qualquer maneira, ao optar por este caminho, Mill teve também a felicidade de deixar pelo caminho, em sua análise, a figura do *homo economicus* que desenhara em 1836, mas que, posteriormente seria resgatado e lapidado pela teoria neoclássica.

---

[338] MILL, John Stuart. *Autobiography of John Stuart Mill*. Nova York: Columbia University Press, [1873] 1944 *apud* ASHLEY, W. J. "Introdução [aos Princípios de Economia Política]". *In*: MILL, John Stuart. *Princípios de Economia Política*: com algumas de suas aplicações à filosofia social. São Paulo: Abril Cultural, 1983, p. 13 (Os Economistas).

[339] MILL, John Stuart. *Autobiography of John Stuart Mill*. Nova York: Columbia University Press, [1873] 1944 *apud* ASHLEY, W. J. "Introdução [aos Princípios de Economia Política]". *In*: MILL, John Stuart. *Princípios de Economia Política*: com algumas de suas aplicações à filosofia social. São Paulo: Abril Cultural, 1983, p. 15 (Os Economistas).

CAPÍTULO IV – JOHN STUART MILL E OS PRINCÍPIOS...

## 4.3 Os *Princípios de Economia Política*

A obra de economia de John Stuart Mill, *Princípios de Economia Política*, publicada em 1848, se encontra organizada em cinco Livros, distribuídos, na edição brasileira da Abril Cultural, de 1983, em dois volumes e em 750 páginas: o Livro I, trata da produção; o II, da distribuição; o III, da troca, do valor e da distribuição; o IV, do progresso (do desenvolvimento) e de sua influência sobre a produção e a distribuição; e o V, do governo.

Ao justificar sua elaboração, Mill menciona, em primeiro lugar, no *Prefácio* de 1848, a necessidade de atualização do pensamento econômico e de seus avanços, em diversas áreas, ocorridos desde Adam Smith e Ricardo, como as da moeda, do comércio exterior e mesmo de tópicos como o da colonização, o que, no seu entendimento, já seria suficiente para sua realização, visando incorporar essas novas ideias no corpo da Economia Política. Mas, além disso, ele via algo que a diferenciaria dos demais tratados dessa ciência: a aplicação de seus princípios, pois, tal como tratada até a sua época, a Economia Política não se preocupava com essa questão dos fins práticos da ciência, considerada como um ramo de especulação abstrata. Apenas em Smith podia ser identificada, para ele, essa preocupação com estes fins, os quais estariam ligados mais ao campo da *Filosofia Social*, à medida que interligada com vários outros campos das ciências humanas, o que o leva a tomar este autor como modelo para o desenvolvimento de sua obra. Mas seu objetivo parece ter sido ainda mais amplo do que atualizar o pensamento econômico e "(...) apresentar os fenômenos econômicos da sociedade na relação que estão com as melhores ideias sociais do tempo atual (...)".[340] considerando "(...) obsoleta em muitas partes e imperfeita no

---

[340] MILL, John Stuart. *Princípios de Economia Política*: com algumas de suas aplicações à filosofia social. São Paulo: Abril Cultural, [1848] 1983, p. 22 (Os Economistas).

conjunto [a obra de Smith], *A Riqueza das Nações*",[341] e a teoria de Ricardo carente de aperfeiçoamentos em algumas questões, como a do valor, por exemplo,[342] pretendia contribuir para corrigir seu rumo, nutrindo, com estes propósitos, o desejo de que seu trabalho "(...) fosse mais que uma simples exposição das doutrinas abstratas da Economia Política (...)".[343]

Não são poucas as opiniões de que Mill não teria atingido todos estes objetivos. Para Ekerman,[344]

> (...) o texto de Mill deixa muito a desejar, principalmente se comparado com *A Riqueza das Nações*, de Adam Smith, e os *Princípios*, de David Ricardo. A obra de Mill decresce em importância na medida em que *A Riqueza das Nações* constitui a expressão mais forte e candente da nova visão de mundo que vinha se estabelecendo desde o século XVI (o mundo como mercado) e os *Princípios* de Ricardo colocam pela primeira vez, de forma clara, o significado do *excedente*, ou melhor, do *valor excedente* para a reprodução do processo de acumulação de capital.

---

[341] MILL, John Stuart. *Princípios de Economia Política*: com algumas de suas aplicações à filosofia social. São Paulo: Abril Cultural, [1848] 1983 (Os Economistas).

[342] DOBB, Maurice. *Teorias do valor e da distribuição desde Adam Smith*. Lisboa: Editorial Presença, 1973.

[343] MILL, John Stuart. *Princípios de Economia Política*: com algumas de suas aplicações à filosofia social. São Paulo: Abril Cultural, [1848] 1983, p. 22 (Os Economistas).

[344] EKERMAN, Raul. "Apresentação [dos Princípios de Economia Política]". *In*: MILL, John Stuart *Princípios de Economia Política*: com algumas de suas aplicações à filosofia social. São Paulo: Abril Cultural, 1983, p. VII (Os Economistas).

## CAPÍTULO IV – JOHN STUART MILL E OS PRINCÍPIOS...

Para Dobb,[345] Mill, que se propôs a defender e aprimorar a teoria do valor de Ricardo, teria retornado, nessa empreitada, à *Teoria das Componentes Aditivas* de Smith, a qual Ricardo criticara, e se aproximado mais da *Teoria do Custo de Produção* de Marshall. Tanto, como ele ainda aponta, que Schumpeter se recusou a inclui-lo na escola de Ricardo, considerando que sua opinião de que estava apenas modificando a doutrina ricardiana "estava errada" e que as alterações nela introduzidas atingiram-na "nos seus fundamentos e, mais ainda, da perspectiva social". Marx, por sua vez, qualificou-a como uma obra de "sincretismo artificial",[346] ou seja, uma reunião de ideias e teses confusas. Mas, se não foi bem-sucedida nestes propósitos, os *Princípios* de Mill, alcançaram um êxito notável como leitura de referência da Economia Política à época: entre sua publicação, em 1848, e a versão de 1871, a última por ele revista, ganhou mais seis edições. Bem escrita e organizada, apesar de prolixa, o mundo passou a ler Economia Política pelos "olhos de Mill".

Para Barber,[347] no entanto, o revisionismo de Mill teria ido além de seu objetivo de consolidar a análise clássica a partir de Smith, sendo que as mudanças por ele introduzidas em algumas de suas premissas tiveram alcance ainda maior do que ele mesmo imaginara. Nessa revisão, ele destaca, entre outras, as realizadas nas seguintes questões: a do trabalho produtivo e improdutivo; a do valor; da produção e distribuição; da possibilidade de uma poupança originária do trabalho; e a do estado estacionário. Para melhor avaliar os pontos em que ele se mantém de acordo com os

---

345 DOBB, Maurice. *Teorias do valor e da distribuição desde Adam Smith.* Lisboa: Editorial Presença, 1973, pp. 156/157.

346 MARX *apud* EKERMAN, Raul. "Apresentação [dos Princípios de Economia Política]". *In*: MILL, John Stuart. *Princípios de Economia Política*: com algumas de suas aplicações à filosofia social. São Paulo: Abril Cultural, 1983, p. XV (Os Economistas).

347 BARBER, William J. *Uma história do pensamento econômico.* Rio de Janeiro: Zahar, 1971, cap. 4.

economistas clássicos ou que procura corrigi-los e aprimorar sua doutrina, tenha sido bem ou malsucedido neste objetivo, procura-se, em seguida, fazer a leitura do pensamento de Mill exposto nos *Princípios*, ao longo de seus cinco Livros, comparando-o, no que interessa, aos daquela escola.

### 4.3.1 As leis universais da produção (Livro I)

Os cinco Livros mencionados que compõem a obra de Mill são antecedidos por uma discussão sobre o seu objeto de estudo: as leis que governam a produção e distribuição da riqueza, bem como o seu significado, considerando que é ela quem balizará a sua análise.

Sua definição de riqueza não é diferente da de Smith, considerando-a "(...) como todas as coisas úteis ou agradáveis que possuem valor de troca, excetuadas as que se pode conseguir, na quantidade desejada, sem trabalho ou sacrifício".[348] A riqueza, enfim, expressa geralmente na forma do dinheiro, representa para o indivíduo,

> um poder ou domínio (poder de compra) que tem sobre o fundo geral de coisas úteis ou agradáveis, ou seja, em proporção ao poder que tem de atender a qualquer exigência ou de adquirir qualquer objeto que deseja[349]

que alcança valor no mercado. Para a humanidade, sua capacidade, portanto, de contar com a produção de bens para satisfazer as necessidades de seus membros.

---

[348] MILL, John Stuart. *Princípios de Economia Política*: com algumas de suas aplicações à filosofia social. vol. I. São Paulo: Abril Cultural, [1848] 1983, p. 30 (Os Economistas).

[349] MILL, John Stuart. *Princípios de Economia Política*: com algumas de suas aplicações à filosofia social. vol. I. São Paulo: Abril Cultural, [1848] 1983, p. 27 (Os Economistas).

CAPÍTULO IV – JOHN STUART MILL E OS PRINCÍPIOS...

Interessa para ele investigar, portanto, as leis e os princípios que regem a produção da riqueza, bem como a sua distribuição. Depois de fazer uma digressão sobre sua evolução, em termos de sua dimensão, nos diversos níveis e estágios de desenvolvimento da humanidade – sociedade de coletores, nômades, pastoril, agrícola, industrial – e sobre as formas como ela se distribui nestes contextos entre seus membros, constata existirem diferenças notáveis, nas sociedades consideradas, no tocante à sua produção e distribuição, cabendo à Economia Política, no caso da primeira (da produção) investigar as leis que explicam a diversidade da riqueza e da pobreza no presente e no passado, mesmo que restritas às leis secundárias e derivativas, que a determinam, já que esta tem a presidi-la as leis da natureza; mas, no caso da segunda (da distribuição), considera que

> diversamente do que ocorre com as leis da produção, as que regem a distribuição são em parte da instituição humana, já que a maneira de se distribuir a riqueza em qualquer sociedade específica depende das leis ou usos nela vigentes.[350]

o que constitui, também, "matéria de investigação científica". No Livro I, ele se dedica, com essa preocupação, à investigação das leis que governam a produção.

Apesar de ser um texto excessivamente longo, é possível fazer uma breve síntese sobre o que Mill entende como as leis da produção. Logo na abertura do Livro I deixa explícito serem dois os requisitos da produção: *o trabalho e objetos naturais apropriados*:[351] "(...) o trabalho, no mundo físico, é sempre e exclusivamente utilizado para colocar as coisas em movimento; as propriedades

---

[350] MILL, John Stuart. *Princípios de Economia Política*: com algumas de suas aplicações à filosofia social. vol. I. São Paulo: Abril Cultural, [1848] 1983, p. 39 (Os Economistas).

[351] MILL, John Stuart. *Princípios de Economia Política*: com algumas de suas aplicações à filosofia social. Livro I, vol. I. São Paulo: Abril Cultural, [1848] 1983, p. 42 (Os Economistas).

da matéria, as leis da Natureza, fazem o resto".[352] Isso significa que a produção da riqueza nasce, para ele, da interação entre o homem e a Natureza, sendo que somente o trabalho desempenha um papel proativo neste processo, apoderando-se e transformando as matérias da natureza. Mas, e este é um argumento essencial em sua análise, "algumas [matérias] estão disponíveis em quantidade ilimitada, outras em quantidade limitada".[353] E só no caso em que

> a quantidade disponível da coisa se torne inferior àquela de que as pessoas se apoderariam e utilizariam se a conseguissem gratuitamente, a propriedade ou uso do agente natural adquire um valor de troca.[354]

Com isso, ele adianta que se a terra tem um preço (ou valor de troca) isso se deve não à utilidade da produção que oferece, mas à sua limitação em termos de quantidade, o que ocorreria também, se fosse o caso, com o ar, o calor, a água, que poderiam ser açambarcados e tornados objeto de propriedade, cobrando-se uma renda pelo seu uso.

Para poder transformar as matérias da natureza em produtos acabados e prontos para ser vendidos no mercado, o trabalho deve dispor de algumas condições para se viabilizar: dependendo da atividade, da matéria-prima necessária para sua produção; de instalações adequadas onde essa possa ser realizada; de máquinas e ferramentas que lhe permitam transformar as matérias-primas;

---

[352] MILL, John Stuart. *Princípios de Economia Política*: com algumas de suas aplicações à filosofia social. Livro I, vol. I. São Paulo: Abril Cultural, [1848] 1983, p. 45 (Os Economistas).

[353] MILL, John Stuart. *Princípios de Economia Política*: com algumas de suas aplicações à filosofia social. Livro I, vol. I. São Paulo: Abril Cultural, [1848] 1983, p. 46 (Os Economistas).

[354] MILL, John Stuart. *Princípios de Economia Política*: com algumas de suas aplicações à filosofia social. Livro I, vol. I. São Paulo: Abril Cultural, [1848] 1983, p. 47 (Os Economistas).

## CAPÍTULO IV – JOHN STUART MILL E OS PRINCÍPIOS...

do adiantamento de alimentos (ou de salários) para garantir a subsistência do trabalhador e de sua família, já que transcorrerá algum tempo para sua produção e comercialização; do trabalho de transporte da mercadoria para os mercados atacadista/varejista. A não ser nas sociedades primitivas ou de produtores independentes, onde não existe este descasamento temporal entre a produção e o consumo, na economia de mercado voltada para a troca, o trabalho vivo, atual, necessita, para materializar-se e tornar-se produtivo, de contar com essas condições, ou como ele as denomina, "de um estoque previamente acumulado dos produtos do trabalho anterior, que é denominado *capital*",[355] *o qual assim também se transforma em um dos requisitos primários e universais da produção.*

A produção conta, portanto, para ser realizada, além dos agentes naturais, com o trabalho, o qual se compõe do trabalho atual, cujos esforços resultam na produção de produtos novos, e do trabalho previamente acumulado, sob diversas formas – matérias-primas, alimentos, maquinaria etc. –, que se denomina *capital*, classificado como fixo ou circulante, que vai ser adiantado por alguém para que o trabalhador possa a ela se dedicar. Como ele coloca de forma explícita no capítulo X do Livro I:

> (...) são três os requisitos essenciais da produção: mão de obra [trabalho], capital e agentes naturais, sendo que o termo *capital* inclui todos os requisitos externos que são produzidos pelo trabalho, e o termo agentes naturais todos os requisitos que não são produzidos pelo trabalho.[356]

---

355 MILL, John Stuart. *Princípios de Economia Política*: com algumas de suas aplicações à filosofia social. Livro I, vol. I. São Paulo: Abril Cultural, [1848] 1983, p. 69 (Os Economistas).

356 MILL, John Stuart. *Princípios de Economia Política*: com algumas de suas aplicações à filosofia social. Livro I, vol. I. São Paulo: Abril Cultural, [1848] 1983, p. 145 (Os Economistas).

Ora, se são esses os agentes da produção, nada mais natural do que investigar as propriedades destes elementos e em que medida eles facilitam ou inibem, ou se tornam mesmo obstáculo para a produção da riqueza, o objeto de estudo da Economia Política.

Adotando, como Ricardo, a Lei dos Mercados de Say, Mill descarta existir qualquer limite à produção pela insuficiência da demanda agregada. Para ele, "(...) o limite da riqueza nunca se estabelece pela ausência dos consumidores, mas pela falta de produtores e de forças produtivas".[357] Ou ainda mais explicitamente: "tudo que é produzido é consumido, tanto o que é poupado como o que se diz ter sido gasto; aliás, tanto o que é poupado quanto o que é gasto, gasta-se mais ou menos com a mesma rapidez".[358] Isso significa não se considerar a existência de entesouramento (a poupança não é guardada, acumulada) e que se a renda não é destinada para o consumo, ela se transforma, mesmo que em outras mãos, em demanda do capital, em constituição de fundos para a produção, o que leva ao aumento do emprego e da riqueza. No Livro III, cap. XIV, onde retoma a discussão desta questão da superprodução, Mill chega a considerá-la um "absurdo"[359] e mesmo a estranhar que autores que ele admira, como Malthus, Chalmers e Sismondi, tenham defendido essa tese, considerando-a não mais do que uma "suposição quimérica" para explicar os fatos econômicos.[360]

---

[357] MILL, John Stuart. *Princípios de Economia Política*: com algumas de suas aplicações à filosofia social. Livro I, vol. I. São Paulo: Abril Cultural, [1848] 1983, p. 81 (Os Economistas).

[358] MILL, John Stuart. *Princípios de Economia Política*: com algumas de suas aplicações à filosofia social. Livro I, vol. I. São Paulo: Abril Cultural, [1848] 1983, p. 84 (Os Economistas).

[359] MILL, John Stuart. *Princípios de Economia Política*: com algumas de suas aplicações à filosofia social. Livro III, vol. II. São Paulo: Abril Cultural, [1848] 1983, p. 106 (Os Economistas).

[360] MILL, John Stuart. *Princípios de Economia Política*: com algumas de suas aplicações à filosofia social. Livro III, vol. II. São Paulo: Abril Cultural, [1848] 1983, p. 107 (Os Economistas).

## CAPÍTULO IV – JOHN STUART MILL E OS PRINCÍPIOS...

O capital é, assim, a principal alavanca que alimenta este processo, que dá emprego ao trabalho, que lhe adianta recursos para que possa produzir, representando, portanto, *o seu limite*. Quanto maior o volume de capital, maior o número de trabalhadores empregados, maior a produção de riqueza e vice-versa. Mas sua existência depende ou resulta de economias feitas, de poupanças realizadas pela população em geral, de uma renúncia ao consumo de bens no presente em prol de um maior consumo no futuro: "(...) todo capital, com raras exceções, resulta, originariamente, de uma poupança".[361] A poupança, e não o gasto, ou o consumo de bens, e menos ainda o consumo improdutivo, é visto por ele como virtude por propiciar o aumento do capital do país, e, consequentemente, o aumento de sua capacidade de produção de riqueza:

> (...) a poupança enriquece a comunidade, juntamente com o indivíduo, ao passo que o gasto a empobrece; em outras palavras, seria o mesmo dizer que a sociedade, no geral, se torna mais rica mediante o que gasta, colaborando na manutenção do trabalho produtivo, porém se torna mais pobre pelo que consome em prazeres e divertimentos.[362]

Sobre este papel do gasto, da demanda efetiva na criação de emprego e sobre o papel preponderante do capital nesta questão, Mill não parece ter nenhuma dúvida. Para ele, "o que mantém e dá emprego à mão de obra produtiva é o capital gasto para pô-la a trabalhar, e não a procura dos compradores em relação ao produto do trabalho, quando encerrado".[363] A demanda apenas

---

361 MILL, John Stuart. *Princípios de Economia Política*: com algumas de suas aplicações à filosofia social. Livro III, vol. II. São Paulo: Abril Cultural, [1848] 1983, p. 181 (Os Economistas).

362 MILL, John Stuart. *Princípios de Economia Política*: com algumas de suas aplicações à filosofia social. Livro III, vol. II. São Paulo: Abril Cultural, [1848] 1983, p. 84 (Os Economistas).

363 MILL, John Stuart. *Princípios de Economia Política*: com algumas de suas aplicações à filosofia social. Livro III, vol. II. São Paulo: Abril Cultural,

determina a *direção* em que será utilizada a mão de obra, mas não o seu *quantum*, que depende do montante de capital, da parcela deste que é destinada à remuneração do trabalho, ou do fundo de salários. Por isso, vê o estímulo e incentivo à poupança, que irá nutrir/alimentar o capital, como iniciativa altamente benéfica para a sociedade, mas discorda das teses em voga, à época, de que a tributação, que subtrai parte do excedente que poderia se transformar em capital, pela poupança, não deveria ser lançada sobre os mais ricos, já que estes disporiam de melhores condições de poupar, o que prejudicaria as classes trabalhadoras pela redução de emprego que provocaria. Afastando-se nessa questão dos economistas clássicos a respeito dos gastos improdutivos do governo, Mill defende que este dispõe de condições de aplicar produtivamente o produto dos impostos e até mesmo de ser capaz de gerar ganhos adicionais para a sociedade em relação aos pagadores de impostos. Para ele

> Se, porém, o Governo – como provavelmente acontece – gastar livremente tanto da importância recolhida quanto teriam gasto os pagadores de imposto no emprego direto da mão de obra, como na contratação de marinheiros, soldados e policiais, ou em liquidar dívidas – operação esta que até aumenta o capital – as classes trabalhadoras não somente não perdem o emprego com o imposto, senão que possivelmente podem até ganhar algum outro, e a totalidade do imposto recai, nesse caso, exclusivamente sobre quem se pretendia.[364]

Não sendo limitada pela demanda – uma lei universal – a produção é influenciada pela produtividade dos agentes de produção

---

[1848] 1983, p. 88 (Os Economistas).

[364] MILL, John Stuart. *Princípios de Economia Política*: com algumas de suas aplicações à filosofia social. Livro I, vol. I. São Paulo: Abril Cultural, [1848] 1983, p. 96 (Os Economistas).

## CAPÍTULO IV – JOHN STUART MILL E OS PRINCÍPIOS...

– trabalho, capital e terra –, um dos fatores que explicam a diversidade e diferenças notáveis existentes nas sociedades em termos de produção da riqueza. Onde estes se apresentam mais produtivos, maior é essa capacidade, colocando o país em vantagem em relação aos demais. Mill enumera várias causas que explicam essa produtividade: i) as vantagens naturais, advindas da qualidade do solo, do clima e da abundância de produtos minerais em localizações favoráveis, facilitando seu processamento e transporte; ii) a energia do trabalho, que depende de alguma motivação que vá além da garantia da mera sobrevivência e de que outros prazeres podem ser obtidos e/ou da tomada de consciência da necessidade de ser preciso garantir o futuro; iii) a habilidade e o conhecimento técnico dos próprios trabalhadores, inclusive para operar, com maior eficiência, as ferramentas e as máquinas da fábrica; iv) o nível de cultura e de instrução da população, que lhe permite adaptar-se mais rapidamente e com maior eficiência aos diversos tipos de operação no emprego; v) como causa secundária que influencia a produtividade dos agentes, a segurança que a sociedade proporciona, por meio de instituições confiáveis, a seus membros, que consiste na proteção por parte do governo dada ao trabalho e à propriedade e também contra o próprio governo, visando impedir que este cometa atos arbitrários de confisco, taxações excessivas etc., que desestimulem o capital e o trabalho; e vi) a necessidade da liberdade do indivíduo e da comunidade na busca de seu próprio bem, de sua felicidade, uma máxima de Smith, o que pressupõe a inexistência de leis que favoreçam um tipo de classe ou de pessoas em detrimentos de outras.

A todas essas circunstâncias que favorecem a produtividade do trabalho e que, portanto, explicam as diferenças entre os diversos países, Mill adiciona, por último, destacando sua importância nessa questão, a divisão do trabalho, que mereceu, na obra de Smith, um tratamento privilegiado. Não há necessidade de voltar a discutir suas vantagens para o aumento e diversificação da produção, bastando reconhecer, como ele, que "se não houvesse divisão do trabalho, muito poucas seriam as coisas que poderiam ser produzidas",[365] e, como Smith, que seu aprofundamento depende, de um lado, da habilidade do trabalhador, e, de outro, do montante de capital empregado, e ainda que a extensão do mercado é uma de suas condicionantes: quanto maior este, maior o avanço da divisão do trabalho e vice-versa.

Diante disso, se segue, como ele discute longamente no capítulo IX deste Livro, "(...) que a produção se torna muito mais eficiente se for conduzida em grande escala, [pois] quanto maior o empreendimento, tanto maior pode ser a divisão de tarefas".[366] Embora reconheça que a grande empresa exija maior volume de capital, os riscos que representa para a livre concorrência, pelos acordos que podem ser feitos entre os produtores, e sua dependência do tamanho do mercado para se viabilizar, Mill não tem dúvida de que com ela pode-se obter rendimentos crescentes de escala, devido ao aumento da produtividade do trabalho e, portanto, maior produção da riqueza para a população do país.

Isso significa que os caminhos da produção estejam desbloqueados e que ela possa prosseguir sem limitação? Não, para Mill há vários obstáculos que decorrem das qualidades inerentes aos próprios agentes de produção e colocam limites à sua continuidade e contra os quais o homem pouco pode fazer. Para mostrar estes limites, ele examina os obstáculos que podem surgir no curso do processo de produção da riqueza, da acumulação, procurando, de um lado, analisar como estes agentes interagem e identificar, de outro, os que efetivamente se transformam em limites intransponíveis para este objetivo.

---

[365] MILL, John Stuart. *Princípios de Economia Política*: com algumas de suas aplicações à filosofia social. Livro III, vol. II. São Paulo: Abril Cultural, [1848] 1983, p. 117 (Os Economistas).

[366] MILL, John Stuart. *Princípios de Economia Política*: com algumas de suas aplicações à filosofia social. Livro III, vol. II. São Paulo: Abril Cultural, [1848] 1983, p. 127 (Os Economistas).

## CAPÍTULO IV – JOHN STUART MILL E OS PRINCÍPIOS...

No tocante ao trabalho, Mill inicia seu exame diferenciando-o, enquanto produtor de riqueza material, entre trabalho produtivo e improdutivo, que não pode simplesmente ser entendido como inútil, embora em alguns casos possa representar desperdício. Preso à tradição clássica, descarta como produtivo o trabalho do músico, do declamador ou recitador público, do artista, enfim, de todo "serviço prestado [que não deixa] uma aquisição permanente nas qualidades melhoradas de qualquer pessoa ou coisa"[367] ou que "consistem em prazeres que só existem enquanto estão sendo desfrutados e serviços que só existem enquanto estão sendo executados (...)".[368] Considera, por outro lado, como produtivo, seguindo os economistas clássicos, o trabalho produtor de bens tangíveis, de riqueza material, mas vai além daqueles, ao incluir como produtivo o trabalho de outras categorias, mesmo que não proporcione produto material, com a condição de que contribua ou gere, como consequência, aumento dos produtos materiais. Seria este o caso, por exemplo, do trabalho de transmissão de conhecimentos, do treinamento dos trabalhadores, e do que preserva e protege a vida e a eficiência física e mental da população, o que incluiria todos os envolvidos neste campo, como os professores, governos que dão proteção ao cidadão e segurança à propriedade, eclesiásticos da educação etc., argumentando que, sem ele, a própria produção material esbarraria em dificuldades para ser realizada. Mas, assim como Smith, considera ser o trabalho improdutivo absorvedor da riqueza produzida e que a proporção entre trabalho produtivo e improdutivo determina sua grandeza: quanto maior o contingente de trabalhadores improdutivos, menor a capacidade do país de criá-la, mesmo por que parcela do excedente estaria sendo por eles consumida, e vice-versa. Ainda que este

---

367 MILL, John Stuart. *Princípios de Economia Política*: com algumas de suas aplicações à filosofia social. Livro III, vol. II. São Paulo: Abril Cultural, [1848] 1983, p. 62 (Os Economistas).

368 MILL, John Stuart. *Princípios de Economia Política*: com algumas de suas aplicações à filosofia social. Livro III, vol. II. São Paulo: Abril Cultural, [1848] 1983, p. 63 (Os Economistas).

trabalho enriqueça o indivíduo, que por ele recebe remuneração, do ponto de vista da sociedade ele nada acrescenta em termos de riqueza material, mas, pelo contrário, torna-a mais pobre, subtraindo parte da riqueza produzida.

Mas, e isso representa um avanço em relação aos clássicos nessa questão, o desperdício não constitui uma característica restrita ao trabalho improdutivo. Aquele pode ocorrer inclusive por meio do trabalho produtivo: o emprego de novas invenções ou a adoção de técnicas que apresentam rendimentos inferiores às preexistentes, uma questão que posteriormente seria equacionada no esquema marxista com a introdução do conceito de "trabalho socialmente necessário", e ainda a produção de novos bens que não encontram mercado (demanda), porque considerados inúteis, ou cuja oferta seja superior à demanda, constituem exemplos de riqueza produzida, mas também desperdiçada.

E mais: assim como existem o trabalho produtivo e improdutivo, existe também o consumo produtivo e improdutivo, sendo o primeiro destinado a manter e sustentar as forças produtivas da comunidade, e, o segundo, em propiciar prazeres ou artigos de luxo (cordões de ouro, champanha, por exemplo), que não oferecem retorno para a sociedade. Tanto o trabalho produtivo como o improdutivo consomem ambos os tipos de bens e serviços – produtivos e improdutivos – e ambos são geradores de emprego para a mão de obra, mas as grandes desigualdades de renda e riqueza existentes na sociedade tendem a fortalecer o avanço do consumo improdutivo e, com isso, a enfraquecer as condições de sua criação, já que menos riqueza estará disponível para a expansão da produção.

Mas sua conclusão, influenciado pela visão malthusiana, no exame deste requisito da produção, que se refere ao trabalho, é a de que a mesma não encontra nele limite para sua expansão. Isso porque a população tem o "poder de aumentar a uma taxa geométrica uniforme e rápida", e, se essa fosse a única condição essencial da produção, a mesma poderia crescer na mesma

## CAPÍTULO IV – JOHN STUART MILL E OS PRINCÍPIOS...

proporção "e não haveria limite algum, até que parasse o aumento da população, [mas] por falta efetiva de espaço".[369] O que impede a população, assim, de crescer e, portanto, limita quantitativamente a sua reprodução, se deve, diferentemente de outras raças de animais, ao temor de "gerar seres humanos destinados apenas à miséria e à morte prematura", sendo por isso impedida pela "prudência ou pelas tendências sociais" de trilhar este caminho natural. A razão reside, portanto, no medo da fome, de não se contar com condições de sobrevivência, o que só o ser humano é capaz de perceber. Se revolvida essa questão, a população, ou a mão de obra, *não representaria nenhum limite para a produção*. Este, portanto, deve ser buscado nos seus dois outros requisitos básicos: *no capital e na terra*.

O trabalho atual depende do trabalho passado acumulado ou, na sua acepção, do capital, que é o resultado da poupança, isto é, "da abstenção do consumo atual em função de um bem futuro":[370] quanto maior o volume de capital, maior a quantidade de trabalhadores empregados e maior a produção. O aumento de capital depende, para ele, de duas causas: "do montante do fundo do qual se pode fazer a poupança; da força das disposições humanas que levam a poupar".[371]

O fundo do qual se pode fazer a poupança é o excedente de produção que sobra após o atendimento das necessidades de subsistência de todos envolvidos na produção: reposição das matérias-primas, trabalhadores e reposição do capital fixo: é a produção

---

[369] MILL, John Stuart. *Princípios de Economia Política*: com algumas de suas aplicações à filosofia social. Livro III, vol. II. São Paulo: Abril Cultural, [1848] 1983, p. 151 (Os Economistas).

[370] MILL, John Stuart. *Princípios de Economia Política*: com algumas de suas aplicações à filosofia social. Livro III, vol. II. São Paulo: Abril Cultural, [1848] 1983, p. 151 (Os Economistas).

[371] MILL, John Stuart. *Princípios de Economia Política*: com algumas de suas aplicações à filosofia social. Livro III, vol. II. São Paulo: Abril Cultural, [1848] 1983, p. 151 (Os Economistas).

líquida, "(...) aquilo que o país pode gastar para sua satisfação ou poupar para vantagem futura".[372] A proporção deste excedente que será destinado para a poupança depende da motivação que existe para que a abstenção do consumo presente seja recompensada, o que significa que o pagamento pelo seu uso na expansão da produção, na forma de lucro que o seu proprietário receberá, aparece, em primeira análise, como seu determinante.

Mas, como ele chama a atenção,

> (...) a propensão a poupar não depende *totalmente* do estímulo externo para poupar, do montante de lucro, que se poderá obter, [pois esta] é muito diferente em pessoas diferentes e em comunidades diferentes.[373]

E é precisamente isso que explica os diferentes estágios de progresso, de nível de produção da riqueza, nas diversas sociedades. Isso porque, o desejo de poupar, essencial para a acumulação, renunciando ao consumo presente para tornar o futuro mais abundante em riqueza, depende da forma como se encara este mesmo futuro e isso envolve valores culturais, morais, intelectuais, sendo também influenciado pelas instituições e condições econômicas do país, o que varia de sociedade para sociedade.

Nas sociedades em que essa propensão é baixa, o que é característico de economias menos desenvolvidas, o avanço do capital exige que seus retornos – ou a sua remuneração, o lucro – sejam elevados, o que representa, por si só, maiores dificuldades para o progresso. Mas nas sociedades em que essa propensão é elevada,

---

372 MILL, John Stuart. *Princípios de Economia Política*: com algumas de suas aplicações à filosofia social. Livro III, vol. II. São Paulo: Abril Cultural, [1848] 1983, p. 152 (Os Economistas).

373 MILL, John Stuart. *Princípios de Economia Política*: com algumas de suas aplicações à filosofia social. Livro III, vol. II. São Paulo: Abril Cultural, [1848] 1983, p. 152 (Os Economistas), *itálicos acrescentados*.

## CAPÍTULO IV – JOHN STUART MILL E OS PRINCÍPIOS...

especialmente nas economias mais desenvolvidas, onde se associa a riqueza com poder (e Mill está neste momento pensando na Inglaterra e Holanda), o desejo de acumular não depende de retornos abundantes como nos demais países, e o aumento do capital não parece apresentar também limites para a produção. Isso, para ele, só viria a ocorrer se os retornos caíssem para níveis tão baixos que tornassem desinteressante a renúncia do consumo presente pelo futuro, ao esmagar os ganhos do capital. Se isso ocorre, infere-se que o capital [a sua falta] também representa um limite para o aumento da produção. Mas porque o próprio aumento do capital leva à queda de seus rendimentos, é a pergunta que faz, colocando limites à expansão da produção, se ele próprio não representa limites, naquelas condições, para a mesma? Para responder a essa questão, ele passa a investigar o último requisito primário da produção: os agentes naturais ou, mais restritamente, *a terra*.

Ao contrário do trabalho e do capital, a terra é limitada em sua extensão e qualidade, apresentando distintos graus de fertilidade, e representa, por isso, *os limites reais da produção*. À medida que se avança em seu cultivo para a produção de alimentos para a população e de matérias-primas para a indústria, torna-se necessário utilizar terras menos férteis, às vezes em áreas mais distantes dos mercados consumidores, o que também aumenta os custos de produção, o que faz com que, para que se obtenha uma mesma produção, seja necessário um gasto mais do que proporcional de trabalho e de capital, predominando a lei do retorno decrescente da terra e a redução dos lucros do capital para níveis que desestimulam a poupança. Nessa situação, como ele afirma, "(...) o limite para o aumento da produção é duplo: falta de capital ou falta de terra".[374]

Mesmo considerando que forças contrárias podem se opor à essa tendência, decorrentes de melhorias técnicas e aperfeiçoamentos

---

374 MILL, John Stuart. *Princípios de Economia Política*: com algumas de suas aplicações à filosofia social. Livro III, vol. II. São Paulo: Abril Cultural, [1848] 1983, p. 171 (Os Economistas).

agrícolas que podem aumentar a sua produtividade e/ou reduzir a quantidade de trabalho empregado na produção – o que ele chama de "progresso da civilização" –, freando o crescimento do preço da produção agrícola e, mesmo que essa tendência possa ser compensada, para a economia em geral, pelo aumento da produtividade do trabalho na manufatura, se o crescimento da população for superior a esses ganhos, então os limites da produção tornar-se-ão, no longo prazo, inexoráveis, cuja chegada, embora possa ser adiada, não pode ser vencida, nem mesmo pela importação de outros países, a não ser temporariamente. Para a solução deste problema, somente a limitação do crescimento da população poderia ser bem-sucedida.

Contra essas leis e condições da produção de riqueza, o homem pouco tem a fazer, pois essas, para ele, "tem o caráter de verdades físicas". A produção depende de "condições impostas pela constituição de coisas externas e das propriedades inerentes de sua própria estrutura corporal e mental":[375] as poupanças prévias, a habilidade do trabalhador, o desempenho e eficiência do maquinário, a divisão do trabalho, a proporção do trabalho produtivo e improdutivo, as limitações da terra. *São leis universais da produção* e

> (...) não temos o poder de alterar as propriedades últimas das matérias [da natureza] nem da mente [o desejo de poupar, acumular]; podemos apenas fazer uso dessas propriedades com maior ou menor sucesso para produzir os resultados em que estamos interessados.[376]

Mas é só.

---

[375] MILL, John Stuart. *Princípios de Economia Política*: com algumas de suas aplicações à filosofia social. Livro III, vol. II. São Paulo: Abril Cultural, [1848] 1983, p. 181 (Os Economistas).

[376] MILL, John Stuart. *Princípios de Economia Política*: com algumas de suas aplicações à filosofia social. Livro III, vol. II. São Paulo: Abril Cultural, [1848] 1983, p. 181 (Os Economistas).

CAPÍTULO IV – JOHN STUART MILL E OS PRINCÍPIOS...

### 4.3.2 As leis humanas da distribuição (Livro II)

Ao contrário das leis da produção, universais, naturais, que o homem não tem condições de alterar, Mill considera, no Livro II, que o mesmo não acontece com a distribuição da riqueza. Para ele, "(...) esta é exclusivamente uma questão de instituições humanas",[377] dispondo a sociedade de condições de fazer o que bem entender neste sentido, o que torna a distribuição da riqueza dependente "das leis [humanas] e do costume [que variarão] muito de acordo com a diversidade da época e países".[378] Interessa-lhe, por isso, menos que investigar as causas da distribuição da riqueza, que estão longe "de ser arbitrárias quanto as leis da produção [e terem] o mesmo caráter das leis físicas que estas", analisar "as consequências das normas pelas quais [ela pode ser distribuída], considerando necessário descobrir quais resultados práticos advirão da operação dessas normas".[379]

Entender essa questão é relevante porque, diferentemente do que alguns intérpretes de Mill apontam, não é que ele tenha aberto mão de sua concepção da Economia Política como ciência abstrata, que permanece praticamente intacta em seu pensamento, mas que, no caso da distribuição, embora leis universais a regulem/ determinem, essas podem ser alteradas pela ação humana, pelos sentidos da humanidade em busca de maior justiça. Nem sempre, porém, essas alterações são benéficas para os objetivos pretendidos, cabendo, portanto, à Economia Política analisar as consequências

---

[377] MILL, John Stuart. *Princípios de Economia Política*: com algumas de suas aplicações à filosofia social. Livro I, vol. I. São Paulo: Abril Cultural, [1848] 1983, p. 181 (Os Economistas).

[378] MILL, John Stuart. *Princípios de Economia Política*: com algumas de suas aplicações à filosofia social. Livro I, vol. I. São Paulo: Abril Cultural, [1848] 1983, p. 182 (Os Economistas).

[379] MILL, John Stuart. *Princípios de Economia Política*: com algumas de suas aplicações à filosofia social. Livro I, vol. I. São Paulo: Abril Cultural, [1848] 1983, p. 182 (Os Economistas).

que essas normas podem gerar para o funcionamento do sistema, de forma a fornecer elementos que permitam, à sociedade, escolher as que geram melhores frutos. É essa a investigação que realiza neste Livro sobre a distribuição numa economia governada pela concorrência, ou por uma economia de mercado.

Mas antes de chegar a essa análise para compreender como se dá a distribuição e discutir criticamente as propostas colocadas para modificá-la, Mill empreende uma longa discussão sobre o que considera estar na base de sua determinação: *a propriedade privada*. Cabe apontar que Mill faz uma diferenciação, nessa questão, entre a propriedade fundiária, da terra, e outros tipos de propriedade, como os que dizem respeito ao capital e ao trabalho.

No caso da terra, Mill analisa, além da propriedade privada, outros arranjos sociais hipotéticos que poderiam ter sido feitos, bem como seus prós, contras e as dificuldades de sua operacionalização, inclusive em termos da disciplina e da motivação do trabalho e manifesta simpatia por sistemas mais igualitários dessa distribuição, como os do socialismo e do comunismo. Considera que o sistema de propriedade existente, á época, *por ter sido originado do produto da força e não da repartição justa ou do trabalho*, encontrava-se protegida por leis que não obedeciam aos critérios que justificavam sua existência, os quais, especificamente no caso da terra, eram os de ser bem cuidada e bem explorada em termos da produção, visando ao bem-estar da comunidade, já que ninguém nascera com um mandado divino para dela se apropriar. Fora disso, com a propriedade sendo vista, assim, apenas como um arranjo conveniente para a sociedade, sua defesa não seria possível e tornava-se necessário buscar outras alternativas. Todavia, como ele coloca, considerando sua instituição "como uma questão da Filosofia Social, devemos prescindir da sua origem efetiva em qualquer das nações europeias existentes"[380] e

---

[380] MILL, John Stuart. *Princípios de Economia Política*: com algumas de suas aplicações à filosofia social. Livro I, vol. I. São Paulo: Abril Cultural, [1848] 1983, p. 182 (Os Economistas).

## CAPÍTULO IV – JOHN STUART MILL E OS PRINCÍPIOS...

considerá-la um fato que propicia, ao seu proprietário, o direito de participar dos frutos da produção pelo seu uso.

Tendo apontado uma série de restrições ao direito da propriedade fundiária, Mill considera, no entanto, que no caso dos "(...) dos bens móveis e de tudo aquilo que é produto do trabalho [incluindo o capital] *o direito do proprietário deve ser absoluto*, a não ser que dele advenham males reais a terceiros":[381] ao contrário do que ocorre com a terra, cuja propriedade exclui os não proprietários de seu acesso [que deveria ser universal], os outros tipos de propriedade, incluindo a do capital, são obtidos pelo esforço de cada um, sem impedir que os demais possam fazer o mesmo, sendo, portanto, justificados social e moralmente. Isso propicia a seus proprietários (do trabalho, do capital) direito também a uma participação na produção pelo seu emprego no processo produtivo.

Considerando, portanto, *a propriedade privada um fato* e que participam da produção a mão de obra, o capital e a terra, Mill vai investigar as leis que determinam a distribuição do produto entre estes agentes numa economia concorrencial (de mercado) e como essa distribuição espontânea (natural) pode ser alterada – e quais as consequências dessas alterações – por leis, instituições e medidas governamentais.

Depois de dedicar uma parte considerável do Livro II à análise de formas de organização da sociedade em que a distribuição da produção diferencia-se da dominante na economia concorrencial, devido ao fato da propriedade, em geral, contar com arranjos diferentes, como no caso dos sistemas de escravatura, dos proprietários camponeses, da produção por meação e do sistema de *cottiers*, na Irlanda, para reforçar sua tese da influência das instituições humanas e dos costumes na sua determinação, Mill passa

---

[381] MILL, John Stuart. *Princípios de Economia Política*: com algumas de suas aplicações à filosofia social. Livro I. vol. I. São Paulo: Abril Cultural, [1848] 1983, p. 204 (Os Economistas).

a analisá-la no sistema concorrencial, onde ocorre uma divisão tripla da produção entre trabalhadores, proprietários do capital e donos da terra, cuja remuneração se dá, respectivamente, na forma de salários, lucro e renda.

Em relação ao trabalho e aos salários que o remuneram, Mill considera que se deixados sob o governo das leis naturais (da concorrência) que presidem o funcionamento do organismo econômico, os trabalhadores poderiam ser conduzidos a uma situação kafquiana, sem saída, de extrema pobreza, como Malthus havia previsto. Isto porque, como a população, entendida como a mão de obra que busca emprego, tende rapidamente a multiplicar-se, se ela não for contida neste seu ímpeto natural por alguma lei humana ou costume (estabelecimento de idade mínima para casamento; exigência de se encontrar empregado para casar, de ter uma profissão e de provar ter capacidade para sustentar uma família; costumes familiares de regras para definir quem e em que idade isso pode ocorrer), e como, por outro lado, o trabalho depende do capital, que destina um fundo fixo para sua remuneração, segue--se, como consequência, que a absorção de novos trabalhadores que ingressam no mercado só poderia ocorrer com a redução dos salários. Segundo ele,

> (...) os salários não somente dependem do montante relativo do capital e da população, senão que, sob o domínio da concorrência, não podem ser afetados por nenhuma outra coisa. Os salários (...) não podem aumentar a não ser em razão de um aumento do conjunto dos fundos empregados para contratar trabalhadores ou em razão de uma diminuição do número daqueles que competem por emprego; tampouco podem baixar, a não ser [que diminuam] os fundos destinados a pagar mão de obra ou [aumente] o número de trabalhadores a serem pagos.[382]

---

[382] MILL, John Stuart. *Princípios de Economia Política*: com algumas de suas aplicações à filosofia social. Livro I, vol. I. São Paulo: Abril Cultural, [1848]

CAPÍTULO IV – JOHN STUART MILL E OS PRINCÍPIOS...

Essa, a lei dos salários, que nos diz que estes dependem da proporção existente entre o número de trabalhadores e do capital e dos fundos destinados a pagar mão de obra. Neste caso, os salários só podem melhorar se a taxa de crescimento do capital for superior à da população; mas se esta for superior à do capital, eles terão inexoravelmente de cair: "(...) é impossível a população aumentar à sua taxa máxima sem baixarem os salários".[383]

Mas Mill, ao contrário de Malthus, enxerga alguma saída para o trabalhador, considerando que essa condição pode ser alterada desde que sejam adotadas medidas que modifiquem seu comportamento. Não se deixa seduzir, no entanto, por algumas fórmulas para essa saída, que estavam sendo sugeridas, à época, por considerá-las prejudiciais, para garantir, ao trabalhador, um salário superior ao determinado pela concorrência, seja por lei ou por meio de negociações entre empresários e trabalhadores, visando propiciar-lhe condições de assegurar seu sustento e de sua família. Para ele, a proposta de fixação de um salário mínimo acima do nível que seria estabelecido pela concorrência poderia gerar desemprego,

---

1983, p. 288 (Os Economistas).

[383] (MILL, John Stuart. *Princípios de Economia Política*: com algumas de suas aplicações à filosofia social. Livro I, vol. I. São Paulo: Abril Cultural, [1848] 1983, p. 292 (Os Economistas). Mill recebeu, à época, inúmeras críticas à Tese do Fundo dos Salários, principalmente de líderes sindicais ligados aos trabalhadores, que viram nela uma arma utilizada pelos capitalistas contra os aumentos de salários, argumentando serem prejudiciais para o emprego da massa trabalhadora. Terminou abandonando essa teoria, em 1869, e se retratando das críticas (exageradamente, segundo Marshall, já que os economistas neoclássicos viriam a utilizá-la com uma forma transformada, inclusive na teoria do capital), da seguinte forma: "não há nenhuma lei natural a que seja inerente a impossibilidade de os salários subirem até ao ponto de absorverem não só os fundos que ele [o empresário] tenha pretendido aplicar na condução do seu negócio, mas também tudo aquilo que destina às suas despesas privadas para além das necessidades vitais. O limite real da subida é a consideração prática da medida em que ficaria arruinado, ou seria induzido a abandonar o negócio, e não o limite inexorável do Fundo de Salários". (DOBB, Maurice. *Teorias do valor e da distribuição desde Adam Smith*. Lisboa: Editorial Presença, 1973, pp. 168-172).

pois o fundo salarial teria de ser dividido por um número menor de trabalhadores, a menos que este fundo recebesse aporte de poupança compulsória que poderia ser feito, por exemplo, pelo Estado, por meio do aumento da tributação. Ora, como o Estado não cria riqueza, mas dela se apropria, reduzindo o fundo que poderia ser destinado ao aumento do capital, o aumento da tributação apenas transferiria essa parte do excedente do setor privado para o setor público, mantendo inalterado o montante do capital. Mesmo se isso não ocorresse, tal medida, de acordo com seu argumento, ao garantir um maior salário real para o trabalhador continuaria estimulando-o a ter mais filhos do que poderia sustentar com o salário "normal" da concorrência, e o problema reapareceria mais à frente, já que a taxa de crescimento da população continuaria superior à do capital, causando prejuízos para toda a sociedade, já que a acumulação progressivamente se enfraqueceria, e, com isso, a capacidade do sistema de gerar emprego.

Na mesma linha, e com os mesmos resultados, se inscreveriam outras propostas – que ele rotula, juntamente com a do salário mínimo, de "populares" –, como as da instituição de um "sistema de pensões" para compensar os salários baixos, e de um "sistema e concessão de um lote de terras", que permitiria ao trabalhador complementar sua renda, mas com o seu próprio trabalho nas horas vagas, por meio da produção de algum alimento (verduras, legumes, frutas etc.) obtido neste lote. Para ele, mesmo considerando o "sistema de lotes" superior à proposta do salário mínimo e à do sistema de pensões, nenhuma dessas propostas equacionaria a questão central que está na base dos baixos salários e da pobreza, que se refere ao crescimento excessivo da população em relação ao capital, pois não interfere na tendência natural de multiplicação rápida da espécie, por não lhe impor mecanismos de autocontrole. Mill, enquanto prisioneiro da teoria de Malthus sobre essa questão, enxerga o trabalhador, especialmente o das camadas mais pobres e com baixo nível de instrução, como se tivesse um olho na quantidade de alimento que poderá obter, tendo como única

## CAPÍTULO IV – JOHN STUART MILL E OS PRINCÍPIOS...

aspiração saciar a fome, e o outro na fornicação e no fruto com ela gerado: se considerar que terá alimento suficiente para sustentar o novo filho, com o mesmo padrão de vida que tem, não hesitará em concebê-lo. Por isso considera que "nenhuma solução para salários baixos tem a menor chance de ser eficaz se não operar sobre e através do espírito dos hábitos da população".[384]

As alternativas que apresenta para modificar essa "lei natural dos salários" e impedir sua queda para níveis ínfimos apoiam-se, assim, na sua crença sobre a validade da Lei de Malthus da população, ainda que procure esconjurá-la com sua proposta. *Para ele, seria necessário conscientizar a população trabalhadora, principalmente a mais ignara, de ser, ela própria*, porque enganada por sua ignorância e por setores da sociedade que enxergam a pobreza como desígnio de Deus (religiosos) ou que se beneficiam e precisam de sua existência (empregadores que não querem ver os salários aumentarem; ricos que necessitam de criados para servi-los etc.), *a causa de sua pobreza*, ao se satisfazer com a obtenção do alimento para a subsistência, não dar importância para outros confortos da vida e se realizar com o ato da fornicação, o qual, apesar de prazeroso, leva ao aumento da espécie e da consequente pobreza.

Mill reconhece não ser esta uma tarefa fácil, e que modificar hábitos e valores enraizados demanda tempo até que as futuras gerações passem a enxergar essa questão com outros olhos e a se tornar mais previdente na geração de filhos. Mas que essa mudança poderia ser realizada, podendo modificar a tendência natural de queda dos salários. Para isso, sugere a adoção de medidas que deveriam ser dirigidas essencialmente à inteligência e à pobreza do trabalhador. No primeiro caso, a educação ocuparia lugar central, visando principalmente dotá-lo de bom senso e "(...) prepará-lo para formar um juízo prático sadio sobre as circunstâncias que o

---

[384] MILL, John Stuart. *Princípios de Economia Política*: com algumas de suas aplicações à filosofia social. Livro I, vol. I. São Paulo: Abril Cultural, [1848] 1983, p. 309 (Os Economistas).

cercam",[385] de forma a levá-lo a perceber, de um lado, a importância da previdência e do autocontrole na geração de filhos; e, de outro, a importância de se contar com algum conforto, além da mera subsistência e da fornicação, e também de melhorar sua autoestima e aspirações, considerando que com um padrão de vida mais elevado e mais custoso de consumo e também mais consciente sobre as dificuldades e incertezas reinantes, sua avaliação sobre as condições de ter novos filhos seria diferente.

Como essas são medidas que levam tempo para germinar e produzir efeitos, Mill ainda sugere a adoção de dois recursos que poderiam ser antecipados e contribuir para impedir a queda dos salários e para a redução da pobreza: o envio de famílias desempregadas nas áreas das metrópoles para suas colônias, o que reduziria, nas primeiras, o contingente de mão de obra desocupada e elevaria os salários, e atenderia, nas segundas, suas necessidades de força de trabalho, sendo benéfica para ambas; a realização de uma reforma agrária, destinando a terra comum para a criação de uma classe de pequenos proprietários, que são tidos por ele, depois de examinar várias experiências, diligentes, produtivos e previdentes. Isso também desafogaria o mercado de trabalho, elevaria os salários e daria condições, ao país, de aumentar a produção da riqueza. Nas mãos, portanto, das *leis e instituições humanas*, a possibilidade de reverter as leis cruéis da natureza sobre a condição da grande massa da população que depende do trabalho para sobreviver e dos pobres em geral.

Essa a condição que a sociedade possui para alterar a distribuição natural sem provocar danos para a acumulação, prejudicando a remuneração dos outros agentes da produção – o capital e a terra. O lucro bruto, que é obtido deduzindo os gastos realizados no processo produtivo, de acordo com a concepção de

---

[385] MILL, John Stuart. *Princípios de Economia Política*: com algumas de suas aplicações à filosofia social. Livro I, vol. I. São Paulo: Abril Cultural, [1848] 1983, p. 316 (Os Economistas).

# CAPÍTULO IV – JOHN STUART MILL E OS PRINCÍPIOS...

Mill, deve ser suficiente, para remunerar: i) os custos do empréstimo contratado pelos capitalistas para a produção, ou os juros que se justificam pela abstenção feita de um consumo presente em prol de um maior consumo futuro, por meio da poupança; ii) o risco que corre o capitalista com o negócio; e iii) o tempo de trabalho que ele dedica ao negócio. Por isso,

> (...) a taxa de lucro mínima (...) é aquela que é apenas suficiente, *em determinado tempo e lugar*, para proporcionar um equivalente à *abstenção, ao risco e ao trabalho* implicados no emprego do capital.[386]

A concorrência entre os distintos capitais se encarrega de uniformizá-la, seja pela migração de um setor para outro, seja pela maior atração que exercem os setores mais rentáveis sobre os novos capitais que ingressam na economia, conduzindo-a para um ponto de equilíbrio, condição em que se transforma na taxa natural, que passa a ser dada para o sistema como um todo, ou no que ele denomina de "taxa normal de lucro".[387] Esta tem como causa o fato de a "(...) mão de obra produzir a mais do que é necessário para sustentá-la" (a mais valia marxista), sendo essa diferença que remunera o capital, que nada mais é, como visto anteriormente, do que trabalho passado, trabalho acumulado. Daí se segue que o lucro depende de dois elementos: i) do volume de produção; ii) da percentagem dessa produção que é destinada para os trabalhadores. Este é o lucro bruto, mas a taxa de lucro, a percentagem do capital depende, apenas, da parcela proporcional do trabalhador e não do montante a ser partilhado. É essa a mesma conclusão a

---

[386] MILL, John Stuart. *Princípios de Economia Política*: com algumas de suas aplicações à filosofia social. Livro I, vol. I. São Paulo: Abril Cultural, [1848] 1983, p. 335 (Os Economistas), *itálicos acrescentados*.

[387] MILL, John Stuart. *Princípios de Economia Política*: com algumas de suas aplicações à filosofia social. Livro I, vol. I. São Paulo: Abril Cultural, [1848] 1983, p. 341 (Os Economistas).

que chega Ricardo de que "a taxa de lucro depende dos salários, aumentando à medida que os salários baixam e declinando à medida que os salários sobem".[388] Mas Mill aqui introduz uma modificação, *substituindo os salários pelo custo da mão de obra por considerar este conceito mais amplo e apropriado, por ser uma função não somente dos salários que são pagos, mas também da eficiência da mão de obra e do custo dos produtos que com ele se pode adquirir*. Essas, para ele, são os únicos fatores que podem afetar a taxa de lucro, de onde se pode inferir, ainda que não explicitado em seu texto, que medidas "artificiais", como a instituição do salário mínimo, entre outras, provocariam perturbações no sistema. Questão que ficará mais clara no exame da teoria sobre o valor e o preço que ele desenvolve no Livro III.

Da mesma forma que o capital e o trabalho, também a terra que apresenta um grau de fertilidade superior à porção explorada que não consegue gerar rendimento além da remuneração – ou do "lucro normal" – que deve ser pago ao primeiro, teria direito a uma parte da produção, na forma de "renda da terra", como preço a ser pago pela sua utilização, participando, portanto, da estrutura "natural" da distribuição do produto. Embora não faça parte das despesas da produção, ou seja, dos adiantamentos que são feitos pelo capitalista para sua realização, desde que seja fértil o suficiente para gerar um excedente acima dos custos de reposição da produção e do "lucro normal" do capital, este excedente pertence, por meio da concorrência, ao seu proprietário, na forma da renda da terra, que representa o pagamento pelo seu uso e, como tal, não pode simplesmente ser ignorado ou negado nesta distribuição, independente da forma como se deu sua apropriação, sob pena de provocar, também, perturbações para o funcionamento do sistema.

---

[388] MILL, John Stuart. *Princípios de Economia Política*: com algumas de suas aplicações à filosofia social. Livro I, vol. I. São Paulo: Abril Cultural, [1848] 1983, p. 343 (Os Economistas).

## CAPÍTULO IV – JOHN STUART MILL E OS PRINCÍPIOS...

O fato é que Mill, apesar de atribuir às leis e instituições humanas – e esta é uma questão sempre destacada na interpretação de sua teoria – poder para alterar a *distribuição natural do produto* entre as classes sociais que participam do processo produtivo, sugere fórmulas limitadas a serem adotadas para essa finalidade, geralmente voltadas para conter o crescimento do mercado de trabalho e, consequentemente, a queda dos salários, seja pela conscientização dos trabalhadores sobre os custos que representa ter muitos filhos, por meio da educação, seja pela migração destes para as colônias, ou por leis que estabeleçam exigências mínimas para o casamento e a procriação. A rigor, não se pode dizer que vai muito além da obtusa Lei Populacional de Malthus, apesar do esforço que empreende para apontar alguma saída para o trabalhador e para conter a tendência de rebaixamento dos salários, sem afetar a *dinâmica natural do sistema*, prejudicando a acumulação.

### 4.3.3 O valor, os preços e a moeda (Livro III)

Sendo a produção distribuída de acordo com leis convencionadas, Mill se dedica, no Livro III, a investigar as trocas na economia, com o propósito de identificar na formação do valor os elementos que estão na base ou determinam essa distribuição, embora minimize a importância que é atribuída por outros autores a esta teoria, considerando-a apenas crucial numa economia de mercado generalizada. Para ele, somente

> (...) em um estágio social em que o sistema industrial esteja totalmente baseado na compra e venda, pelo fato de cada indivíduo viver, na maior parte, não de coisas de cuja produção participa pessoalmente, mas de coisas obtidas por meio de dupla troca – venda seguida de compras – a questão do valor é fundamental.[389]

---

[389] MILL, John Stuart. *Princípios de Economia Política*: com algumas de suas aplicações à filosofia social. Livro III, vol. II. São Paulo: Abril Cultural,

FABRÍCIO AUGUSTO DE OLIVEIRA

Isso porque, as trocas ocorrem neste mercado por meio de equivalentes e se quisermos entender como é feita essa avaliação, temos, necessariamente, de compreender como se dá a formação do valor.

Numa frase considerada pretensiosa e que seria posteriormente altamente criticada pelos economistas da escola neoclássica, Mill reconheceria que seu trabalho estaria facilitado nesta questão, pois "felizmente nada resta, nas leis sobre o valor, a ser esclarecido por mim ou por algum autor futuro: a teoria sobre esta matéria está completa".[390] Depois de fazer a distinção entre *valor de uso e valor de troca*, seguindo as pegadas e corrigindo o que considera ambiguidades de Adam Smith nessa definição, e afirmar que no exame dessa questão *o que interessa é o valor de troca*, Mill o distingue do preço que, também para ele, nada mais é que a sua expressão monetária:

> (...) entenderemos por preço de uma coisa seu valor em dinheiro; por valor, ou valor de troca, seu poder geral de compra, isto é, o comando ou direito que a sua posse dá sobre bens ou mercadorias compráveis em geral.[391]

Essa distinção é importante para se entender que embora possa ocorrer uma elevação (ou redução) geral dos preços, não pode haver um aumento (ou diminuição) geral dos valores das mercadorias, porque estes só sobem ou descem em relação aos de outras, ou seja, trata-se de um *valor relativo*.

---

[1848] 1983, p. 4 (Os Economistas).

[390] MILL, John Stuart. *Princípios de Economia Política*: com algumas de suas aplicações à filosofia social. Livro III, vol. II. São Paulo: Abril Cultural, [1848] 1983, p. 4 (Os Economistas).

[391] MILL, John Stuart. *Princípios de Economia Política*: com algumas de suas aplicações à filosofia social. Livro III, vol. II. São Paulo: Abril Cultural, [1848] 1983, pp. 4/5 (Os Economistas).

## CAPÍTULO IV – JOHN STUART MILL E OS PRINCÍPIOS...

O valor de troca de um bem, para ele, é determinado por duas condições: i) a *utilidade* do bem; ii) a *dificuldade* de consegui-lo, ou de produzi-lo. Bens sem utilidade para alguém não alcançarão valor de troca, assim como bens abundantes, que não necessitam de trabalho para sua obtenção. Embora considere que o mais importante seja o fator *dificuldade* nessa determinação, toma como pressuposto o fato de que a utilidade tem de estar presente no bem para que este adquira valor.

As dificuldades que surgem para obtê-lo são, como aponta, de diversos tipos: i) podem derivar, por exemplo, da limitação absoluta da oferta, casos de vinhos especiais, de casas em localidade de extensão definida, de esculturas e pinturas antigas; ii) da dificuldade de se conseguir mão de obra e de se incorrer em despesas para a sua produção, para a qual não haveria limite se este obstáculo for equacionado; e iii) as que surgem quando a produção, embora possa continuar sendo ampliada, passa a se defrontar com custos crescentes, devido a rendimentos decrescentes, como é o caso que se verifica tanto na produção agrícola como na de todos os produtos da terra. A lei do valor opera, contudo, nessas situações, de forma diferente.

No primeiro caso – ou seja, em que os artigos não são suscetíveis de serem produzidos à vontade – o valor é inteiramente determinado pela lei da oferta e da procura do bem e, por meio da concorrência entre produtores e consumidores, seu preço (ou valor) estará representado no ponto em que essas se igualarem, não havendo necessariamente correspondência com o seu custo de produção, e caso este exista, constituirá um valor mínimo, abaixo do qual não pode cair em caráter permanente. Difere, no entanto, a lei que regula o valor dos produtos que podem ser produzidos ilimitadamente ou não, seja com custos proporcionais (segundo caso) ou crescentes (terceiro caso).

Em ambos os casos, a produção envolve custos que devem ser cobertos e, se o valor resultante da interação entre a oferta e a demanda não for suficiente para isso, a produção tenderá a ser reduzida no tempo, o que, em um mercado de livre concorrência, terminará elevando seus valores (preços) até o ponto em que a oferta e a demanda também se igualem. Existe, portanto, um *valor mínimo* que deve ser suficiente para cobrir os *custos de produção* para que isso não ocorra. No caso de a mercadoria poder ser produzida em quantidade ilimitada ou não e, sendo a concorrência livre e ativa, este *valor mínimo corresponderá também ao valor máximo* que os agentes da produção podem esperar receber, o que significa que a taxa de lucro tende a ser igual para todos os capitais, e é a este valor mínimo ou máximo, e proporcional ao custo de produção que, segundo ele, tanto Smith quanto Ricardo, denominaram de valor natural ou preço natural.[392] É este o valor central do qual podem ocorrer desvios – para cima ou para baixo – devido a perturbações temporárias, mas que, no entanto, tenderão a ser corrigidos pelas forças da concorrência. Importa, portanto, para entender a questão do valor nestes casos, examinar os elementos que integram estes custos de produção.

Consideremos inicialmente apenas o caso em que a dependência da produção de bens se restringe à mão de obra, às matérias-primas e aos instrumentos, instalações e equipamentos necessários ao trabalho. Para Mill, o principal elemento do custo de produção "(...) a ponto de ser praticamente o único, é a mão de obra".[393] Ou seja, tudo vem dela (ou do trabalho), que é remunerada na forma de salários. Mas estes salários são, em parte, adiantados para os trabalhadores poderem se dedicar à produção, em parte para o pagamento dos trabalhadores que já produziram a matéria-prima adquirida e dos que fabricaram as máquinas e equipamentos, além

---

[392] MILL, John Stuart. *Princípios de Economia Política*: com algumas de suas aplicações à filosofia social. Livro III, vol. II. São Paulo: Abril Cultural, [1848] 1983, p. 18 (Os Economistas).

[393] MILL, John Stuart. *Princípios de Economia Política*: com algumas de suas aplicações à filosofia social. Livro III, vol. II. São Paulo: Abril Cultural, [1848] 1983, p. 23 (Os Economistas).

## CAPÍTULO IV – JOHN STUART MILL E OS PRINCÍPIOS...

dos que fizeram o transporte de mercadorias. Por isso, concorda com Ricardo que "o valor das mercadorias depende principalmente (...) da quantidade de trabalho requerida para sua produção".[394] Mas a concordância com Ricardo para por aí, porque ele vai apresentar outra interpretação para os elementos que entram na formação do valor, ou, como ele prefere, nos "custos de produção".

A mão de obra aparece, assim, como um dos componentes mais importantes do custo de produção, mas não como o entende Ricardo que o reduz à quantidade de trabalho necessário para produzir uma mercadoria e comercializá-la, mas na combinação desta com a sua remuneração, ou seja, no montante de salários pagos aos trabalhadores. O valor depende, assim, dos salários e estes podem afetá-lo caso aumentem ou diminuam, mas não os *salários absolutos*, e sim os *salários reais* (assim como também o afetariam as variações na quantidade de mão de obra).

Todavia, como ele procura rapidamente demonstrar, o salário não é o único componente do custo de produção. Como se pode deduzir da exposição acima, o valor do produto, além de remunerar a mão de obra requerida para a produção, deve ser suficiente também para, além de repor o custo das matérias-primas utilizadas, remunerar todas as pessoas que adiantaram os salários tanto para essa mesma mão de obra que foi empregada como das diversas categorias de trabalhadores, cujo trabalho viabilizou a produção, por meio do fornecimento de matérias-primas e de máquinas e instrumentos de trabalho. A reunião destes elementos da produção – mão de obra, matérias-primas e equipamentos – só se tornou possível porque alguém se *absteve do consumo, poupando recursos, para fazer este adiantamento, merecendo, por isso, uma recompensa, um retorno pelo capital aplicado, na forma de lucro, constituindo este, portanto, parte do custo de produção.*

---

[394] MILL, John Stuart. *Princípios de Economia Política*: com algumas de suas aplicações à filosofia social. Livro III, vol. II. São Paulo: Abril Cultural, [1848] 1983, p. 23 (Os Economistas).

Assim, como ele conclui no exame dessa situação, "(...) os lucros, tanto quanto os salários, fazem parte do custo de produção que determina o valor do produto".[395]

A terceira e última classe de mercadoria que examina é a que está sujeita a rendimentos decrescentes, caso mais típico da agricultura, já que nela

> (...) com determinado grau de técnica, dobrar a mão de obra não significa dobrar a produção [e] que se for necessária uma quantidade adicional de produção, se obtém o fornecimento adicional a custo mais elevado que o anterior.[396]

Se existirem terras férteis abundantes que podem ser exploradas ilimitadamente para atender o aumento da procura, devido ao crescimento da população, não haveria nenhuma mudança em relação à anterior e o valor ou o custo de produção continuaria circunscrito aos salários e aos lucros, neste caso, da exploração agrícola, não sendo a terra ou o seu uso integrante deste custo. Este não é, entretanto, o caso.

Isso porque, à medida que a população aumenta e cresce a demanda por alimentos, sendo as terras mais férteis limitadas, torna-se necessário avançar em direção às menos férteis, que apresentam menor produtividade, aumentando, assim, os custos de produção. Como, nas suas palavras,

> (...) o valor de um artigo (significando seu valor natural, que é o mesmo que o seu valor médio) é determinado pelo

---

[395] MILL, John Stuart. *Princípios de Economia Política*: com algumas de suas aplicações à filosofia social. Livro III, vol. II. São Paulo: Abril Cultural, [1848] 1983, p. 26 (Os Economistas).

[396] MILL, John Stuart. *Princípios de Economia Política*: com algumas de suas aplicações à filosofia social. Livro III, vol. II. São Paulo: Abril Cultural, [1848] 1983, p. 33 (Os Economistas).

## CAPÍTULO IV – JOHN STUART MILL E OS PRINCÍPIOS...

custo daquela porção do fornecimento que é produzida e comercializada com maior despesa[397]

segue-se que os capitalistas que estão explorando as terras mais férteis estarão obtendo um sobrelucro, um lucro superior ao normal, que não é decorrente de um problema de escassez, a qual leva temporariamente a um preço superior para manter a procura ao nível de uma oferta limitada, mas apenas da qualidade especial da terra, que lhe propicia este diferencial. Ora, se essa terra de melhor qualidade não é de propriedade dos exploradores, "(...) o dono tem o direito de exigir destes, na forma de renda, todo o ganho extra proveniente do uso deste agente natural".[398]

Nessa visão, a renda da terra é, assim, "(...) a diferença entre os retornos desiguais para porções diferentes do capital aplicado no solo",[399] e não derivada de uma espécie de monopólio, como chegou a sugerir Smith, já que sua oferta pode aumentar em extensão indefinida, mesmo que com custos crescentes, e "nem causa geradora do valor", mas o preço do privilégio que se paga por essas desigualdades, excetuadas as menos favorecidas, nas quais simplesmente inexiste. Ela, a renda da terra, "(...) simplesmente equaliza os lucros de capitais agrícolas diferentes, possibilitando ao dono da terra apropriar-se de todos os ganhos extras ocasionados pela superioridade de vantagens naturais".[400] E, como tal,

---

[397] MILL, John Stuart. *Princípios de Economia Política*: com algumas de suas aplicações à filosofia social. Livro III, vol. II. São Paulo: Abril Cultural, [1848] 1983, p. 34 (Os Economistas).

[398] MILL, John Stuart. *Princípios de Economia Política*: com algumas de suas aplicações à filosofia social. Livro III, vol. II. São Paulo: Abril Cultural, [1848] 1983, p. 35 (Os Economistas).

[399] MILL, John Stuart. *Princípios de Economia Política*: com algumas de suas aplicações à filosofia social. Livro III, vol. II. São Paulo: Abril Cultural, [1848] 1983, p. 35 (Os Economistas).

[400] MILL, John Stuart. *Princípios de Economia Política*: com algumas de suas aplicações à filosofia social. Livro III, vol. II. São Paulo: Abril Cultural, [1848] 1983, p. 36 (Os Economistas).

se transforma, também, em um componente do custo de produção para cuja produção é empregada, juntamente com os lucros e os salários.

Se a intenção de Mill era a de aprimorar a teoria de Ricardo, ele não parece tê-la compreendido. E, ao tratar o valor como determinado pelos salários, lucros e renda da terra, ou pelo "custo de produção" da mercadoria, mesmo mantendo o trabalho como sua substância, retornado às componentes aditivas de Smith, que fora duramente criticado por Ricardo, aplainando o terreno para as formulações que Marshall viria a fazer, posteriormente, sobre essa questão. Por isso, a insatisfação, já apontada, de vários autores com o caminho por ele percorrido, como Schumpeter e Marx, pois, ao considerar o valor como custo de produção e que as coisas são trocadas entre si à razão deste custo, que tem como elementos universais os salários da mão de obra e os lucros, e a terra como elemento ocasional, na prática colocou o capital como fonte autônoma de criação de valor.

Este afastamento da teoria de Ricardo fica ainda mais evidente pela pouca importância que Mill dá à preocupação deste autor com a identificação de uma *medida invariável de valor* (ou de custo de produção, nos seus termos), com a qual se poderia medir, em diferentes tempos e lugares, a variação no valor de uma mercadoria ou das mercadorias em geral. Para ele, "(...) dá-se importância maior [a este] assunto do que a merecida" e sua conclusão é que "não há mercadoria cujo custo de produção seja invariável" e que tal medida, "ainda que perfeitamente concebível, na realidade não pode existir", por que todas estão sujeitas a flutuações.[401] De acordo com Schumpeter, em citação de Dobb[402] a concepção

---

[401] MILL, John Stuart. *Princípios de Economia Política*: com algumas de suas aplicações à filosofia social. Livro III, vol. II. São Paulo: Abril Cultural, [1848] 1983, cap. XV, pp. 109-112 (Os Economistas).

[402] DOBB, Maurice. *Teorias do valor e da distribuição desde Adam Smith*. Lisboa: Editorial Presença, 1973, p. 167.

## CAPÍTULO IV – JOHN STUART MILL E OS PRINCÍPIOS...

de valor de Mill não deixa lugar para o que quer que seja com a natureza do "valor absoluto" e que "a energia com que insistiu no caráter relativo do valor aniquilou completamente o Valor Real de Ricardo e reduziu outros ricardianismos a inocuidades insípidas".

Nos demais capítulos do Livro III, Mill introduz o dinheiro (o ouro e a prata) neste sistema como meio de troca para avaliar em que medida ele pode ou não afetar o valor, para concluir que, sendo este uma mercadoria como outra qualquer, cujos preços variam em função da oferta e da procura, de sua escassez/abundância e dos custos de produção, seus movimentos não interferem nas leis que regulam o valor, sendo apenas a sua expressão monetária: os preços podem se alterar, aumentar ou diminuir, dependendo dessas condições, mas sem modificar o valor entre as coisas (as mercadorias), ou seja, sem alterar o seu valor de troca relativo, uma vez que todos estarão se movendo na mesma direção.

Enquanto mero instrumento de troca, sua quantidade é determinada pelo montante das transações realizadas na economia, de acordo com a velocidade da moeda, ou seja, da velocidade com que o dinheiro muda de mãos: caso ocorra um excesso destes meios de pagamento no sistema, os preços gerais tenderão a subir, e, no caso de escassez, a cair, sem que, por isso, os valores de troca se alterem, devendo-se ter clareza, como já apontado, que Mill adota a teoria quantitativa da moeda nessas condições. Mas essa relação simples entre os preços e o montante do meio circulante, evidente e indiscutível, para ele, enquanto restringe a função da moeda a um mero meio de troca, perde força quando se considera que ela pode cumprir outras funções em sistemas econômicos mais complexos, dando origem ao dinheiro e ao crédito bancário. E é nessa questão que Mill, efetivamente, acrescenta importante contribuição, à sua época, para o conhecimento do funcionamento do organismo econômico, ao contemplar a possibilidade de crises no sistema.

O crédito, em si, que geralmente é intermediado pelo sistema bancário, não constitui, na sua visão, nenhuma força produtiva, mas com ele se possibilita, ao sair de mãos que manteriam o dinheiro ocioso para mãos que o aplicarão produtivamente, a plena aplicação das forças produtivas existentes, o que não ocorreria se ele for parar em mãos que o gastarão improdutivamente. A grande questão que merece exame, nessa transferência, é a influência que o crédito provoca sobre o nível de preços, já que se constitui em poder de compra e, como tal, em criador da procura/demanda de bens.

Mill analisa os instrumentos de crédito que gradativamente passaram a substituir o dinheiro, como as Letras de Câmbio, as Notas Promissórias, as Notas Bancárias, o Cheque, para avaliar, em que medida, enquanto representam o crédito, impactam sobre os preços das mercadorias. O crédito propicia às pessoas o mesmo poder de compra que lhe é dado pelo dinheiro. Permite-lhes *comprar* além do que dispõem em determinado momento, seja por que contam com o ingresso de recursos no futuro, seja por motivo de pura especulação para auferir ganhos adicionais. Com isso, o uso do crédito provoca um aumento das compras (da procura), superior à que existiria em condições normais, conduzindo, consequentemente, à elevação dos preços. Essa situação de aparente bonança pode ser mantida por algum tempo e, enquanto essa euforia continuar, impulsionar a expansão do crédito, mas, em algum momento, este quadro artificial começará a se desfazer e os preços a cair, colocando em dificuldades comerciantes e distribuidores, cessando as compras especulativas. Mas é neste momento, em que o crédito se torna mais necessário para o pagamento de dívidas e para evitar falências, que ele tende a refluir, dado o ambiente de desconfiança dos emprestadores sobre a capacidade de pagamento dos tomadores, podendo-se caminhar para uma situação que ele considera como sendo de uma *crise comercial*. Passam a sobrar, diante disso, mercadorias no mercado, mas Mill descarta, prisioneiro da Lei de Say, que isso decorra de um excesso geral de produção (de superprodução), considerando-a consequência de um excesso de compras feitas para especular, seguida da redução dos preços e da restrição do crédito, sendo apenas temporária, e que

## CAPÍTULO IV – JOHN STUART MILL E OS PRINCÍPIOS...

sua solução não passa por uma diminuição da oferta, mas pelo restabelecimento da confiança.[403]

Para deixar mais clara sua visão como este processo ocorre, Mill examina a questão da relação da moeda com os preços e a taxa de juros, numa economia em que a moeda conversível (em ouro e prata) foi substituída por uma moeda inconversível (papel moeda). Mostra, inicialmente, os riscos de o papel moeda ser emitido além do necessário, especialmente por governos necessitados de recursos, e seus efeitos perversos, tal como ocorre com o crédito excessivo, sobre os preços, provocando inflação. Essa constitui, para ele, um mal intolerável:

> todas as variações do valor do meio circulante são prejudiciais: perturbam os contratos existentes e as expectativas, e a possibilidade de tais mudanças torna inteiramente precário qualquer compromisso pecuniário de longo prazo.[404]

Para concluir mais à frente

> que não há meio de um aumento geral e permanente dos preços (...) beneficiar quem quer que seja, a não ser à custa de outrem. A substituição do dinheiro metálico por papel moeda é um ganho para a nação, mas qualquer aumento do papel moeda além desse limite [da quantidade de moeda necessária] não passa de um roubo.[405]

---

[403] MILL, John Stuart. *Princípios de Economia Política*: com algumas de suas aplicações à filosofia social. Livro III, vol. II. São Paulo: Abril Cultural, [1848] 1983, p. 106 (Os Economistas).

[404] MILL, John Stuart. *Princípios de Economia Política*: com algumas de suas aplicações à filosofia social. Livro III, vol. II. São Paulo: Abril Cultural, [1848] 1983, p. 95 (Os Economistas).

[405] MILL, John Stuart. *Princípios de Economia Política*: com algumas de suas aplicações à filosofia social. Livro III, vol. II. São Paulo: Abril Cultural, [1848] 1983, p. 99 (Os Economistas).

Representa, para ele, o mesmo efeito gerado pelo crédito em geral, sem lastro em ouro e prata, que apenas é acrescentado à moeda corrente, aumentando as compras e provocando elevação dos preços.

Para entender melhor esta sua posição, é preciso deixar claro o entendimento de Mill sobre a relação existente entre os empréstimos bancários com o meio circulante, com os preços e a taxa de juros. Para ele,

> o fundo geral de empréstimos, disponível no país, consta da somatória dos seguintes recursos: o capital disponível depositado nos bancos, o capital dos próprios banqueiros, e o capital do qual o crédito destes, qualquer que seja a forma que utilizem, lhes permite dispor, e mais os fundos pertencentes àqueles que, por necessidade ou preferência, vivem dos juros de sua propriedade.[406]

O nível de preços, por sua vez, é determinado, como já foi visto, pela quantidade do meio circulante, ou da moeda, predominando, portanto, as bases da teoria quantitativa da moeda: *coeteris paribus*, quando, por alguma razão qualquer, o meio circulante aumenta, os preços se elevam, o mesmo ocorrendo em sentido contrário. Já a taxa de juros, embora não possua relação necessária com a quantidade de dinheiro em circulação, mas com a oferta e a procura de fundos para empréstimos, poderá ser por ele afetada em caso de mudança de seu valor, ou seja, de sua depreciação ou valorização: no primeiro caso, devido ao aumento da quantidade de moeda, a taxa de juros tenderia a aumentar para compensar a depreciação do dinheiro; no segundo, a cair devido à sua valorização. Vista dessa maneira, a variação da quantidade de

---

[406] MILL, John Stuart. *Princípios de Economia Política*: com algumas de suas aplicações à filosofia social. Livro III, vol. II. São Paulo: Abril Cultural, [1848] 1983, p. 109 (Os Economistas).

## CAPÍTULO IV – JOHN STUART MILL E OS PRINCÍPIOS...

moeda, para maior ou menor, afeta a taxa de juros. Isso ocorreria no caso de uma moeda inconversível emitida em excesso ou de forma insuficiente, provocando inflação/deflação. O mesmo pode não ocorrer, segundo argumenta, na ausência de regulamentação, com a entrada em cena dos empréstimos, como canal para aumentar a oferta de moeda.

Isso porque, à época, como o papel moeda por ser uma moeda fornecida pelo sistema bancário é

> (...) emitido na forma de empréstimos, excetuada a forma utilizada na compra de ouro e prata (...), a mesma operação que aumenta a quantidade de dinheiro aumenta também a dos empréstimos: o aumento do dinheiro inflaciona o mercado financeiro.[407]

Disso resulta um efeito contrário sobre a taxa de juros: como o aumento da quantidade de dinheiro ocorre por meio de um aumento dos empréstimos (aumento de sua oferta) e a taxa de juros depende da razão ou percentagem que a *nova moeda apresenta em relação ao dinheiro emprestado*, ela (a taxa de juros) tende a cair e não a aumentar, como ocorreria no padrão anterior, em que a taxa de juros depende de sua razão, *mas em relação a todo o dinheiro em circulação*. O contrário ocorreria com a redução da liquidez da economia, por meio da contração dos empréstimos, com ela (a taxa de juros) se elevando. Com isso, estariam abertas as portas tanto para a intensificação da especulação, com a queda dos juros, como com as dificuldades que surgiriam para enfrentar e reverter as crises comerciais, já que as taxas de juros estariam em elevação.

A especulação também é perversa por que a elevação dos preços, além de prejudicar o câmbio, diminuindo as exportações

---

[407] MILL, John Stuart. *Princípios de Economia Política*: com algumas de suas aplicações à filosofia social. Livro III, vol. II. São Paulo: Abril Cultural, [1848] 1983, p. 174 (Os Economistas).

e aumentando as importações, drenando, com isso, ouro do país, mantém baixa a taxa de juros pelo excesso de crédito, impedindo que essa compense a perda de reservas, mesmo que parcialmente, por não se manter atrativa para os investidores externos. Por outro lado, quando os preços começam a cair e advém o colapso, o refluxo do crédito em nível superior ao que seria normal prejudica a atividade econômica, exatamente num momento em que, devido à queda dos preços e ao aumento das taxas de juros, o ouro passa a retornar ao país, justificando a expansão do crédito, o que não ocorre por que aquele (o ouro) ainda não completou sua entrada no país, ou seja, ainda está a caminho.

Independentemente, portando, da controvérsia existente, à época, se o sistema bancário era causador da especulação com a emissão de notas bancárias além do limite que o sistema comportava ou se ele apenas respondia ao aumento da demanda de crédito para especulação, o fato é que, uma vez iniciado, este processo tende a se autoalimentar e, se não houver limites estabelecidos para essa emissão, por meio de regulamentação, as crises comerciais se tornam inevitáveis, mas essa regulamentação, segundo ele, poderia também contemplar condições para o crédito poder ser acionado em caso de ocorrência da crise para que se pudesse enfrentá-la ou, pelo menos, mitigá-la, desde que o êxodo do ouro provenha de uma expansão indevida do crédito: "(...) se o único problema fosse esse, não haveria nenhuma incongruência absoluta em manter a restrição como meio para evitar uma crise, e em suavizá-la no intuito de aliviar a crise".[408] A dificuldade para isso reside no fato de a lei vigente na Inglaterra, de 1844, sobre essas restrições, contemplar o mesmo tratamento para causas distintas de êxodo do ouro (ou da moeda metálica), independentemente se teve ou não origem na expansão do crédito.

---

[408] MILL, John Stuart. *Princípios de Economia Política*: com algumas de suas aplicações à filosofia social. Livro III, vol. II. São Paulo: Abril Cultural, [1848] 1983, p. 186 (Os Economistas).

CAPÍTULO IV – JOHN STUART MILL E OS PRINCÍPIOS...

O fato é que nem sempre a saída de ouro do país provém de causas que afetam a moeda ou o crédito, podendo ter origem em um aumento incomum de pagamentos ao exterior, em razão da situação dos mercados de produtos ou de alguma circunstância não comercial. Gastos extraordinários, por motivo político ou militar (guerra, por exemplo); exportações de capitais para investimentos no exterior; quebras de colheitas em países fornecedores de matérias-primas e alimentos, que terminam elevando seus preços, assim como frustrações de colheitas no próprio país, que geram aumento de importações, estão entre essas causas, que nada têm a ver com movimentos originados na moeda e no crédito. Mas essa situação pode ser resolvida por meio de outros mecanismos e instrumentos, que não a restrição do crédito para reduzir essa drenagem, por meio da queda dos preços e o aumento das exportações, como as que dizem respeito, por exemplo, ao aumento da taxa de juros para atrair investidores externos, venda de títulos no exterior, ou até mesmo pelas vias normais da intensificação do comércio exterior, sem necessitar de reduzir o crédito e, no último caso, até mesmo de aumentar as taxas de juros. O que não se pode perder de vista é que o descontrole das emissões e do fornecimento do crédito põe em movimento forças perturbadoras no sistema que podem conduzir a crises comerciais, mesmo que passageiras.

### 4.3.4 Dinâmica, crescimento econômico e estado estacionário (Livro IV)

O crescimento econômico ocupa posição central no pensamento clássico. Sem o aumento da produção da riqueza é impensável a evolução da sociedade em direção a um estado geral de bem-estar em que a população consiga estar empregada e em condições de ter acesso aos bens necessários para sua sobrevivência. Mas para que o crescimento econômico aconteça e avance é necessário que, continuamente, estejam fluindo novos capitais para a economia, de modo a dar emprego à mão de obra que ingressa no mercado de trabalho e garantir a oferta de produtos para os novos consumidores.

As mudanças que ocorrem na composição dos agentes da produção – capital e trabalho – neste processo, terminam, como resultado, afetando suas inter-relações e modificando sua estrutura de valores e preços com implicações para o próprio crescimento econômico. É o exame dessas mudanças e suas consequências sobre o progresso que Mill realiza no Livro IV de seus *Princípios*.

Para ele, a análise realizada nos três primeiros Livros sobre as leis econômicas foi feita para uma sociedade estacionária na qual nada muda. Para considerar uma sociedade sujeita a mudanças, bem como as leis que as regem e suas tendências, é necessário acrescentar à *teoria do equilíbrio* (estática) uma *teoria do movimento*, acrescentando, assim, à estática a dinâmica da Economia Política. É exatamente isso que ele procurar fazer para avaliar como se comportam, no processo de mudança, os elementos que o constituem e os efeitos que produz sobre os vários fatos econômicos, especialmente sobre os salários, os lucros, a renda da terra, os valores e os preços.[409]

De acordo com sua argumentação, são frutos do progresso – ou que mesmo contribuem para pô-lo em marcha e intensificá-lo – o maior poder do homem sobre a natureza, o aperfeiçoamento das técnicas de produção, aumentando a eficiência do trabalho, o aumento da segurança das pessoas e da propriedade, os quais contribuem para o aumento da produção e da acumulação, com a economia ingressando num círculo virtuoso de crescimento. Neste processo, valores e preços terminam também se alterando, à medida que as mudanças afetam os custos de produção: o aumento da eficiência do trabalho reduz os custos da mão de obra, à medida que será exigida menor quantidade de trabalho para essa finalidade, o que pode propiciar um aumento dos lucros ou dos salários ou de ambos; o aumento da riqueza, acompanhado de maior segurança

---

[409] MILL, John Stuart. *Princípios de Economia Política*: com algumas de suas aplicações à filosofia social. Livro IV, vol. II. São Paulo: Abril Cultural, [1848] 1983, pp. 211/212 (Os Economistas).

## CAPÍTULO IV – JOHN STUART MILL E OS PRINCÍPIOS...

das pessoas e da propriedade tenderá a aumentar a confiança e a poupança da comunidade, ampliando a disponibilidade de recursos para investimentos e impactando o nível dos juros; a ampliação do capital aumentará a procura por força de trabalho, aumentando os salários reais e acionando os mecanismos de aumento da população, o que ampliará a demanda por alimentos, elevando, consequentemente, seus preços e, como decorrência, a renda da terra. Ou seja, o progresso termina afetando todos estes fatores e, com isso, a distribuição do valor da produção entre seus agentes, impactando o próprio crescimento. Importa, assim, avaliar o que ocorre, em primeiro lugar, com a questão da distribuição para ter condições de melhor avaliar suas consequências para o crescimento como resultado dessas mudanças.

Mill faz, nessa análise, a distinção entre a produção de manufaturas em que a distribuição é feita entre duas classes – trabalhadores e capitalistas – e a produção agrícola, cujos frutos da produção são distribuídos também para os donos da terra. E considera, como integrantes do progresso industrial, três variáveis: o aumento do capital, o aumento da população e o aperfeiçoamento das técnicas de produção. A partir daí examina os efeitos de cada uma isoladamente, mantendo em condições *ceteris paribus* (constantes) as demais.

Inicia supondo o aumento da população, com as demais variáveis constantes (capital e melhoria técnica da produção). Os salários reais baixarão, já que o fundo de salários teria de ser dividido entre mais trabalhadores, e o lucro aumentará, o que mostra sua dependência do custo da mão de obra. Mas, mesmo com o salário real caindo, o preço dos alimentos tenderá a subir, devido ao aumento da população e da demanda, pois será necessário avançar em terras menos férteis, aumentando seu custo de produção e dando origem a uma renda diferencial da terra. Com isso, o ganho originalmente que caberia ao capitalista termina sendo desviado para cobrir o custo adicional de mão de obra requerida para produzir mais alimentos em terras menos férteis e para o pagamento da renda, podendo nada restar para o capital como lucro extra, a menos que os trabalhadores restrinjam sua demanda.

A segunda hipótese com que trabalha é a de aumento do capital, permanecendo constantes a população e as técnicas de produção. Neste caso, os salários sobem, aumentando os custos de produção e os lucros diminuem. A melhor condição dos trabalhadores pode desencadear dois processos: aumentar a demanda por alimentos, o que, como anteriormente, aumenta os custos da produção agrícola e a renda da terra; motivá-los a ter mais filhos, aumentando a população, o que, a longo prazo, reduzirá os salários. De qualquer maneira, neste caso, são os lucros os prejudicados, e a renda da terra, tal como antes, beneficiada.

Mill considera, ainda, o fato de a população e do capital aumentarem ao mesmo tempo, com a mesma rapidez, sem deterioração dos salários reais, já que se a velocidade deste crescimento for diferente para os dois agentes, cai-se nas situações anteriores. Ora, se a técnica de produção permanece estacionária, isso levará, da mesma forma, a um aumento da demanda por alimentos e, consequentemente, à elevação das despesas de produção e da renda da terra. Como se supõe que os salários reais permanecerão inalterados, seu custo será maior e a perda ocorrida terá necessariamente de ser coberta pelos lucros. Estes se tornam, assim, também os grandes perdedores neste processo, enquanto a renda reponta novamente como principal beneficiada.

Supondo o capital e a população constantes, o aperfeiçoamento das técnicas de produção só terá impacto positivo para a taxa de lucro se essa melhoria reduzir o custo da força de trabalho, o que significa que o ganho de produtividade deve ocorrer em mercadorias consumidas pelo trabalhador. Caso seja em outros artigos e mercadorias por ele não consumidos – em bens de luxo, por exemplo –, os preços destes produtos caem e beneficiam todos os consumidores destes bens, mas como o capital foi aumentado de valor e o custo da mão de obra não se alterou, a taxa de lucro

## CAPÍTULO IV – JOHN STUART MILL E OS PRINCÍPIOS...

não aumenta. Quando, no entanto, essa melhoria reduz o custo de produção dos artigos da cesta de consumo dos trabalhadores, o lucro e os salários são, no curto prazo, favorecidos. Acontece, por exemplo, com os aperfeiçoamentos agrícolas que podem, além de reduzir o custo da produção (devido à maior produtividade do trabalho), levar à diminuição da renda da terra, já que terras menos férteis poderão ser descartadas, o que torna (e essa é, para ele, uma visão equivocada) o dono da terra hostil à introdução repentina e generalizada de aperfeiçoamentos agrícolas. No longo prazo, no entanto, como os trabalhadores tendem a reagir a essa melhoria nas condições de vida, aumentando o número de filhos, devido a hábitos arraigados, os salários tenderão a cair, com redução do custo da mão de obra, e a taxa de lucro a subir, engendrando novamente as condições para o aumento da renda. O mesmo raciocínio se aplica no caso da importação de alimentos do estrangeiro que reduza, inicialmente, o custo da mão de obra, mas produz, depois, os mesmos efeitos. Já no caso de aperfeiçoamentos em artigos manufaturados que reduzem seus custos de produção, os salários reais se elevarão, mas a renda não baixará e poderá até aumentar se o ganho do trabalhador provocar um aumento da população.

A conclusão final de toda essa discussão, seguindo ele, é que o progresso econômico, ao fim e ao cabo, tende a beneficiar os proprietários de terra, com o aumento de sua renda, "enquanto o custo de subsistência do trabalhador tende a crescer no conjunto e os lucros a declinar". Os aperfeiçoamentos agrícolas, que tendem a ocorrer a uma velocidade menor do que o capital e a população, aparecem como força que poderia neutralizar estes efeitos, mas, devido às reações que ele engendra, termina apenas retardando, mas não impedindo que esses ganhos de produtividade se transfiram para os donos da terra. Resumo da ópera: existe uma tendência inexorável dos lucros diminuírem à medida que o progresso da sociedade avança, mas não pela causa que a ela é atribuída por Smith, ou seja, pela concorrência entre os distintos capitais, provocando a redução geral dos preços, mas pelo aumento dos salários reais e elevação dos custos de produção, com os ganhos adicionais indo parar, em sua maioria, nas mãos dos donos da terra.

Mas Mill pondera que essa queda da taxa de lucro não pode continuar indefinidamente, pois haverá um limite para isso, um lucro mínimo que deve garantir a remuneração dos poupadores e o risco do investimento, e abaixo do qual ninguém se disporá a poupar para aplicar os recursos na expansão do capital produtivo nem o capitalista a investir. Mas reconhece não haver meios para deter ou reverter essa tendência durante o avanço do progresso por algumas razões: em primeiro lugar, porque ocorre um aumento da segurança geral, diminuindo os riscos, estimulando a poupança e aumentando a oferta de empréstimos. Em segundo, porque o próprio progresso modifica os hábitos da população e a torna mais previdente quanto ao futuro, induzindo os agentes poupadores, diante da maior segurança existente, a aceitarem menor remuneração por suas poupanças ou uma taxa de lucro menor. Neste caso, embora seja impossível especificar qual o nível da taxa mínima de lucro, não devem ocorrer, mantida essa tendência de queda, mais aumentos de capital, quando ela for atingida e persistir neste nível, e o país terá chegado ao que os economistas chamam de *condição estacionária*.[410] Se decidir continuar nessa trajetória, o capitalista terá de resignar-se com um lucro abaixo deste mínimo, já que a produção adicional sempre encontrará mercado – a Lei de Say – ainda que em condições adversas. Ora, essa tendência de queda da taxa de lucro, diante do aumento do capital que o progresso acarreta como resultados dessas mudanças, torna-se inevitável, como já visto, pelos impactos que provoca sobre os salários, a população, os custos de produção e a renda da terra, sendo que o aperfeiçoamento das técnicas de produção poderão retardar a chegada da sociedade ao *estado estacionário*, mas não impedi-lo.

---

[410] MILL, John Stuart. *Princípios de Economia Política*: com algumas de suas aplicações à filosofia social. Livro IV, vol. II. São Paulo: Abril Cultural, [1848] 1983, pp. 238/239 (Os Economistas).

## CAPÍTULO IV – JOHN STUART MILL E OS PRINCÍPIOS...

Mill indica alguns fatores que podem neutralizar ou atenuar essa queda da taxa de lucro: i) o desperdício do capital derivado de aplicações arriscadas e especulação precipitada, que provoca a queima de parte de seu estoque; ii) os aperfeiçoamentos nas técnicas de produção, mas cujos ganhos para o capital só existirão enquanto os trabalhadores não conseguirem melhorar sua condição com o aumento dos salários, o que transferirá, no final, os mesmos para cobrir as despesas ampliadas da produção de alimentos e para pagar a renda diferencial da terra; iii) a importação de alimentos mais baratos do exterior, reduzindo o custo da mão de obra, mas, tal como no caso dos aperfeiçoamentos das técnicas produtivas, este ganho para o lucro só será mantido enquanto o aumento do capital e da população conseguir ser compensado com este barateamento, o que, obviamente, esbarrará em limites, em algum momento, dados tanto pela limitada extensão da terra cultivada de melhor qualidade como de aperfeiçoamentos técnicos que costumam ser mais lentos diante da demanda crescente; e iv) a exportação de capitais para países (e colônias) em que, devido à incipiência de seu desenvolvimento, o lucro é alto, com o que se consegue, além de auferir maiores ganhos, impedir que a queda da taxa de lucro interna avance mais rapidamente em direção à taxa mínima, dada a redução do estoque de capital.

Bem mais, portanto, que os aperfeiçoamentos técnicos e o barateamento de mercadorias vindas do exterior, que compõem a cesta de consumo do trabalhador, a destruição do capital e/ou a sua exportação para outros países são mais eficazes para essa finalidade, embora também apresentem limites para postergar a chegada do país a essa condição estacionária. Ora, sendo isso correto, perde força o argumento dos economistas clássicos contra o gasto do Estado, principalmente para fins improdutivos, pois este estaria contribuindo para reduzir a avalanche de capital que ingressa na economia, deprimindo os lucros e os juros e, consequentemente, a acumulação. Diferentemente dos economistas clássicos, Mill vê a ação do Estado, neste estágio, como benéfica para o sistema, ao retirar da economia, por meio da tributação, fundos que seriam investidos na expansão do capital, refreando, com isso, a queda da taxa de lucro, sendo os recursos arrecadados poderem ser aplicados, sem problemas, em projetos para a sociedade. O Estado desempenharia, nessa condição, a função de contrabalançar a tendência de queda da taxa de lucro, o que viria a ser chamado, posteriormente pela escola keynesiana, de *função estabilizadora*, ao mesmo tempo em que aumentaria o seu poder de financiamento das políticas sociais.[411]

Mas, ao contrário dos economistas clássicos, como Smith, por exemplo, que só acredita na prosperidade contínua como uma condição favorável para a sociedade, Mill não vê esse estado estacionário com maus olhos. Isso porque ele enxerga este "estado" como uma espécie de "nirvana", um paraíso em que o nível de desenvolvimento já chegou ao máximo e concluiu-se o processo de conscientização do trabalhador sobre a inconveniência de se continuar a multiplicar a população, tornando-o mais previdente nessa questão, exigindo progressivamente menos capital para empregá-lo. E também por acreditar (ou desejar) que numa sociedade de abundância – supostamente uma característica deste "estado estacionário" – não haveria razão para que as pessoas ricas continuassem querendo ser mais ricas, numa negação ou revisão de seu pensamento de 1836, como coloca na seguinte passagem:

> (...) não me encanta o ideal de vida defendido por aqueles que pensam que o estado normal dos seres humanos é aquele de sempre lutar para progredir do ponto de vista econômico, que pensam que o atropelar e pisar os outros, o dar cotoveladas e um andar sempre ao encalço do outro (...) são o destino mais desejável da espécie humana, quando na realidade não

---

[411] BARBER, William J. *Uma história do pensamento econômico*. Rio de Janeiro: Zahar, 1971, pp. 102/103.

CAPÍTULO IV — JOHN STUART MILL E OS PRINCÍPIOS...

são outra coisa senão os sintomas desagradáveis de uma das fases do progresso industrial.

Por isso, crê que "essa condição estacionária representaria, no conjunto, uma enorme melhoria da nossa condição atual".[412] O que seria necessário economicamente, nos países desenvolvidos que chegaram a este estágio, diz respeito, segundo ele, à melhoria da distribuição do produto entre as classes sociais, o que seria alcançado, conjuntamente, pela limitação da população e pela aprovação de uma legislação (tributária) que favorecesse a redução das desigualdades e a igualdade das fortunas.[413] Isso permitiria às pessoas (principalmente às mais ricas, que poderiam reduzir o número de horas de trabalho destinadas apenas a "ganhar mais dinheiro") se dedicar mais ao lazer, "cultivar livremente os encantos da vida", descobrir a "importância da solidão" e o "esplendor da natureza", extirpados pela busca ilimitada da riqueza. Nada a ver com o *agente racional* de seu pensamento em 1836, que guiava suas ações única e exclusivamente motivado pelo aumento da riqueza.

É este Mill transformado, até mesmo romântico, tocado pelo ideal de maior igualdade, que se empenha, no último capítulo do Livro IV, a discutir o futuro da classe trabalhadora e a apontar caminhos promissores para que este objetivo seja alcançado. Mill está convicto de que as relações entre o capital e o trabalho caminharam, com as transformações trazidas pelo progresso econômico, para uma situação de maior harmonia e cooperação, lembrando Smith, e que, além de a época em que predominava a moral cristã, que preconizava que os ricos deviam cuidar e serem responsáveis pelos pobres, ter ficado para trás, não parecia ser mais possível

---

412 MILL, John Stuart. *Princípios de Economia Política*: com algumas de suas aplicações à filosofia social. Livro IV, vol. II. São Paulo: Abril Cultural, [1848] 1983, p. 252 (Os Economistas).

413 MILL, John Stuart. *Princípios de Economia Política*: com algumas de suas aplicações à filosofia social. Livro IV, vol. II. São Paulo: Abril Cultural, [1848] 1983, p. 253 (Os Economistas).

continuarem convivendo em um clima permanente de hostilidade, e que, por tudo isso, somente a parceria entre elas aparecia como o caminho natural para a preservação da sociedade. Entre essas parcerias ele discute duas que, embrionariamente começavam a germinar à época: a participação dos trabalhadores nos lucros das empresas em que, apesar de destituído da voz de comando na administração, estes recebem uma percentagem do resultado final obtido; a associação entre trabalhadores para a exploração de um negócio, na forma de cooperativa, em que o capital é obtido e administrado coletivamente. Em ambas as formas de organização econômica, Mill via grandes vantagens a serem obtidas, com o aumento da produtividade do trabalho, pelo maior interesse e engajamento do trabalhador nos seus resultados, diferentemente do que ocorre quando ele não passa de um assalariado. Parecia convicto de que a multiplicação dessas associações terminaria levando

> (...) os donos do capital [considerarem] ser vantajoso para eles (...) emprestarem seu capital às associações, e fazerem este empréstimo a uma taxa de juros mais baixa, e ao final, talvez, até trocarem seu capital, por anuidades amortizáveis.[414]

Isso possibilitaria, por um

> processo espontâneo, tornar [o capital] de propriedade conjunta de todos que participam da aplicação produtiva, [constituindo] a solução mais próxima à justiça social, bem como o sistema mais benéfico para o bem universal que se pode prever.[415]

---

[414] MILL, John Stuart. *Princípios de Economia Política*: com algumas de suas aplicações à filosofia social. Livro III, vol. II. São Paulo: Abril Cultural, [1848] 1983, p. 278 (Os Economistas).

[415] MILL, John Stuart. *Princípios de Economia Política*: com algumas de suas aplicações à filosofia social. Livro IV, vol. II. São Paulo: Abril Cultural, [1848] 1983, p. 278 (Os Economistas).

## CAPÍTULO IV – JOHN STUART MILL E OS PRINCÍPIOS...

Muitos autores viram nessa posição de Mill uma defesa das teses socialistas de coletivização do capital, com o que ele não discorda ao afirmar que partilha

> (...) inteiramente da opinião deles [sobre essa questão] de que o nosso tempo está maduro para iniciar essa transformação e que esta deve ser ajudada e encorajada, com todos meios justos e eficazes.[416]

Mas se apressa logo a discordar de suas "catilinárias contra a concorrência", por considerar um erro "atribuir à concorrência todos os males econômicos", quando ela é fonte, causa, de muitos benefícios para a sociedade, e que, sem ela, seria forte a tendência de se ter uma população indolente, passiva e escrava de hábitos nocivos arraigados, uma verdadeira força antinômica do progresso. Ou seja, nos termos atuais, Mill seria visto como adepto, portanto, de uma espécie de "socialismo de mercado".

### 4.3.5 Governo, tributação, dívida pública e economia (Livro V)

O Livro V dos Princípios de Mill é dedicado à análise do papel do governo e dos efeitos de sua interferência na economia, à luz de sua teoria sobre o funcionamento do sistema econômico. Com este objetivo, realiza uma análise bastante ampla sobre os tributos, a dívida pública, as funções que são atribuídas ao Estado, consideradas como *necessárias*, e também as que Mill classifica como *opcionais*, além de avaliar as justificativas para essa interferência em decorrência da doutrina do autointeresse e do *laissez-faire* apresentar uma série de falhas que precisam, de alguma forma, ser corrigidas.

---

[416] MILL, John Stuart. *Princípios de Economia Política*: com algumas de suas aplicações à filosofia social. Livro IV, vol. II. São Paulo: Abril Cultural, [1848] 1983, p. 278 (Os Economistas).

Mill não tem nenhuma dúvida de que deve prevalecer a liberdade dos indivíduos para tomar decisões e de ser a doutrina do *laissez-faire*, que os consideram como os melhores guardiões e árbitros de seus próprios interesses, plenamente defensável e correta e que, com ela, fecham-se as portas para a intervenção do Estado na vida econômica e social. Mas reconhece sua importância até mesmo para que essa doutrina seja bem-sucedida, fornecendo serviços de proteção aos indivíduos e à propriedade, garantida por meio de leis e da justiça – as funções necessárias – e também para preencher as falhas e exceções em que essa doutrina incorre. Nas suas palavras: "(...) o *laissez-faire* deve ser a prática geral; qualquer desvio dessa prática é um mal certo, a menos que isso seja exigido em função de um bem ingente".[417]

Com essa visão, em que enxerga limitações nessa doutrina, como se verá em seguida, Mill amplia, em relação aos economistas clássicos, o espaço de atuação do Estado, admitindo sua intervenção em campos mais amplos e variados, como os que se referem ao patrocínio de programas educacionais, de lazer, de amenidades culturais, de patrocinador de atividades voltadas para elevar os gostos e aspirações populares, enfim, de todas as iniciativas que contribuíssem, de alguma forma, para aumentar seu nível de conscientização e permitir-lhe escapar da maldição malthusiana. Era crítico, por motivos óbvios, da política de assistência aos pobres, exatamente pelos males que considerava que essa provocava sobre a mobilidade da mão de obra e de seus efeitos perversos para os lucros.[418]

O Estado deve atuar, assim, como um agente que contribua para o indivíduo alcançar a felicidade por sua própria iniciativa e não para obstá-la autoritariamente, determinando o que ele pode ou não

---

[417] MILL, John Stuart. *Princípios de Economia Política*: com algumas de suas aplicações à filosofia social. Livro V, vol. II. São Paulo: Abril Cultural, [1848] 1983, p. 401 (Os Economistas).

[418] BARBER, William J. *Uma história do pensamento econômico*. Rio de Janeiro: Zahar, 1971, p. 102.

## CAPÍTULO IV – JOHN STUART MILL E OS PRINCÍPIOS...

fazer, desde, é claro, que sua ação não seja prejudicial para os demais membros da comunidade. Para isso, além da oferta dos serviços de defesa e proteção do país, dos cidadãos e da propriedade, que são indiscutivelmente de sua esfera de competência, sua intervenção se justifica sempre que a teoria do autointeresse apresente falhas, exigindo que ele assuma certas atividades. É o caso, por exemplo, do controle e até mesmo da oferta dos serviços educacionais em que pessoas, por exemplo, incultas, não teriam condições de julgar sua necessidade e qualidade; o mesmo pode ser dito a respeito de indivíduos lunáticos, ingênuos ou em idade insuficiente para avaliar as condições de um negócio e se aventurarem em contratos que não terão condições de cumprir no futuro, cabendo ao Estado determinar os tipos destes contratos que podem ou não ser estabelecidos; ou ainda de uma legislação necessária para controlar monopólios e sociedades por ações, que são administrados por terceiros e não por indivíduos, ou para sancionar/avalizar negociações feitas entre trabalhadores e empresários sobre regime e horas de trabalho; do mesmo modo, seu papel é importante para organizar e administrar serviços de caridade pública, para os quais o trabalho do indivíduo seria inadequado e irregular, e também para ofertar certos bens de consumo coletivo necessários para a economia que não despertam interesse no indivíduo de explorá-lo (ou este não dispõe de condições de assumi-los pelos seus custos), casos das estradas, canais, portos, obras de irrigação etc. São todas essas ações justificáveis, cabendo ao Estado, se exigido, desempenhá-las para ajudar o indivíduo em sua trajetória, mas sempre evitando restringir sua liberdade de ação, pois, neste caso, estaria prejudicando a harmonia social e o processo de construção da riqueza nacional.

Para o desempenho dessas funções, o Estado necessita de contar com financiamento, cujos recursos vão ser extraídos da sociedade. Como no caso anterior, a recomendação de Mill, acompanhando os economistas clássicos, é que sua obtenção, que pode ser feita por meio da tributação e, complementarmente, da contratação de dívida pública, resulte da forma mais "neutra" possível, evitando distorcer o funcionamento dos mecanismos de mercado, o que reduziria a força do crescimento econômico e da construção da riqueza, prejudicando a sociedade em geral.

No que diz respeito aos tributos, Mill parte dos princípios gerais da tributação expostos por Smith – igualdade da tributação; certeza sobre o valor a ser pago pelo contribuinte; temporalidade conveniente do pagamento para o contribuinte; economicidade e a neutralidade em sua cobrança –, examinando-os à luz das diversas características dos tributos existentes, ou seja, dos impostos diretos, indiretos e das taxas.

Para ele, a igualdade da tributação significa, como máxima de política, *igualdade de sacrifício*, uma norma que não discrimina nem pessoas e nem classes sociais, como deve ser próprio de um governo ao impor, por meio da tributação, ônus para os contribuintes. Mill defende, contra os que propõem a cobrança de um *imposto progressivo* para o objetivo da equidade, a cobrança de *impostos proporcionais* – ou seja, a imposição tributária de uma mesma percentagem sobre a renda do contribuinte –, sugerindo que esta modalidade seria suficiente para reparar as desigualdades de renda existentes, apenas isentando desta tributação – uma recomendação anteriormente feita por Bentham – determinado mínimo de renda considerado necessário para garantir o consumo indispensável à sobrevivência do indivíduo. Admite, no entanto, considerando mais justo, que impostos sobre herança e legados sejam cobrados com alíquotas progressivas, por não terem essas riquezas sido obtidas por meio do trabalho próprio e nem da economicidade do contribuinte, e também sobre o "ganho fácil", como ocorre, em determinadas conjunturas, com a renda da terra.

Na verdade, Mill pretende que os impostos não interfiram no processo de acumulação (ou seja, que sejam neutros neste aspecto), penalizando o capital e/ou o trabalho, distorcendo o processo de alocação de recursos e freando o aumento da riqueza. Para ele, o imposto deve ser tal que não altere a distribuição de renda,

## CAPÍTULO IV – JOHN STUART MILL E OS PRINCÍPIOS...

provocando perturbações no sistema. Por isso, sua preferência por impostos proporcionais. Nem devem os impostos, segundo seus argumentos, desestimular o capital, cujo aumento é essencial para dar emprego à mão de obra, devendo-se, portanto, isentar as poupanças e os lucros de sua incidência, a não ser no caso de o país estar se encaminhando ou próximo de uma condição de "estado estacionário", quando essa cobrança se justificaria por contribuir para a redução do montante de capital e para a elevação da taxa de lucro, desempenhando o mesmo papel da exportação de capital ou de sua destruição periódica provocada por crises comerciais.[419] Por isso, considera que a tributação deve recair mais sobre aquelas fontes que não afetam a acumulação – recebimento de heranças e legados; consumo de bens de luxo etc. – e que deveria ser, nos demais casos, *proporcional*, mas não "(...) em proporção ao que [as pessoas] possuem, mas em proporção ao que têm condições de gastar".[420]

Em se tratando dos impostos diretos, se a tributação sobre a renda (lucros, salários e renda da terra) retarda a acumulação ao incidir sobre os lucros, prejudicando o trabalhador e o progresso econômico, o mesmo ocorre, para ele, quando cobrado sobre os salários, pois para o trabalhador conseguir manter seu nível mínimo de subsistência, os mesmos tenderão a se elevar, sendo seu ônus transferido para os lucros, chegando-se aos mesmos resultados anteriores, com prejuízos para a produção e o aumento da riqueza. Diante disso, no caso específico deste imposto, sua cobrança como um imposto geral sobre a renda, deveria contemplar essas questões – estabelecimento de um valor mínimo de isenção para todos os contribuintes; alíquotas proporcionais sobre o valor que exceder este mínimo; isenção das poupanças feitas e investidas; alíquotas progressivas para rendimentos herdados –; sendo

---

[419] MILL, John Stuart. *Princípios de Economia Política*: com algumas de suas aplicações à filosofia social. Livro V, vol. II. São Paulo: Abril Cultural, [1848] 1983, p. 302 (Os Economistas).

[420] MILL, John Stuart. *Princípios de Economia Política*: com algumas de suas aplicações à filosofia social. Livro V, vol. II. São Paulo: Abril Cultural, [1848] 1983, p. 299 (Os Economistas).

esta a fórmula por ele tida como a que mais o aproximaria do objetivo da *neutralidade e da justiça*, embora não se possa desconsiderar que as dificuldades de verificação, por parte do fisco, dos rendimentos reais dos contribuintes e a prática da sonegação podem torná-lo, apesar de suas características mais favoráveis para este desiderato, um imposto injusto.

No caso dos impostos indiretos, que integram os custos de produção, afetando, portanto, o valor e os preços, ele considera que os mais prejudiciais são os que incidem sobre os artigos que compõem a cesta de consumo do trabalhador e que, tal como acontece com o imposto de renda incidente sobre os salários, terminam transferindo seu ônus para os lucros, reduzindo-os e tornando-se, assim, nocivos para o aumento da riqueza nacional. Por essa razão, sua sugestão é a de excluir de sua tributação todos os artigos de primeira necessidade e, pela mesma razão, as matérias-primas e os instrumentos empregados na sua produção, ou seja, os bens de investimento. Sua cobrança deveria priorizar, em virtude disso, os artigos de luxo, tal como foi sugerido por Adam Smith, sem distinção entre produtos nacionais e importados, já que não integram a cesta de consumo do trabalhador e não afetam o custo da força de trabalho, o que não os levaria a prejudicar a relação lucro/salário e a acumulação. A essa posição, acrescenta algumas regras que deveriam ser observadas na cobrança deste imposto: i) priorização de sua cobrança, quando possível, diretamente do consumidor e não do produtor, visando evitar que o aumento de preços seja a ele superior, podendo-se também estabelecer alíquotas seletivas de acordo com a essencialidade do produto; ii) estabelecimento de sua incidência sobre o consumo geral, com as isenções mencionadas, de modo que o seu ônus recaia com o mesmo peso sobre os rendimentos grandes, médios e pequenos; iii) concentração da maior arrecadação em alguns poucos produtos para reduzir o seu custo e aumentar a eficiência da fiscalização; iv) sua utilização como instrumento voltado para coibir o consumo de bens prejudiciais para a sociedade e a saúde do contribuinte; v) adoção de alíquotas não elevadas para não estimular a prática da

# CAPÍTULO IV – JOHN STUART MILL E OS PRINCÍPIOS...

sonegação pelo contribuinte. Tal como no caso dos impostos diretos, este seria o melhor caminho para o Estado prejudicar o mínimo o processo de acumulação com sua interferência na economia.

No que diz respeito à dívida pública, outra fonte que o Estado dispõe para o financiamento de suas atividades, Mill a considerava perfeitamente legítima para o pagamento de despesas extraordinárias ou para complementação de suas receitas em caso de frustração da arrecadação. Isso, desde que considerada a conveniência de sua contratação, à luz de seus efeitos sobre o processo de acumulação e de seus custos para a sociedade.

Em relação a seus efeitos sobre o progresso econômico, a dívida, para Mill, tal como os impostos, à medida que retira recursos da economia que poderiam ser aplicados na expansão do capital, implica a disputa do Estado com o setor privado por empréstimos (efeito *crowding-out*) sendo, por isso, prejudicial para o crescimento econômico e para a classe trabalhadora, além de acarretar maiores custos, na forma de encargos, para a sociedade, já que a taxa de juros inevitavelmente tenderá a aumentar. Essas consequências perniciosas não se verificariam, contudo, no caso de ser ela contratada no exterior ou, internamente, de o empréstimo ser realizado com sobras da acumulação que não teriam sido sequer economizadas (ou seja, gastas improdutivamente) ou ainda num contexto em que a taxa de lucro do sistema já atingira o mínimo abaixo do qual cessaria a motivação para a expansão do capital – o chamado "estado estacionário" –, podendo até ser benéfica para dar vitalidade ao sistema e favorável à classe trabalhadora, ao retardar essa queda, amortecendo a velocidade de crescimento do seu estoque, mesmo porque, nessas condições, a taxa de juros (os seus custos) não se elevaria, porque o empréstimo realizado não teria encontrado outro emprego e não acarretaria "(...) nenhuma privação a ninguém (...)".[421]

---

[421] Assim como atribuiu aos impostos o papel de poderem ser operados para deter o avanço do capital mais rapidamente em direção ao "estado estacionário", Mil também considera que o endividamento público pode desempenhar papel

Neste caso, toda a questão se resumiria a definir a melhor forma e ocasião de seu pagamento (se liquidada de uma só vez ou gradualmente), bem como as fontes de receita que seriam utilizadas para essa finalidade. Para ele, não há dúvidas de que por implicar custos no tempo, a liquidação da dívida deve figurar entre as prioridades do Estado, à medida que possível, mas enxerga dificuldades para que isso ocorra de uma só vez se este tiver de extrair recursos extras da sociedade, por meio de uma contribuição geral, pois algumas camadas enfrentarão problemas, notadamente os trabalhadores, em seus fluxos de renda para atender suas necessidades de subsistência. Por isso, ao contrário de Ricardo, vê com bons olhos essa liquidação sendo realizada gradualmente, com receitas excedentes, que poderiam ser acumuladas para essa finalidade com a cobrança de impostos específicos sobre algumas mercadorias e sobre heranças e legados recebidos pelos contribuintes.

### 4.3.6 Algumas considerações sobre os *Princípios* de Stuart Mill

Apesar de seus propósitos, não é possível considerar, pelo menos nas questões-chave, que Mill tenha dado contribuição significativa para a construção da Economia Política como ciência. Pelo contrário, na questão decisiva do valor sua posição representou até mesmo um retrocesso em relação a Ricardo ao reduzir sua teoria a uma teoria dos custos de produção. O fato de não ter dado importância à preocupação de Ricardo de encontrar/definir uma medida invariável de valor apenas revela que não compreendeu muito bem o papel central que essa teria em seu sistema para a determinação da taxa de lucro.

---

análogo nessas circunstâncias. (MILL, John Stuart. *Princípios de Economia Política*: com algumas de suas aplicações à filosofia social. Livro V, vol. II. São Paulo: Abril Cultural, [1848] 1983, p. 347 (Os Economistas).

CAPÍTULO IV – JOHN STUART MILL E OS PRINCÍPIOS...

Em seu sistema, os custos de produção são formados pelos salários que são adiantados pelos capitalistas aos trabalhadores para a produção, aos quais se soma o lucro que aparece como uma espécie de recompensa por se ter renunciado ao consumo presente em prol de um ganho futuro, colocando o capital como fonte autônoma de valor, mas sem nenhuma demonstração de como isso ocorre. O mesmo acontece com a renda da terra, que integra estes custos, a qual surge em razão das diferenças na fertilidade das terras, justificada pela sua condição de propriedade privada.

A mesma crítica, portanto, que Marx faria ao método e às teorias de Smith e de Ricardo, de não terem ultrapassado o âmbito da superfície econômica em que essas categorias econômicas se apresentam na esfera da circulação e, por isso, não terem logrado chegar à origem do valor e às formas como ele se manifesta no modo capitalista de produção, valeria também para Mill, que, do mesmo modo, as toma como verdades absolutas, leis naturais, imutáveis, válidas para todos os tempos e lugares.

Em relação a outras questões, como a das crises, por exemplo, Mill apenas segue as pegadas de Smith e Ricardo, vendo-as como uma impossibilidade no modo de produção capitalista, podendo acontecer, no entanto, por causas externas ao seu modo de funcionamento, pelos rendimentos decrescentes da agricultura, as quais, ao elevar o preço dos alimentos e, com isso, aumentar os salários, deprimiria a taxa de lucro e conduziria o sistema, no longo prazo, a um quadro de "condição estacionária". Este, contudo, diferentemente de Ricardo, é visto, por ele, como indício de desenvolvimento, no qual as classes sociais – capitalistas, trabalhadores e proprietários de terra – já teriam evoluído cultural e socialmente, a ponto de corrigirem suas fraquezas – a ambição pelo lucro, o deleite da procriação, a avidez pela luxúria –, tornando possível tanto estabelecer a harmonia entre as mesmas quanto transformar o "estado estacionário" no nirvana. Uma visão romântica do sistema, que nada tem a ver com a sua leitura de 1836 sobre o "agente racional" que se guia exclusivamente pela busca da riqueza.

339

O que pode diferenciar Mill dos demais economistas dessa escola é que, ao dar ênfase à distribuição, aborda-a como passível de ser alterada de seu curso "natural" pelas leis humanas, ao contrário da produção contra a qual nada há a fazer. Assim, mesmo sem perceber a historicidade do modo capitalista de produção e as conexões que existem entre a produção e a distribuição, Mill, provavelmente influenciado pelo amor de Harriet, busca abrir uma fresta de esperança com essa possibilidade para melhorar a situação dos trabalhadores. Mas isso, movido apenas pela expectativa e esperança de que haja uma tomada de consciência da classe dominante sobre a importância de se redistribuir os frutos do crescimento econômico e de que as leis aprovadas e as instituições criadas preocupem-se em colocar limites para o controle do crescimento da população e do mercado de trabalho.

Decorre disso, que tenha dado, mais que Smith e Ricardo, maior importância ao papel do Estado na implementação de políticas públicas, com o objetivo de contribuir para a redução das desigualdades, inerentes ao sistema, especialmente em um estágio mais avançado de desenvolvimento, quando a retirada de recursos da economia, por meio da tributação, para ele seria benéfica para retardar a chegada do "estado estacionário", ao refrear o avanço do processo de acumulação. Apesar do amor de Harriet ter desviado sua atenção para os problemas sociais, Mill não conseguiu ir além de formular propostas aparentemente salvadoras para os trabalhadores, mas destituídas de fundamentos teóricos, baseadas apenas na expectativa de que a consciência dos donos do capital (e dos mais ricos) seria despertada ao se atingir o "estado estacionário", o nirvana, levando os mesmos a concordarem com uma melhor distribuição de renda, até mesmo para o bem do próprio capital.

Por tudo isso, apesar de constituir uma leitura bem mais agradável do que as de Smith e Ricardo, os *Princípios* de Mill devem, de fato, como apontam vários autores, ser vistos apenas como um bom *Manual*, com algumas imperfeições, da Economia Política clássica.

## CAPÍTULO IV – JOHN STUART MILL E OS PRINCÍPIOS...

Não se pode deixar de registrar, contudo, a novidade que sua análise introduz em relação ao papel mais amplo atribuído ao Estado em relação a Smith e Ricardo, e também à tributação, enquanto instrumento capaz de deter a chegada mais rápida da economia ao "estado estacionário", exercendo, assim, uma espécie de "função estabilizadora". Para ele, no contexto de uma rápida acumulação de capital que derruba os lucros pelos motivos apontados, seria perfeitamente justificável cobrar maiores impostos sobre este rendimento para refrear o avanço deste processo, adiando o ingresso da economia naquele estado, e destinar a arrecadação adicional para o financiamento de políticas sociais, atenuando as desigualdades de renda existentes. A preocupação, no entanto, que Mill revela de evitar a chegada ao estado estacionário com essa proposta trai a defesa que faz de que este poderia representar uma espécie de "nirvana" para a sociedade.

# CONSIDERAÇÕES FINAIS

A Economia Política clássica desenvolvida como ciência nos primórdios do capitalismo, e à luz da Primeira Revolução Industrial, no campo econômico, e da Revolução Francesa, no campo político, com a qual se consolidou o liberalismo como ideal da sociedade, incluído na obra de seus pensadores – Smith, Ricardo e Stuart Mill –, passou a conhecer uma série de críticas e questionamentos de variadas tendências na segunda metade do século XIX.

De um lado, a teoria do valor e, mais especificamente a de Ricardo, que havia dado origem a uma série de trabalhos e estudos versando sobre a exploração do trabalho pelo capital, acirrou as discórdias entre as classes sociais, animou e insuflou as lutas sindicais e fortaleceu os movimentos socialistas.

Na esteira destes movimentos, num período em que se agigantavam os questionamentos do livre mercado, Karl Marx faria a sua crítica da Economia Política, desvelando e procurando dar respostas para seus inúmeros problemas, especialmente o da até então imprecisa teoria do valor-trabalho e o da origem do lucro, e, revelando, com o método do materialismo histórico de análise, as leis de movimento do sistema capitalista, as suas contradições, bem como sua tendência de autodestruição como modo de produção histórico. Daria origem, principalmente com sua obra seminal, *O*

*Capital*, a uma nova escola de economia, a escola marxista, saída do ventre das análises de Ricardo, mas procurando corrigir os erros em que este incorrera por seu viés burguês de análise.

De outro, em reação a estes movimentos e às teorias que lhes davam respaldo e embasamento, erguiam-se também vozes e reinterpretações questionadoras da mesma Economia Política em relação ao valor-trabalho, ao modo de funcionamento do sistema e às relações capital/trabalho, com o objetivo de despojá-las de conflitos, despindo-as de seu conteúdo de classes, reduzindo-as à compreensão da ação dos indivíduos, enfim despolitizando a economia. Surge, assim, a partir da revisão ortodoxa que é feita do pensamento clássico, a economia neoclássica, que se transformará na ciência oficial dominante.

Este será apenas o primeiro embate entre essas escolas, herdeiras do pensamento clássico, ao qual se seguirão muitos outros entre as várias ramificações em que essas se desdobrarão desde essa época, desnudando a falta de qualquer consenso em relação a um tema da sociedade que se pretendeu, na sua formulação inicial, que a economia, governada por leis naturais, poderia ser tratada como ciência *abstrata, universal*.

# REFERÊNCIAS BIBLIOGRÁFICAS

ANDERSON, James. *An enquiry into nature of the corn laws*. Edimburgo: Mrs. Mundel, 1777.

ASHLEY, W. J. "Introdução [aos Princípios de Economia Política]". *In*: MILL, John Stuart. *Princípios de Economia Política*: com algumas de suas aplicações à filosofia social. *São* Paulo: Abril Cultural, 1983 (Os Economistas).

BARBER, William J. *Uma história do pensamento econômico*. Rio de Janeiro: Zahar, 1971.

BARRO, Robert J. "Are Government bonds net wealth?" *Journal of Political Economy*, Chicago, University of Chicago Press, vol. 82, 1974.

_____. "Reply to Feldstein and Buchanan". *Journal of Political Economy*, Chicago, University Chicago Press, vol. 84, 1976.

BELLUZZO, Luiz Gonzaga de Mello. *Valor e capitalismo*: um ensaio sobre a economia política. São Paulo: Brasiliense, 1980.

BIANCHI, Ana Maria; ARAÚJO DOS SANTOS, Tiago. "Adam Smith: filósofo e economista". *Cadernos IHU ideias*, São Leopoldo, Universidade do Vale do Rio dos Sinos, ano 3, n° 35, 2005.

BLAUG, Mark. *La teoría económica actual*. Barcelona: Luis Miracle, 1968.

BOFFITO, C. *Teoria della moneta*. Torino: Einaudi, 1973.

CAMPOS, Roberto. "Apresentação". *In*: PETTY, William. *Quadro Econômico dos Fisiocratas*. São Paulo: Abril Cultural, 1983 (Os Economistas).

CANNAN, Edwin. "Introdução". *In*: SMITH, Adam. *A Riqueza das Nações*: investigação sobre sua natureza e suas causas. São Paulo: Abril Cultural, 1983 (Os Economistas).

CARCANHOLO, Reinaldo. *Marx, Ricardo e Smith*: sobre a teoria do valor-trabalho. Vitória: Edufes, 2012.

DAVIS, John B. "David Ricardo". *In*: DAVIS, John B.; WADE, D.; Mäki, Uslaki (Coord.). *The handbook of economic methodology*. Cheltenham, UK: Edward Eldgard Publishing, 1998.

DENIS, Henri. *História do pensamento econômico*. Lisboa: Livros Horizonte, 1974.

DEYON, Pierre. *O Mercantilismo*. São Paulo: Perspectiva, 1973.

DICKENS, Charles. *Tempos difíceis*. 1ª ed. São Paulo: Boitempo, [1854] 2014.

DOBB, Maurice. *Teorias do valor e da distribuição desde Adam Smith*. Lisboa: Editorial Presença, 1973.

DUAYER, Mário. "Apresentação". *In*: MARX, Karl. *Grundrisse* – manuscritos econômicos de 1857-1858: esboços da crítica da economia política. São Paulo: Boitempo; Rio de Janeiro: Ed. UFRJ, 2011.

EKERMAN, Raul. "Apresentação [dos Princípios de Economia Política]". *In*: MILL, John Stuart. *Princípios de Economia Política*: com algumas de suas aplicações à filosofia social. São Paulo: Abril Cultural, 1983 (Os Economistas).

FRITSCH, Winston. "Apresentação". *In*: SMITH, Adam. *A Riqueza das Nações*: investigação sobre sua natureza e suas causas. São Paulo: Abril Cultural, 1983 (Os Economistas).

GALVÊAS, Ernane. "Apresentação". *In*: MALTHUS, Thomas Robert. *Princípios de Economia política e considerações sobre sua aplicação prática - Ensaio sobre a População*. São Paulo: Abril Cultural, 1983.

GANEM, Ângela. "Adam Smith e a explicação do mercado como ordem social: uma abordagem histórico-filosófica". *Revista de Economia Contemporânea*, Rio de Janeiro, IE/UFRJ, jul/dez. 2000.

_____. "O mercado como ordem social em Adam Smith, Walras e Hayek". *Economia e Sociedade*, Campinas; IE/Unicamp, vol. 21, nº 1, abr. 2012.

# REFERÊNCIAS BIBLIOGRÁFICAS

GONTIJO, Cláudio. *Introdução à Economia*: uma abordagem lógico-histórica. 1ª ed. Curitiba: CRC, 2013.

HECKSHER, Eli F. *Mercantilism*. Nova York: Macmillan, [1931] 1955.

HUME, David. *Ensaios morais, políticos e literários*. Rio de Janeiro: Topbooks, 2004.

_____. *Escritos de Economia*. São Paulo: Abril Cultural, 1983.

_____. "Of Money". *In*: MILLER, E. F. (Coord.). *Essays, moral, political and literary*. Indianapolis: Liberty Classics, [1752] 1952.

_____. "Of interest". *In*: MILLER, E. F. (Coord.). *Essays, moral, political and literary*. Indianapolis: Liberty Classics, [1752] 1952.

HUTCHESON, Francis. *A system of moral philosophy*. Audesite Press, [1755] 2015.

HUNT, E. K.; SHERMAN, Howard J. *História do Pensamento Econômico*. 2ª ed. Rio de Janeiro: Vozes, 1978.

KEYNES, John Maynard. *Teoria geral do emprego, do juro e do dinheiro*. São Paulo: Abril Cultural, [1936] 1983 (Os Economistas).

LORES, Francisco Xavier. *John Stuart Mill*. Bruxelas: Europa Liberal Fórum, 2012. Disponível em: https//silo.tips/download/john-stuart-mill-european-liberal-fórum-asbl-bruxelas-belxica. Acessado em: 25.11.2022.

MANDEVILLE, Bernard. *A fábula das abelhas*: ou vícios privados, benefícios públicos. São Paulo: Editora Unesp, 2017.

MALTHUS, Thomas Robert. *Princípios de Economia política e considerações sobre sua aplicação prática - Ensaio sobre a População*. São Paulo: Abril Cultural, [1820; 1798] 1983.

_____. *Principles of Political Economy*. Boston: Wells and Lilly, 1821.

MARQUEZ, Gabriel Garcia. *O amor nos tempos do cólera*. 3ª ed. Rio de Janeiro: Editora Record, 1985.

MARX, Karl. *O capital*: crítica da economia política: o processo de produção do capital. Livro I. 2ª ed. Rio de Janeiro: Civilização Brasileira, [1867] 1971.

_____. *O capital*: crítica da economia política: o processo de circulação do capital. Livro II. Rio de Janeiro: Civilização Brasileira, [1885] 1970.

_____. *O Capital*: crítica da economia política: o processo global de produção capitalista. Livro III. Rio de Janeiro: Civilização Brasileira, [1894] 1974.

_____. *Teorias da mais-valia:* história crítica do pensamento econômico. 3 vols. Rio de Janeiro: Civilização Brasileira, [1861-1863] 1980.

_____. *Grundrisse*: manuscritos econômicos de 1857-1858: esboços da crítica da economia política. São Paulo: Boitempo; Rio de Janeiro: Ed. UFRJ, 2011.

_____. *Para a crítica da economia política - salário, preço e lucro - o rendimento e suas fontes*: a economia vulgar. São Paulo: Abril Cultural, [1859] 1982.

MEEK, Ronald L. *Economia e Ideologia*: o desenvolvimento do pensamento econômico. Rio de Janeiro: Zahar, 1971.

MILL, John Stuart. "Da definição da Economia Política e do método de investigação próprio a ela". *In: Bentham, Stuart Mill.* São Paulo: Abril Cultural, [1836] 1974 (Os Pensadores).

_____. *Princípios de Economia Política*: com algumas de suas aplicações à filosofia social. São Paulo: Abril Cultural, [1848] 1983 (Os Economistas).

_____. *A sujeição das mulheres.* São Paulo: Escala, [1869] 1985.

_____. *Utilitarismo.* Portugal: Porto, [1861] 2005.

_____. *Sistema de lógica dedutiva e indutiva.* 2ª ed. São Paulo: Abril Cultural, [1843] 1979 (Os Pensadores).

_____. *A lógica das ciências morais.* São Paulo: Iluminaras, [1843] 1999.

_____. *Autobiography of John Stuart Mill.* Nova York: Columbia University Press, [1873] 1944.

NAPOLEONI, Claudio. *O valor na ciência econômica.* Portugal: Editorial Presença; Brasil: Martins Fontes, 1977.

_____. *Smith, Ricardo, Marx*: considerações sobre a história do pensamento econômico. Rio de Janeiro: Edições Graal, 1978.

NUNES, António José Avelãs. "A filosofia social de Adam Smith". *PENSAR - Revista do Curso de Direito da Universidade de Fortaleza*, Fortaleza, vol. 12, nº 2, abr. 2007.

OLIVEIRA, Fabrício Augusto. *Economia e política das finanças públicas*: um guia de leitura. São Paulo: Hucitec, 2009.

PAULANI, Leda. "Ciência econômica e modelos de explicação científica: retomando a questão". *Revista de Economia Política*, São Paulo, vol. 30, nº 1, jan.-mar. 2010.

## REFERÊNCIAS BIBLIOGRÁFICAS

QUESNAY, François. *Quadro Econômico dos Fisiocratas*. São Paulo: Abril Cultural, [1758] 1983.

RICARDO, David. "Ensaio acerca da influência do baixo preço do cereal sobre os lucros do capital". *In*: NAPOLEONI, Claudio. *Smith, Ricardo, Marx*: considerações sobre a história do pensamento econômico. Rio de Janeiro: Edições Graal, [1815] 1978.

_____. *Princípios da Economia Política e da Tributação*. São Paulo: Abril Cultural, [1817] 1982 (Os Economistas).

_____. *The Works and correspondence of David Ricardo*. vol. I. Cambridge: Cambridge University Press, 1962.

_____. *Notas aos Princípios de Economia Política de Malthus*. São Paulo: Abril Cultural, [1928] 1983.

_____. "Valor absoluto e valor de troca". *In*: NAPOLEONI, Cláudio. *Smith, Ricardo, Marx*: considerações sobre a história do pensamento econômico. Rio de Janeiro: Edições Graal, [1823] 1978.

ROSDOLSKY, Roman. *Gênese e estrutura de O Capital de Karl Marx*. Rio de Janeiro: EDUERJ: Contraponto, 2001.

SAY, Jean-Baptiste. *Tratado de Economia Política*. São Paulo: Abril Cultural, [1803] 1983 (Os Economistas).

SCHUMPETER, Joseph Alois. *História da análise econômica*. 3 vols. Rio de Janeiro: Fundo de Cultura, [1954] 1964.

SINGER, Paulo. "Apresentação (dos princípios de Economia Política e Tributação)". *In*: RICARDO, David. *Princípios da Economia Política e da Tributação*. São Paulo: Abril Cultural, [1817] 1982 (Os Economistas).

SMITH, Adam. *A Riqueza das Nações*: investigação sobre sua natureza e suas causas. São Paulo: Abril Cultural, [1776] 1983 (Os Economistas).

_____. *Teoria dos Sentimentos Morais*. São Paulo: Martins Fontes, [1759] 1999.

_____. *Teoria dos Sentimentos Morais*. Tradução Francesa, 1830.

_____. *A Riqueza das Nações*. Lisboa: Ed. Fundação Calouste Gulbenkian, 1981 e 1983.

_____. *Lectures on justice, revenue and arms*. Reported by a student in 1763 and edited with and Introduction and notes by Edwin Cannan.

Oxford: Clarendon Press, 1896. Disponível em: https://oll.libertyfund.org/titles/2621. Acessado em: 25.11.2022.

SMITH, Adam; EDWIN, Cannan (Coord.). *The Wealth of Nations*. Londres: Methen, 1961.

SOBOUL, Albert. *História da Revolução Francesa*. 2ª ed. Rio de Janeiro: Zahar, 1981.

SRAFFA, Piero. *Producción de mercancías por medio de mercancías*. Barcelona: Ediciones Oikos-Tau, 1966.

_____. "Introducción". *In*: RICARDO, David. *Principios de economía política y tributación*. México: Fondo Cultura Económica, 1973.

_____. *The Works and correspondence of David Ricardo* (com a colaboração de M. Dobb). vol. 10. Cambridge: Cambridge University Press, 1962.

## Obras de Fabrício Augusto de Oliveira como autor, coautor, organizador e coorganizador

*A Crise da União Europeia*: why pigs can't fly. Belo Horizonte: CORECON-MG/ASSEMG, 2012.

*A Economia Brasileira em Preto e Branco*. São Paulo: Hucitec, 1991.

*A Política Econômica no Limiar da Hiperinflação*. São Paulo: Hucitec, 1990.

*A Reforma Tributária de 1966 e a Acumulação de Capital no Brasil* (2ª ed. revista e atualizada). Belo Horizonte: Oficina de Livros, 1991.

*A reforma tributária de 1966 e a acumulação de capital no Brasil*. 1ª ed. São Paulo: Brasil Debates, 1981.

*As muitas Minas*: ensaios sobre a economia mineira. Belo Horizonte: Conselho Regional de Economia, 2010.

*Autoritarismo e Crise Fiscal no Brasil (1964-1984)*. São Paulo: Hucitec, 1995 (Indicado pela Câmara Brasileira de Livros para o Prêmio Jabuti de 1996).

*Contribuintes e Cidadãos*: compreendendo o Orçamento Federal. Rio de Janeiro: FGV, 2002.

*Crise, Reforma e Desordem do Sistema Tributário Nacional*. Campinas: Editora da Unicamp, 1995.

# REFERÊNCIAS BIBLIOGRÁFICAS

*Descentralização e Federalismo Fiscal no Brasil*: desafios da reforma tributária. Rio de Janeiro: Fundação Konrad Adenauer, 2003.

*Disciplina Fiscal e Qualidade do Gasto Público*: fundamentos da reforma orçamentária. Rio de Janeiro: FGV, 2005.

*Dívida pública do Estado de Minas Gerais*: a renegociação necessária. Belo Horizonte: Paulinelli, 2012.

*Economia e Política das Finanças Públicas no Brasil*: um guia de leitura. São Paulo: Hucitec, 2009 (1º Lugar Prêmio Brasil de Economia de 2011, do Conselho Federal de Economia - COFECON).

*Federalismo e Integração Econômica Regional*: desafios do Mercosul. Rio de Janeiro: Fundação Konrad Adenauer, 2004.

*Governos Lula, Dilma e Temer*: do espetáculo do crescimento ao inferno da recessão e da estagnação (2003-2018). Rio de Janeiro: Letra Capital, 2019 (2º Lugar Prêmio Brasil de Economia de 2020, do Conselho Federal de Economia - COFECON).

*O Dilema Fiscal*: reformar ou remendar? Rio de Janeiro: FGV-CNI, 2007.

*O Orçamento Público e a Transição de Poder*. Rio de Janeiro: FGV, 2003.

*Os Descaminhos da Estabilização no Brasil*. Belo Horizonte: Diário do Comércio/Cedeplar, 1989.

*Política Econômica, Estagnação e Crise Mundial*: Brasil, 1980-2010. Rio de Janeiro: Azougue, 2012.

*Recessão e Inflação*: o (des) ajuste neoliberal. São Paulo: Hucitec, 1992.

*Subprime*: os 100 dias que abalaram o capital financeiro mundial e os efeitos da crise sobre o Brasil. Belo Horizonte: CORECON/MG, 2009.

*Uma pequena história da tributação e do federalismo fiscal no Brasil*: a necessidade de uma reforma tributária justa e solidária. São Paulo: Contracorrente, 2020.

A Editora Contracorrente se preocupa com todos os detalhes de suas obras! Aos curiosos, informamos que este livro foi impresso no mês de janeiro de 2023, em papel Pólen Natural 80g, pela Gráfica Copiart.